AF453738

LA FRANCE EN 1789

LA SOCIÉTÉ

LE GOUVERNEMENT — L'ADMINISTRATION

BIBLIOTHÈQUE DE VULGARISATION

LA

FRANCE EN 1789

LA SOCIÉTÉ — LE GOUVERNEMENT — L'ADMINISTRATION

AVEC CARTES DES TRAITES ET DES GABELLES

D'APRÈS NECKER

PAR

ALFRED PIZARD

AGRÉGÉ D'HISTOIRE, INSPECTEUR D'ACADÉMIE

PARIS

A. DEGORCE-CADOT, ÉDITEUR

9, RUE DE VERNEUIL, 9

1882

AVANT-PROPOS

Écrire sur l'Ancien Régime en 1789, avec la seule passion du vrai et la scrupuleuse exactitude des informations, un livre de lecture qui puisse trouver place dans toutes les bibliothèques et être étudié par le grand public des maîtres, des élèves et des gens du monde, *tel a été notre but.*

' Coordonner les résultats acquis par d'autres et les placer à la portée du plus grand nombre en les débarrassant de tout l'attirail d'érudition et de science qui effraye les plus intrépides, *telle a été notre méthode.*

Il serait trop long d'énumérer les traités particuliers et les collections générales qui ont été employés pour la composition de chacun de ces chapitres. Les ouvrages de Tocqueville, de Taine sur la Révolution, de Paul Boiteau sur l'État de la France en 1789, de d'Arbois de Jubainville sur les

Intendants, de Foncin sur Turgot, de Loménie sur les Mirabeau, de Clément et Lemoine sur les derniers Fermiers-Généraux, du comte de Lucay sur les Secrétaires d'État, de Necker sur l'Administration des finances, etc., etc., les comptes-rendus des Assemblées Provinciales, les cahiers des États de 1789, les Mémoires sur les Impositions de Moreau de Beaumont ont été particulièrement consultés et mis à contribution.

La plus grande partie de cet ouvrage a déjà été, sous une autre forme, soumise à un auditoire curieux et attentif qui l'a écoutée avec la plus aimable bienveillance. L'auteur sera trop heureux si, devenues chapitres d'un livre de vulgarisation, ces Conférences reçoivent du grand public la même faveur.

A. PIZARD.

LA FRANCE

GOUVERNEMENT ET ADMINISTRATION

EN 1789

PREMIÈRE PARTIE

La Société

CHAPITRE PREMIER

LE ROI

I. Le pouvoir royal : son origine; étendue de ses droits, de ses
devoirs et de sa responsabilité.
II. Le pouvoir national : puissance de l'opinion publique, propa-
gande antimonarchique.

En 1789, le trône de France appartenait à la dynastie
des Bourbons. Inaugurée par le Béarnais, elle régnait depuis la fin du seizième siècle. Elle avait successivement
donné à la France le populaire Henri IV, l'ennuyé
Louis XIII, le majestueux Louis XIV, l'imprévoyant
Louis XV, le trop faible Louis XVI. Le joyeux héritier du

trône qui avait dit : Paris vaut bien une messe, s'était réconcilié avec ses sujets catholiques. Avec leur consentement, il était devenu le vrai, l'unique roi de France. Aussi, tout en faisant sonner bien haut ses droits héréditaires à la couronne, pouvait-il s'avouer à lui-même qu'il était moins le vainqueur que l'élu de la France.

Mais les accidents de la vie des princes et des peuples, les assassinats, la fragilité des personnes royales, les sanglantes révolutions des guerres civiles avaient effrayé les esprits : et, si l'on avait joué avec la couronne pendant la Ligue (1), le temps des audacieuses revendications était passé. Désormais la nation était toute disposée à abdiquer ses droits et à laisser relever, par tous les moyens possibles, le prestige et la puissance de la royauté héréditaire. Alors les princes de la maison de Bourbon, Louis XIV surtout, s'efforcèrent d'effacer, dans l'esprit de leurs sujets, leur origine nationale pour lui substituer une origine providentielle. Ils ne se contentèrent plus d'être les rois acceptés par le peuple qu'ils avaient sauvé des discordes civiles, ils voulurent être considérés comme les lieutenants de Dieu sur la terre : alors naquit en France la théorie du droit divin des rois. Inventée par Louis XIV, consacrée et popularisée par Bossuet, elle apprit aux peuples à traiter les rois comme les représentants de

____

(1) Pendant les guerres de religion, protestants et ligueurs étaient d'accord pour affaiblir le pouvoir royal. François Hotmann démontrait que le pouvoir absolu était une usurpation et qu'à l'origine de la monarchie, l'autorité politique résidait dans l'Assemblée nationale. Hubert Languet écrivait un vrai traité du droit à l'insurrection, et déclarait que personne ne naît roi par lui-même, que personne ne peut régner sans le peuple. Les prédicateurs et les pamphlétaires ligueurs déclarent que *Prêtrise est au-dessus de Royauté*.

Dieu, à considérer la Royauté comme une émanation de la Divinité. « Tandis qu'à la fin du moyen âge les légistes avaient regardé le roi comme l'unique et perpétuel représentant de la nation, les théologiens et les courtisans du dix-septième et du dix-huitième siècle réussirent à le faire vénérer comme le délégué spécial et sacré de Dieu lui-même (1). »

Cette théorie avait encore cours en plein dix-huitième siècle. En 1766, quand les philosophes et les économistes, tantôt avec un esprit mordant et railleur, tantôt avec une éloquence déclamatoire, s'efforcent de soulever l'opinion publique contre toutes les traditions, Louis XV n'hésite pas à dire devant le Parlement : « Nous ne tenons notre couronne que de Dieu. » Cette prétention du roi n'était point contestée par les autres corps de l'État. Ainsi, en 1738, le Parlement avait déclaré que : « la puissance temporelle (c'est-à-dire le pouvoir du roi opposé au pouvoir du pape) établie directement par Dieu est indépendante de toute autre ». Un demi-siècle plus tard, en 1771, le Parlement renouvelait cette déclaration, et reconnaissait pour première maxime politique que « le roi ne tient sa couronne que de Dieu ».

Avec une telle origine, le pouvoir royal ne pouvait qu'être absolu. Les anciens jurisconsultes romains avaient dit : « Tout ce qui plaît au prince a force de loi. » Les légistes de l'époque féodale avaient répété : « Si veut le roi, si veut la loi. » Et François Ier avait inventé la formule : « Car tel est notre bon plaisir. » Les Bourbons, théoriciens du droit divin, avaient profité de tous ces précédents : ils ne pouvaient être moins puissants que les empereurs romains ou les rois de la Renaissance ; ils

(1) Taine, *Origines de la France contemporaine*, t. I.

anéantirent tout ce qui était un obstacle à l'autorité royale, et concentrèrent dans leurs mains le pouvoir législatif aussi bien que le pouvoir exécutif. En 1766, après avoir déclaré qu'il ne tient sa couronne que de Dieu, Louis XV s'empresse d'ajouter : « Au roi seul appartient la puissance législative sans dépendance et sans partage. » Le Parlement n'avait plus la liberté de ne pas approuver cette prétention ; et, en 1771, il faisait la triple déclaration suivante :

1° Toute autorité dans l'ordre politique émane de l'autorité royale ;

2° Tous les magistrats ne sont que les officiers du roi ;

3° Le droit de faire les lois n'appartient qu'au roi ;

Il n'y a donc aucune limite à l'autorité royale : c'est ce que Louis XIV avait déclaré en disant : « Le roi est maître des biens et des personnes de ses sujets. »

Telle est la théorie des droits de la Royauté ! Il ne faut pas croire que tout ceci n'était qu'un dogme de parade, fait pour épouvanter les esprits faibles et commander le respect. Non. Ce n'était point une antique phraséologie recouvrant des principes tombés en désuétude. La réalité était conforme à la doctrine. Le pouvoir absolu, le pouvoir par fantaisie et caprice, a été exercé par les rois de la dynastie des Bourbons, jusqu'à la veille de la Révolution. Aucune classe de la société, aucune institution, personne en un mot, ne pouvait protéger le pays contre le bon plaisir du roi.

Pour démontrer que le roi était véritablement maître de la fortune de ses sujets, il suffit de rappeler qu'en théorie il était le propriétaire de tout le royaume, et qu'en réalité il prélevait chaque année sur la fortune de la France les impôts qu'il lui convenait d'établir. Il fixait lui-même le chiffre de l'impôt; il exigeait de telle province telle somme : sa volonté était la loi financière. D'autre part il disposait à son gré des produits de l'impôt. Sans doute il y avait des règles assez sévères pour l'administration des finances; mais le roi était au-dessus d'elles. Il avait à sa disposition les *acquits de comptant* qui, dans une seule année, sous le règne de Louis XV, atteignirent cent quatre-vingts millions. Ces sortes d'ordonnances avaient été, dans l'origine, imaginées pour tenir secrètes quelques dépenses de haute police ou de diplomatie. Revêtues de la signature royale, elles n'indiquaient ni l'objet de la dépense, ni le nom de la personne qui devait toucher la somme spécifiée; elles n'étaient point soumises aux vérifications de la Cour des Comptes; le caissier qui versait l'argent ne pouvait exiger de reçu. C'était, en un mot, la fantaisie royale installée au milieu de l'administration financière.

Pour démontrer que le roi était maître des personnes, il suffit de rappeler les lettres d'anoblissement et les lettres de cachet. Par les premières, moyennant finance, le roi peut changer la condition du premier venu; d'un roturier taillable et corvéable à merci, il fait un comte ou un marquis, accablé de privilèges, de titres et des dignités. Par les secondes, il peut faire disparaître toute personne qui l'incommode. Pour excuser ces atteintes à la liberté individuelle, il invoque tantôt la raison d'État, tantôt les raisons de famille. Dans le premier cas, la raison d'État n'est que le déguisement des intérêts personnels du roi. Dans le second, le roi fait emprisonner un mari sur la prière de sa femme; un père, sur la dénonciation de ses enfants. Comme le disait avec indignation le marquis de Mirabeau, il désorganise la famille « par le despotisme barbare des lettres de cachet ». Par la lettre de cachet il peut fouler aux pieds les décisions de la justice. Un jour Beaumarchais plaide un procès : son adversaire, par arrêt des juges, est condamné à la prison. Par une lettre de cachet, Beaumarchais est envoyé à Vincennes !

D'autres artifices permettaient encore au roi de suspendre le cours de la justice. *Par les arrêts de surséance*, le roi pouvait autoriser les gens puissants à ne pas payer leurs dettes, puisqu'il pouvait interdire à leurs créanciers le droit de les poursuivre. Par *les évocations au grand conseil*, il enlevait aux cours de justice les procès qu'elles seules avaient le droit de juger. *Par les lettres de relief*, il suspendait l'exécution d'un jugement et pouvait faire instruire de nouveau la cause devant une juridiction supérieure.

Maître des biens, maître des personnes, maître des lois, le roi ne connaissait pas de bornes à sa puissance. Il exerçait tous les jours le pouvoir le plus absolu ; son bon plaisir était à toute occasion substitué au droit ; et le parlement d'Aix pouvait dire à Louis XV dans ses remontrances : « Sire, l'étendue de votre pouvoir doit vous étonner vous-même ! »

Mais à ces droits de souverain absolu corespondent des devoirs aussi étendus. En accaparant tous les pouvoirs, la Royauté a pris toutes les charges : tâche énorme qui dépassait certainement les forces humaines. Le roi qui, aux yeux de la nation, est tout et peut tout, doit à ses sujets non seulement la protection et la sécurité, mais aussi le bien-être et le bonheur. Il n'est pas seulement un chef de nation, investi du droit de gouverner ; il est un père de famille, chargé d'assurer la prospérité de chacun de ses enfants. Montesquieu exposait avec une incomparable logique ces devoirs de chef de l'État dans une monarchie absolue, en disant : « Quelques aumônes, que l'on fait à un homme dans les rues, ne remplissent point les obligations de l'État qui doit à tous les citoyens une subsistance assurée, la nourriture, un vêtement convenable et un genre de vie qui ne soit pas contraire à la santé (1). » Ainsi l'on substituait à l'initiative individuelle l'autorité du chef de l'État. Les sujets étaient là pour recevoir, et le roi pour donner. Celui-ci devient le père nourricier de la Nation. Il peut dire alors, comme autrefois Charles V, « la couronne est plus charge que gloire ». Que les famines ou les épidémies se déclarent, que la misère arrive, alors le peuple rendra le roi responsable de tous ses malheurs. Lorsque le pain manquera, les affamés de Paris iront à Versailles chercher « *le boulanger, la boulangère et le petit mitron.* » Le roi sera victime de son absolutisme.

Les esprits éclairés combattaient ces théories excessives ; ils auraient voulu contenir dans de plus étroites limites les devoirs du gouvernement, afin d'alléger la responsabilité de ceux qui en étaient chargés. Parmi ceux-ci, il faut surtout citer Turgot qui disait avec tant de bon sens : « Les intérêts des nations et le succès d'un bon gouvernement se réduisent :

» 1° Au respect religieux pour la liberté des personnes et du travail ;

» 2° A la conservation inviolable des droits de propriété ;

» 3° A la justice envers tous. »

Combien cette définition était plus raisonnable que toutes les exagérations de l'absolutisme des rois ! Ainsi

(1) Montesquieu, *Esprit des Lois*, XXIII, 29.

limitée, la Royauté aurait eu encore une assez noble tâche
sans prétendre jouer le rôle de Providence. Les hommes
sensés ne furent pas entendus : et, jusqu'en 1789, les devoirs imposés à la Royauté par l'origine et la nature
même de son pouvoir furent tels, que des génies extraordinaires eussent seuls été capables de s'en acquitter :
une vigilance sans cesse aux aguets, une curiosité obstinée
dans tous les détails, une activité sans trêve, en un mot
le génie de l'observation et du travail, telles étaient les
qualités indispensables à ce roi absolu. Un Frédéric II
ou un Napoléon aurait à peine pu réaliser ce programme ;
et nous avions affaire : à Louis XV, le roi des petites intrigues et des grandes parties de plaisir ; à Louis XVI, ce
chasseur enfiévré qui considérait comme perdue toute
journée qui n'était pas signalée par une hécatombe de
gibier! De tels princes ne peuvent donner à la nation
ce qu'elle attend d'eux ; ils ne savent point remplir les
devoirs dont ils sont accablés. Ils ont le pouvoir, et le
laissent exercer par les commis ; ils assument sur leurs
têtes de terribles responsabilités.

Il faut pourtant convenir que, pendant les quatre-vingt-
neuf premières années du dix-huitième siècle, ce despotisme royal ne fut pas universellement considéré comme
indiscutable, absolu, sans contrôle. Quelquefois, certains
personnages et certains corps de l'État essayèrent de rappeler à la Nation que les rois s'étaient jadis entourés de
représentants des Trois-Ordres, leur avaient demandé
conseil, les avaient traités avec honneur, presque avec
déférence, leur avaient permis de discuter les plus grosses
questions politiques, leur avaient même dans des circonstances décisives abandonné une part du gouvernement.
Sans doute le souvenir des misérables séances de 1614

était effacé ; pourtant les États-Généraux n'étaient point oubliés. Ils apparaissaient, dans l'esprit des réformateurs, comme le contrôle nécessaire de la Nation auprès du pouvoir royal. En 1715, par exemple, à la mort de Louis XIV, lorsque Philippe d'Orléans s'empare de la Régence avec le concours du Parlement, le duc du Maine réclame la convocation des États, et trente-neuf membres de la Noblesse, imitant son exemple, expriment le même vœu. Leurs protestations ne sont point accueillies par le Parlement. Quelques années plus tard, à l'époque du complot espagnol Cellamare-Alberoni, les conjurés français n'espèrent l'appui du peuple qu'en lui promettant la convocation des États-Généraux. Aussi, avant même l'exécution de leurs projets, ont ils rédigé les lettres que le roi d'Espagne doit, si le coup réussit, adresser aux États-Généraux et au jeune roi. Plus tard, en 1771, la Cour des Aides et plusieurs Parlements réclament la convocation des États, surtout lorsque Maupeou a brisé l'ancienne magistrature, accusée d'être trop peu servile auprès des ministres. Enfin, pendant le règne de Louis XVI, la puissance de la Nation, représentée par les États-Généraux, est constamment opposée aux abus du pouvoir royal. L'année 1789 devait mettre aux prises ces deux pouvoirs.

De son côté, le Clergé n'avait jamais oublié complètement son ancienne prétention d'établir la suprématie de l'Église sur le gouvernement civil. Il eût voulu affaiblir l'autorité du roi, en la soumettant au chef de la religion. Pendant tout le dix-huitième siècle, d'interminables discussions s'élevaient sur l'autorité temporelle et l'autorité spirituelle, la suprématie de celle-ci sur celle-là, la nécessité d'abaisser la puissance humaine devant le vicaire de Jésus-Christ. C'est ce que réclamait en 1752 l'Assemblée générale du clergé de France lorsqu'elle disait au roi Louis XV dans un fier langage : « La charge des évêques est d'autant plus grande qu'ils doivent rendre compte de rois mêmes au jugement de Dieu ; car vous savez qu'encore que votre dignité vous élève au-dessus du genre humain, vous baissez la tête devant les prélats, vous recevez d'eux les sacrements, et vous leur êtes soumis dans l'ordre de la religion; vous suivez leurs jugements, et ils ne se rendent pas à votre volonté. » Mais il est juste d'ajouter que c'était pure réclamation de caste. Dès que l'Église semblait avoir quelque velléité de prendre ces théories au sérieux, elle avait affaire au Parlement qui savait bien arrêter ses empiètements et réprimer ses convoitises. A ces prétentions du Clergé le Parlement opposait la vieille doctrine gallicane, toujours populaire en France : « Il n'appartient pas, disait-il, aux ministres de l'Église de fixer les limites que Dieu a placées entre les deux puissances (puissance temporelle du roi, puissance spirituelle du pape). Les canons de l'Église ne deviennent lois de l'État qu'autant qu'ils sont revêtus de l'autorité souveraine! » Ces querelles, qui étaient souvent fort vives et que le public suivait avec passion, restèrent toujours dans le domaine de la théorie. Elles nous montrent pourtant l'autorité royale vivement discutée dans ses prétentions à l'absolutisme et dans ses doctrines despotiques. D'un côté, on lui opposait les droits de la nation en réclamant la convocation des État-Généraux; de l'autre, le droit de l'Église en glorifiant la souveraine puissance du Saint-Siège. Les partisans du pouvoir national se rencontraient avec les champions de l'ultramontanisme, pour déclarer qu'ils ne croyaient plus au pouvoir absolu du roi. On peut dire que la royauté de droit divin touchait à sa fin.

Elle avait senti se dresser devant elle une autre autorité, peut-être moins visible, pourtant plus réelle, celle de l'opinion publique.

Dans les beaux jours de la Monarchie, le bon goût, la mode, la vie nationale, tout descendait de la Cour à la Ville, et de la Ville à la Province. Le pays tout entier, par des imitations plus ou moins serviles, souvent grotesques, se façonnait sur les modèles de la Cour. La tyrannie de la Royauté formait le goût de l'opinion publique. Au dix-huitième siècle tout est changé. « On ne reçoit plus de la Cour les opinions régnantes, dit Mercier; c'est de la Ville que part l'approbation ou l'improbation adoptée dans le reste du royaume. » Ainsi la Ville, c'est-à-dire Paris, s'impose à la France. A la tyrannie de la Royauté succède la tyrannie des Parisiens. « Il n'y a, dit Montesquieu, en France que Paris et les provinces éloignées, parce que Paris n'a pas encore eu le temps de les dévorer. » Lorsque Arthur Yung quitte Paris, à la veille de la prise de la Bastille, il écrit : « Jamais je n'ai vu un mouvement de publicité semblable, même à Londres. » Mais lorsqu'il a quitté la capitale, le voyageur anglais trouve les villes de province ensevelies dans la plus profonde inertie. Elles se réveillent seulement lorsqu'elles reçoivent quelques nouvelles parisiennes. Si A. Yung manifeste son étonnement à ces bons provinciaux qui n'osent pas être quelqu'un : « La réponse, dit-il, est toujours la même : Nous ne sommes qu'une ville de province, il faut voir ce que l'on fera à Paris. » Et cet observateur étonné ajoute : « Ces gens n'osent pas même avoir une opinion, jusqu'à ce qu'ils sachent ce qu'on pense à Paris. » Ils préfèrent la recevoir toute faite; les provinciaux

deviennent célèbres par leur docilité et leur manque
d'initiative. L'opinion de Paris devient l'opinion publique.

Or, veut-on connaître la puissance de cette opinion
publique ? Écoutons Necker : « La puissance de l'opinion
publique, dit-il, favorisée par diverses circonstances,
s'est accrue successivement et elle serait aujourd'hui
difficile à détruire. Elle règne sur tous les esprits ; les
princes eux-mêmes la respectent, toutes les fois qu'ils ne
sont pas entraînés par de trop grandes passions... La
plupart des étrangers ont peine à se faire une juste idée
de l'autorité qu'exerce en France l'opinion publique ; ils
comprennent difficilement ce que c'est qu'une puissance
invisible qui, sans trésor, sans garde et sans armée, donne
des lois à la ville, à la Cour *et jusque dans le palais des Rois.*
Cependant rien n'est plus vrai, rien n'est plus remarquable (1). »

Cette puissance nouvelle trouve son ascendant dans
les innovations qu'elle préconise. Paris a la fièvre des
réformes. Cette ville est sans cesse surexcitée par les
discussions économiques, sociales, politiques. Les physiocrates, les ploutocrates, les encyclopédistes et les maté-
rialistes, leurs adversaires, tous ceux qui remuent les
idées et excitent les intérêts s'agitent dans la ville, gagnent des disciples, imprègnent la cité de leurs théories,
de leurs passions, de leurs utopies. Les plaisirs littéraires
s'évanouissent devant les graves préoccupations de la
politique et des affaires. « Vers 1750, dit Voltaire, la nation rassasiée de vers, de tragédies, de comédies, de
romans, d'opéras, d'histoires romanesques, de réflexions
morales plus romanesques encore et de disputes sur la
grâce et sur les convulsions, se *mit à raisonner sur les blés.* »

(1) Necker, *Administration des finances*, I, Introduction.

On lit le *Contrat Social ;* on en commente les définitions et les audacieux théorèmes. Le Parisien, si prompt à l'emportement, si facile à la séduction, aurait-il pu conserver son calme et sa tranquillité d'esprit en lisant cette définition du pouvoir monarchique par J.-J. Rousseau : « L'acte par lequel un peuple se soumet à des chefs n'est absolument qu'une *commission*, un emploi dans lequel, simples officiers du peuple souverain, ils exercent en son nom le pouvoir dont il les a fait dépositaires, et qu'il peut modifier, limiter, *reprendre quand il lui plaît* (1). » Pauvre droit divin ! il est bien en danger de mort, après avoir reçu du philosophe une si profonde blessure.

Dirigée par les philosophes, aiguillonnée par les pamphlétaires, l'opinion publique devient antimonarchique. « Le respect pour la Monarchie, dit madame de Genlis, était tout à fait détruit, et il était de bon air de braver en tout la Cour et de se moquer d'elle. » D'Argenson fait une observation analogue en 1759 : « Il nous souffle un vent philosophique de gouvernement libre et antimonarchique. Cela passe dans les esprits ; et il peut se faire que ce gouvernement soit déjà dans les têtes pour l'exécuter à la première occasion. Peut-être la Révolution se ferait-elle avec moins de contestations qu'on ne le pense ; cela se ferait par acclamation. » De Ségur, se rappelant sa jeunesse écoulée au milieu de l'aristocratie pendant les années qui précédèrent immédiatement 89 dit : « Nous applaudissions les scènes républicaines de nos théâtres, les discours philosophiques de nos académies,

(1) On peut rappeler ici le célèbre chapitre de Montesquieu, intitulé *Idée du Despotisme* : « Quand les sauvages de la Louisiane veulent avoir du fruit, ils coupent l'arbre au pied, et cueillent le fruit. Voilà l'image du despotisme. »

les ouvrages hardis de nos littérateurs; » et plus loin :
« J'entendis toute la Cour dans la salle de spectacle du
château de Versailles applaudir avec enthousiasme *Brutus*,
tragédie de Voltaire, et particulièrement ces deux vers :

> « Je suis fils de Brutus et je porte en mon cœur
> La liberté gravée et les rois en horreur. »

On ne parle que des droits du peuple, on les exalte en
laissant ses devoirs dans l'oubli, on pousse la Nation dans
la voie de l'opposition. « Que la Nation réclame ses droits,
qu'elle les réclame avec cette fermeté noble et généreuse
que l'Europe admirait autrefois, que chaque citoyen re-
fuse de payer l'impôt, jusqu'à ce que la Nation l'ait consenti, et tout rentrera dans le calme (1). »

Cette opinion publique, frondeuse et hostile à la
Royauté, qui pénétrait jusque dans les antichambres du
roi, se révélait dans les manifestations les plus significa-
tives. La rébellion, que l'on a prêchée partout, se fait
jour à toute occasion. On veut faire sentir au roi que son
bon plaisir n'est plus pris au sérieux. Il est de mode de
plaindre et de louer les victimes du roi. Les ministres
voient leur popularité naître le jour où ils tombent en
disgrâce. « Un ministre disgracié était sûr de la faveur
du public, et s'il était exilé tout le monde s'empressait

(1) Correspondance de Mairobert, pamphlet écrit contre Maupeou.
C'est une correspondance supposée entre Maupeou et un conseiller
qui n'est que le complaisant agent du chancelier. Cette série de
pamphlets sortait d'une presse cachée dans le palais du Temple qui
appartenait au prince de Conti. Le Parlement déclara l'auteur coupable de lèse-majesté divine et humaine, mais ne put pas le dé-
couvrir. Beaucoup de gens furent arrêtés pour avoir distribué la
correspondance : cinquante furent jugés; quelques-uns furent condamnés au bannissement.

de l'aller voir, non par véritable grandeur d'âme, mais pour suivre cette mode de dénigrer et blâmer tout ce qui se faisait à la Cour. »

Que dire des violents? Ils attaquaient monarques et monarchies avec la plus rude âpreté; d'Holbach pouvait écrire : « Nous ne voyons sur la surface du globe que des souverains injustes, incapables, amollis par le luxe, corrompus par la flatterie, dépravés par la licence et l'impunité, dépourvus de talents, de mœurs, de vertus. » On ne se contentait pas toujours de les peindre sous les plus noires couleurs, on les menaçait de jugements et de peines terribles. Le comte de Lauraguais disait : « La Nation a dit : « Vous serez roi à telles conditions; alors je » serai fidèle. Si vous les enfreignez, je serai votre juge. » Prédiction réalisée quelques années plus tard, puisque Louis XVI fut jugé et condamné à mort par la Nation représentée par la Convention.

Ainsi, à côté de la royauté de droit divin, tombée dans une irrémédiable décadence, s'était établie, souveraine dans les esprits, une puissance encore mal définie, presque insaisissable, mais réelle et vivace, l'opinion publique, en dernière analyse, le droit national. Ce qui faisait sa force, c'est que la Royauté n'était qu'une puissance de tradition, mal appuyée sur la fidélité douteuse de ses sujets, tandis que l'opinion publique prétendait s'imposer par la raison, en s'appuyant fermement sur les intérêts et les aspirations de la Nation. A tous les actes d'autorité, à tous les excès de pouvoir commis par le roi, le public pouvait répondre : « Il n'y a aucune loi, aucun texte écrit qui fixe nos devoirs et les droits de ceux qui nous gouvernent. La tradition qui nous impose un roi n'a aucune légitimité à nos yeux. Qu'on nous montre

la loi qui nous prescrit l'obéissance. » Ce grave danger
était déjà signalé au roi par Turgot, lorsqu'il écrivait :
« La cause de tout le mal, Sire, vient de ce que votre
royaume n'a pas de *Constitution.* » Et, en effet, aucun texte
n'établissant les droits et les devoirs des gouvernants et
des gouvernés, l'habitude remplaçait le droit, comme
l'arbitraire remplaçait la loi. C'est pourquoi, dès les premiers jours de la Révolution, les députés du Tiers ac-
quirent une si éclatante popularité, lorsque, au Jeu de
Paume, ils déclarèrent qu'ils ne se sépareraient point
avant d'avoir donné à la France une Constitution. Ce
jugement devait provoquer une explosion de joie dans
toute le France, et les ordres privilégiés furent forcés de
suivre le Tiers dans cette voie révolutionnaire où il s'engageait si fièrement. Lally-Tollendal, qui n'était pas le
moins éloquent orateur de la Noblesse, approuvait le
serment tout en restant un défenseur énergique des droits
du Trône. Il essayait de faire partager son opinion à
ses collègues de l'ordre privilégié qui ne pouvaient se
détacher de l'antique constitution ; et il leur disait avec
fermeté : « Cette antique constitution ordonne-t-elle l'ouverture des États-Généraux? Ordonne-t-elle leur périodicité? Non ; car il y a cent soixante-quinze ans qu'on
n'en a tenu. Contient-elle des dispositions protectrices de
la liberté de la presse? Il n'y en a pas de trace. Contient-
elle des dispositions protectrices de la liberté personnelle
et de la propriété? Non, et vous êtes les premiers à vous
en plaindre. Y est-il parlé de la responsabilité ministérielle? Pas le moins du monde. Eh bien! bénissez donc
l'innovation, puisque c'est elle qui vous donne la liberté!»
Et il entraîna à sa suite les députés de la Noblesse sur les
bancs de la Constituante.

En résumé, la royauté de droit divin existe encore
en 1789; elle marche en vertu de la force acquise; elle
a tous les dehors du pouvoir absolu. Mais cette force
n'est qu'apparente. La tradition sur laquelle elle s'appuie
n'est rien dans ce siècle d'innovation; et c'est en vain
qu'elle étalerait tous ses services passés; tous les regards
sont dirigés vers l'avenir. A cette puissance qui décline
s'oppose l'opinion publique. Celle-ci discute des droits
et des devoirs, raisonne sur leur origine, et aime à créer,
dans l'imagination populaire, des sociétés abstraites
sans lien avec le passé. Entre ces deux forces, dont l'une
représente le pouvoir monarchique à son déclin, et
l'autre le pouvoir national à son aurore, la lutte était inévitable : elle devait être signalée par de tragiques événements.

Un jour madame du Hausset, première dame d'honneur
de la marquise de Pompadour, se trouvait chez le docteur
Quesnay, chef de l'école des physiocrates. Il y avait
nombreuse compagnie. Elle entendit cette conversation :
« Ce royaume, dit le marquis de Mirabeau, est bien mal;
il n'y a ni sentiments énergiques ni argent pour les suppléer. — Il ne peut être régénéré, dit Mercier de la
Rivière, que par une conquête, comme à la Chine, ou
par quelque grand bouleversement intérieur. Mais malheur à ceux qui s'y trouveront! Le peuple français n'y
va pas de main morte ! »

Louis XVI devait s'y trouver. Le peuple français, en
voyant mourir Louis Capet sur l'échafaud, crut morte
pour toujours la vieille monarchie du dix-huitième siècle,
la monarchie de droit divin.

CHAPITRE DEUXIÈME

LA COUR

I. — Origine et organisation de la Cour. — La Hiérarchie des
        services. — Cérémonial et intrigues.

II. — Changements introduits par Marie-Antoinette. — La Cour
jugée et abandonnée par une partie de la Noblesse dès les premiers
troubles de 1789.

> » Hélas ! ignorez-vous quelles sévères lois
> Aux timides mortels cachent ici les rois ?
> Au fond de leur palais leur Majesté terrible
> Affecte à leurs sujets de se rendre invisible. »

C'est ainsi qu'Esther parle d'Assuérus : mais Racine
n'a pensé qu'à Louis XIV. Le lieutenant de Dieu est
tellement au-dessus de ses sujets qu'il ne peut être
exposé à les rencontrer, à les voir, à les entendre. Plus
il sera éloigné d'eux, plus il sera craint : *Major e longinquo.*
Il faut donc qu'il soit isolé du reste de la Nation, et que
des intermédiaires choisis, en surveillant les avenues du
trône, conservent à Sa Majesté le prestige de l'inconnu.
La Cour n'a pas été instituée dans un autre but. Elle est

la gardienne du roi terrible qu'elle protège contre les regards indiscrets du vulgaire. C'est la transition entre Sa Majesté et les simples sujets.

Ceux qui la composent sont donc les premiers des privilégiés ; et leur principal privilège est celui qui leur permet d'aborder quelquefois le dieu jusque dans son sanctuaire, à condition de l'adorer et de le servir. Ainsi le courtisan est extrait de la nation pour être employé auprès du roi. Son premier devoir est l'asservissement. Ce que Tavannes, dès le seizième siècle, avait déclaré dans son mâle langage : « Qui entre libre en la Cour des rois devient serf (1). »

Il faut d'autre part que le courtisan contribue à l'éclat du trône. Il sera distingué du reste de la Nation par la sonorité des titres, l'éclat de ses costumes, la grâce de ses manières. C'est un meuble de luxe que la Royauté s'offre, mais qu'elle paye cher. Il sera une décoration vivante de la demeure royale. S'il oublie cette partie de ses devoirs, Sa Majesté sait bien les lui rappeler. D'Argenson l'affirme. « La dépense, dit-il, que font les gens de Cour pour avoir deux habits neufs et magnifiques, chacun pour les deux jours de fête, *et cela par ordre du roi*, achève de les ruiner. » Le roi ne peut pourtant pas les réduire à l'hôpital. Il récompense leurs services et paye leurs gages. Les courtisans forment donc une brillante domesticité qu'on enchaîne par des cadeaux et qu'on tient à l'attache par des pensions.

Le roi enfin ne se contente pas de les payer : il les distrait en les invitant à partager ses propres plaisirs. En

(1) Au dix-huitième siècle, les caractères indépendants n'appréciaient pas autrement les effets de la vie de courtisan. Le marquis de Mirabeau dit avec tristesse : « Une partie de la Noblesse va s'avilir dans les servitudes de la Cour. »

échange des services qu'il reçoit d'eux, il leur offre des spectacles, des jeux, des chasses, des promenades, auxquels ils sont tenus d'assister, et Voltaire définit avec esprit un des principaux devoirs de la Royauté lorsqu'il dit : « Les dieux n'ont établi les rois que pour donner tous les jours des fêtes, pourvu qu'elles soient diversifiées. »

Ecarter le vulgaire, servir le roi, orner le palais, voilà ce que l'on exige des courtisans. On pourrait croire qu'un tel programme de servitude n'était pas fait pour séduire les membres de la vieille noblesse : grave erreur. Car le métier de courtisan, s'il eut ses lourdes charges, eut aussi ses petits avantages. Il flatta la vanité, satisfit les ambitions secrètes, emplit quelquefois les escarcelles. On ferma les yeux sur les inconvénients, et les rois n'eurent que l'embarras du choix pour désigner ceux auxquels ils permirent de paraître à leurs yeux, de porter leur livrée et de peupler leur palais.

Ce monde spécial de la Cour était organisé suivant des règles inflexibles qui assignaient à chacun sa place, et à chaque place son rang dans la hiérarchie des services. Or, on se figure difficilement le nombre des services et la quantité des individus répartis dans chacun d'eux.

La Maison du roi, qui n'était qu'une fraction de la Cour, comptait vingt-deux services ou départements distincts : grande-maison, chapelle-oratoire, chapelle-musique, bouche du roi, chambre du roi, garde-robe du roi, faculté, menus-plaisirs, etc., etc. Chaque service comprenait un grand nombre d'officiers. On peut en indiquer l'importance par l'énumération du personnel de quelques-uns d'entre eux. Prenons pour exemple le service de la chapelle et celui de la chasse.

La chapelle comprenait : un grand-aumônier, un premier-aumônier, un aumônier ordinaire, un maître de l'oratoire, un confesseur, huit aumôniers par quartier, un chapelain ordinaire, huit chapelains par quartier.

La chasse comprenait : onze capitaineries générales, établies à Fontainebleau, Vincennes, Monceaux, Boulogne, Meudon, Compiègne, etc. Chaque capitainerie comprenait une cinquantaine d'officiers ; ce qui porte le service de la chasse à plus de cinq cents fonctionnaires, ayant presque tous acheté leurs charges et rudoyant les paysans et les bûcherons pour le plaisir du roi.

Le service de la bouche était tel que Louis XVI, qui avait peu de disposition aux excès de table, et se plaisait dans la simplicité, supprima, par ordonnance du 7 août 1780, quatre cent six charges, qui avaient été achetées pendant le règne précédent, et dont la valeur fut remboursée aux titulaires par une somme de neuf millions.

La Maison de la reine était aussi nombreuse. Marie-Antoinette, imitant le roi, veut réduire son service. Voici ce qu'on peut lire à ce sujet dans la correspondance secrète : « La reine veut supprimer une mollesse nuisible, une affluence inutile de gens de service, et tout usage propre à faire naître des sentiments d'orgueil. Malgré le retranchement susdit, la maison de la jeune princesse se montera encore à près de quatre-vingts personnes, *destinées au service unique de sa personne royale.* »

Au-dessous, ou dans la Cour principale s'agitent les Cours secondaires des autres membres de la famille royale. Chaque frère, chaque belle-sœur, chaque enfant du roi a sa Maison particulière, organisée sur le modèle de celle du roi, et pourvue des mêmes services. Chaque

service comprend un immense personnel. Voici quel
était le service religieux pour la Cour tout entière.

La chapelle du roi a	2	évêques et	21	abbés
— de la reine a	2	évêques et	10	abbés
— du dauphin a			3	abbés
(chargés de l'instruction de l'enfant).				
— de Monsieur le comte de Provence a				
	2	évêques et	10	abbés
— de Madame a			8	abbés
— du comte d'Artois a				
	1	évêque et	8	abbés
— de la comtesse d'Artois a				
	1	évêque et	7	abbés
Total	8	évêques	67	abbés

Ce qui donne un total de 8 évêques et de 67 abbés pour
les sept personnes de la famille royale !

Lorsque la Cour se déplace, elle emmène avec elle
presque tous les services. Ce n'est plus une famille qui
voyage, c'est une véritable armée qui se met en marche.
L'écurie de la reine comprend seule soixante-quinze
voitures et trois cent trente chevaux, en 1780. Et ces déplacements sont fréquents : il y a tant de résidences
royales ! Versailles, Marly, les deux Trianon, la Muette,
Meudon, Choisy, Saint-Germain, Fontainebleau, Compiègne, Saint-Cloud, Rambouillet, etc. La vie de Cour, à
certaines époques de l'année, est un continuel voyage.

Dans cette cohue de serviteurs, empressés à se signaler, il faut une discipline qui maintienne l'ordre et des
règlements rigoureux que personne ne puisse enfreindre.
De là, ce cérémonial, légué par Louis XIV, et scrupuleu-

sement observé presque jusqu'en 89 dans toutes ses exigences et ses moindres puérilités. Lisez, par exemple, les règles incroyables, observées dans le service du dauphin qui vient de naître :

« La nourrice n'a d'autre fonction que de donner à téter à l'enfant, quand on le lui apporte ; elle ne peut pas lui toucher. Il y a des remueuses et des femmes préposées pour cela, mais qui n'ont point d'ordres à recevoir de la nourrice. Il y a des heures pour remuer l'enfant, trois ou quatre fois dans la journée. Si l'enfant dort, on le réveille pour le remuer ; si, après avoir été changé, il fait dans ses langes, il reste trois ou quatre heures dans son ordure. Si une épingle le pique, la nourrice ne doit pas l'ôter, il faut chercher et attendre une autre femme, l'enfant crie dans tous les cas, il s'échauffe, se tourmente, en sorte que c'est une vraie misère que toutes ces cérémonies (1). »

Et les cérémonies s'emparent de tous les instants de la vie du roi : le lever et le coucher, la promenade, les repas sont pour les courtisans autant d'occasions qui leur permettent de s'acquitter de leur charge en étalant leur servilité. Ce genre de vie, qui ne laisse rien à l'imprévu, n'est certainement pas très gai ; mais, à la Cour, on sait s'ennuyer suivant la forme. Voyez dîner à Fontainebleau la reine Marie Leczinska.

« J'arrive dans une salle superbe, dit un témoin oculaire, et je vois une douzaine de courtisans qui se promenaient, et une belle table d'au moins douze couverts qui pourtant n'était préparée que pour une seule personne... La reine s'assit, et aussitôt les douze courtisans se placèrent en demi-cercle, à dix pas de la table. Je me

____

(1) *Journal de Barbier*, oct. 1750.

tins auprès d'eux, imitant leur respectueux silence. Sa Majesté commença à manger fort vite, sans regarder personne, tenant les yeux baissés sur son assiette. Ayant trouvé à son goût un mets qu'on lui avait servi, elle y revint et alors, parcourant des yeux le cercle devant elle, dit : « Monsieur de Lowendhal? — A ces mots, je vois un homme superbe qui s'avance et dit en inclinant la tête : Madame? — Je crois que ce ragoût est une fricassée de poulet. — C'est aussi mon avis, madame. » Après cette réponse faite du ton le plus sérieux, le maréchal reprend sa place à reculons. La reine acheva de dîner sans dire un mot de plus, et rentra dans ses appartements comme elle était venue (1). »

Les heures s'écoulent ainsi dans un cérémonial de désœuvrement. Veut-on s'amuser? Les distractions absorbantes ne laissent alors aucune place à un travail sérieux. Marie-Antoinette, encore dauphine, raconte ainsi les occupations de la Cour à Choisy : « Depuis une heure où l'on dîne, l'on joue jusqu'à six heures que l'on va au spectacle qui dure jusqu'à neuf heures et demie, et ensuite le souper. De là encore jeu jusqu'à une heure et même la demie quelquefois. »

Voilà certes une journée bien employée à ne rien faire. Et pourtant les jours se suivaient, en se ressemblant sans doute, puisque l'ambassadeur d'Autriche, parlant de Louis XV, peut dire dans ses rapports : « Son genre de vie ne lui laisse pas une heure dans la journée à s'occuper d'affaires sérieuses. »

Si la Cour écarte le roi *lui-même* de son métier, il est bien naturel qu'elle s'empare des princes et princesses pour les entraîner dans son tourbillon. Elle ne leur laisse

(1) Casanova, *Mémoires.*

pas le temps de s'instruire, et ne leur permet pas de se préparer sérieusement à l'accomplissement des devoirs qui les attendent. Madame de Campan affirme que Madame Louise, fille de Louis XV, lui a souvent répété qu'à l'âge de douze ans, elle n'avait point encore parcouru la totalité de son alphabet. Dumont d'Urville raconte ainsi sa réception à la Cour : « Le roi et le duc d'Angoulème m'interrogèrent sur mes différentes campagnes, mais surtout sur mon voyage de circumnavigation à bord de l'*Astrolabe*. Mon récit paraissait vivement les intéresser ; et, s'ils m'interrompaient, c'était pour m'adresser des questions d'une remarquable naïveté, et qui prouvaient que, dépourvus de toute notion, même superficielle, sur les sciences et les voyages, ils étaient aussi ignorants sur ces matières que pouvaient l'être de vieux rentiers au Marais. » Ce roi, si naïf, n'était autre que le comte d'Artois, l'organisateur des folles journées à la Cour de Louis XVI. Il y eut sans doute des exceptions. Le comte de Provence, plus tard roi de France sous le nom de Louis XVIII, pouvait justement prétendre à la réputation de bon latiniste ; mais, en général, la culture intellectuelle des princes était telle qu'ils n'étaient pas habitués à trouver plaisir dans les travaux de l'esprit. Voulaient-ils fuir les ennuis de la Cour ? Ils se réfugiaient à la chasse ou dans des ateliers. Louis XV imprimait des chansons et Louis XVI fabriquait des serrures.

La Cour qui était le théâtre des distractions futiles, des jeux absorbants, des privilèges de l'étiquette, était aussi l'asile des intrigues. Par là, elle était maîtresse des emplois. Telle ou telle intrigante, quoique très indigne, mais puissante à la Cour, faisait nommer les maréchaux et les évêques. Pour parvenir aux fonctions les plus recherchées dans l'armée, dans la diplomatie, dans l'administration, dans l'Église même, il fallait se faire courtisan, prendre rang dans le cortège desflatteurs et se disdinguer dans ce groupe par son esprit, sa grâce, ses dépenses et ses folies. On dut rendre des services pour en obtenir, et plus d'un gentilhomme perdit son honneur à ce métier. L'abbé de Vermont, qui avait accompagné Marie-Antoinette à la Cour de France, écrit à Marie-Thérèse impératrice d'Autriche, les détails suivants sur la Cour de Louis XV :

« Votre Majesté sait mieux que moi que d'usage immémorial les trois quarts des places, des honneurs, des pensions, sont accordés non aux services, mais à la fortune et au crédit. Cette faveur est originairement motivée par la naissance, les alliances, la fortune; presque toujours, elle n'a de véritable fondement que la protection et l'intrigue. Un bon gentilhomme qui ne pourrait éblouir par des alliances à la Cour, ni par une dépense d'éclat, n'oserait prétendre à un régiment, quelque anciens et distingués que puissent être ses services et sa naissance. Il y a vingt ans, les fils de ducs, de ministres, de gens attachés à la Cour, les parents et les protégés des maîtresses devenaient colonels à seize ans. M. de Choiseul fit jeter les hauts cris en rejetant cette époque à vingt-trois. Les gouvernements et les commandements de province et de ville se donnent par crédit et faveur comme les régiments. Le cordon bleu, le cordon rouge sont dans le même cas, quelquefois même la croix de Saint-Louis. Les évêchés et les abbayes sont encore plus constamment au régime du crédit... Les places de finances, je n'ose en parler. »

La curée des places appartenait à la Cour.

L'intrigue est ainsi substituée au mérite. La place appartient à celui qui saura, non pas l'occuper, mais la prendre d'assaut. L'abbé Barthélemy deviendra secrétaire général des Suisses. Un poète de Cour, comme Bernard, sera secrétaire général des dragons. Combien le Figaro de Beaumarchais avait raison de dire devant les courtisans qui ne faisaient qu'en rire : « On pense à moi pour une place ; mais, par malheur, j'y étais propre ; il fallait un calculateur ; ce fut un danseur qui l'obtint. »

Or les bénéfices de certaines places devaient singulièrement aiguiser l'appétit des courtisans. En quelques années ils pouvaient faire une scandaleuse fortune. Voici l'exemple de madame de Tallard : « Madame de Tallard s'est fait 105,000 livres de *rente* dans sa place de gouvernante des enfants de France, parce que, à chaque enfant, les appointements augmentaient de 35,000 livres. » Autre exemple : « Madame de Lamballe, inscrite pour 6,000 livres, en touche 150,000 sur un seul feu d'artifice. Pour le même feu d'artifice, le duc de Gèvres gagne 50,000 écus pour les débris et charpentes qui lui appartiennent en vertu de sa charge (1). » Autre exemple : « Madame de la Borde vient d'être nommée garde du lit de la reine avec 12,000 francs de pension sur la cassette du roi. On ignore quelles sont les fonctions de cette charge qui n'a pas existé depuis Anne d'Autriche. »

Toutes les charges entraînaient ainsi des pensions. Le titulaire avait l'honneur et l'argent. Il arriva bientôt que, toutes les places étant occupées, tous les appétits ne furent pas satisfaits. On créa alors deux titulaires pour un emploi : le titulaire en service et le titulaire en survivance. On doubla ainsi le nombre des titres et des di-

(1) *Mémoires de madame de Compan.*

gnités sans augmenter celui des emplois. Enfin, les places
d'activité et de survivance étant prises, il restait toujours,
dans les antichambres du roi, des princes et des ministres, une armée de faméliques qui avaient tous belles
dents pour prendre part au gâteau. On imagina alors de
les pensionner sans leur imposer un emploi. *Des pensions
sans place*, voilà le dernier mot de la Cour. Le Parlement
de Dijon n'avait pas tort d'adresser au roi ces fières remontrances (1764) : « Tôt ou tard, le peuple apprendra
que les débris de vos finances continuent d'être prodigués
en dons si souvent peu mérités, en pensions excessives
et multipliées sur les mêmes titres, en dots et assurances
de domaines, en places et appointements inutiles... Le
peuple repoussera ces mains avides qui toujours s'ouvrent
et ne se croient jamais pleines, ces gens insatiables qui
ne semblent nés que pour tout prendre et ne rien avoir,
gens sans pitié comme sans pudeur. »

Quant aux courtisans qui voulaient bien consentir à
s'éloigner de Versailles, ils avaient à choisir parmi les
gouvernements de province. C'était bien l'emploi qui leur
convenait. Rien à faire, et beaucoup à dépenser, telle est
la formule qui résume les devoirs du gouverneur de province, avant la Révolution. En effet, tout le travail revient
à l'Intendant ; M. le Gouverneur n'a qu'à représenter ; il
installe dans sa petite capitale une diminution de Cour
où il étale la grâce séduisante et les élégantes manières
dont il a pris l'habitude à l'Œil-de-Bœuf. Or le roi ou plutôt la Cour doit pourvoir à trente-sept grands gouvernements, sept petits, soixante-six lieutenances-générales,
quatre cent sept gouvernements particuliers, treize gouvernements de maisons royales. Ainsi les places pour les
courtisans sont presque aussi nombreuses en province

qu'à la Cour même ; elles ne sont pas moins bien rétri-
buées. Le gouvernement général du Berry rapporte
35,000 livres ; celui de Guyenne 120,000 livres ; celui du
Languedoc 160,000. Le gouvernement particulier du
Havre, 35,000 livres. Enfin, on a surtout multiplié les
gouvernements autour de Paris. La seule Ile-de-France
compte trente-quatre gouvernements particuliers. Messieurs les gouverneurs peuvent facilement échapper à
l'ennui de leur résidence ; ils viennent continuer leur
c our à Versailles, et se mettre à l'affût de l'avancement.
Les plus éloignés de Paris ne font que de courtes appa-
ritions dans leurs provinces. Tous ils sont gouverneurs
temporaires et courtisans permanents.

Enfin la Cour agit sur le gouvernement lui-même, elle
impose au roi ses choix, et aux ministres, ses favoris ;
elle envahit le pouvoir par des usurpations à peine dé-
guisées. A un ministre réformateur, elle oppose une force
d'inertie que rien ne peut rompre ; elle conspire contre
un ministre économe ; mais elle soutient un ministre dé-
bonnaire. Quand Turgot tombe, le comte de Provence,
frère du roi s'écrie : «Enfin, nous allons avoir de l'argent !»
Quand de Calonne obtient le ministère, il révèle son ha-
bileté en achetant la protection des puissants à la Cour.
« Calonne fit, à peine entré au pouvoir, un emprunt de
cent millions dont un quart n'est pas entré au trésor
royal ; le reste a été dévoré par les gens de Cour : on
évalue ce qu'il a donné au comte d'Artois à 56 millions,
et la part de Monsieur, comte de Provence, à 25 millions (1). »

Apre à la curée, incapable de travail sérieux, soumise
à une écœurante servilité, est-il étonnant que la Cour ait

(1) Augeard, cité par Taine.

été conspuée par la nation ? D'Argenson n'est que l'écho de l'opinion publique, quand il s'écrie : « La Cour! Dans ce mot est tout le mal! la Cour est le tombeau de la Nation. »

Montesquieu avait rédigé la condamnation de la Cour, et il avait insisté sur les considérants. Dans le cinquième chapitre du livre III de l'*Esprit des lois*, il écrit : « Qu'on lise ce que les historiens de tous les temps ont dit sur la cour des monarques ; qu'on se rappelle les conversations des hommes de tous les pays sur le misérable caractère des courtisans. Ce ne sont point des choses de spéculation, mais d'expérience. L'ambition dans l'oisiveté, la bassesse dans l'orgueil, le désir de s'enrichir sans travail, l'aversion pour la vérité, la flatterie, la trahison, la perfidie, l'abandon de tous ses engagements, le mépris des devoirs du citoyen, la crainte de la vertu du prince, l'espérance de ses faiblesses et, plus que tout cela, le ridicule perpétuel jeté sur la vertu, forment, je crois, le caractère du plus grand nombre de courtisans marqué dans tous les lieux et dans tous les temps. »

La Cour de Louis XV, si dépravée, la Cour de Louis XVI, si imprudente dans ses intrigues et si insatiable dans sa passion du gain, ne pouvaient opposer un démenti à ce fier langage. Le courtisan du dix-huitième siècle est tout entier dans ce portrait du courtisan de tous les siècles.

Il faut enfin ajouter que cette Cour de France, à la veille de la Révolution, se laissait aller aux innovations qui devaient hâter sa ruine. Elle traversait une crise grave, due presque tout entière à Marie-Antoinette. La guerre à l'étiquette, au cérémonial, était devenue une mode dans l'entourage de la reine. On changeait les vieux usages, les formes consacrées ; on s'insurgeait contre la glaciale routine ; on se laissait aller aux impulsions du moment, aux impatiences ; on substituait à la règle le caprice et la fantaisie. Le silence de l'ancienne Cour, qui avait tenu ses plaies secrètes, fit place aux divulgations les plus imprudentes, aux commérages les plus tapageurs. Toutes les intrigues, les plaisanteries, les bons mots de la Cour furent répandus à satiété dans le public, qui ne pardonna point à Louis XVI ses condescendances pour les enfantillages ou les fautes de la reine. Par ses espiègleries, Marie-Antoinette apprit aux courtisans et à la Nation à se moquer ouvertement du roi. Les anecdotes abondent à ce sujet. Un jour, par exemple, elle joua à Louis XVI un tour, qui fit rire toute la Cour. Ce roi, qui était l'homme des habitudes régulières, se retirait chaque jour à la même heure. Marie-Antoinette, qui le trouvait sans doute importun, avança un soir l'aiguille de la pendule. Le roi, sans se douter, se retira une heure plus tôt que d'ordinaire. Tous les courtisans rirent de la bonne farce ! Car la reine s'empressa de la raconter à tous ceux, qui n'avaient pas été présents et qui voulurent l'entendre. Marie-Antoinette pensait qu'on pouvait se moquer impunément du roi. Elle eut beaucoup d'imitateurs. Est-il nécessaire de rappeler ces promenades en traîneaux sur les boulevards, au milieu des Parisiens affamés, et malgré les timides observations de Louis XVI ? Le roi les subissait, et se vengeait doucement en montrant aux courtisans des voitures chargées de pain, qu'il faisait distribuer aux pauvres ; et, d'un ton de doux reproche, il ajoutait : « Voilà mes traîneaux, messieurs ! » — Et les bals de l'Opéra où la reine s'amusait tant avec ses beaux-frères, dans un insuffisant incognito, et qui lui attirèrent de son frère Joseph II, empereur d'Allemagne, cette sévère épître :

« Daignez penser un moment aux inconvénients, que vous avez déjà rencontrés aux bals de l'Opéra, et aux aventures, que vous m'avez racontées vous-même là-dessus. Je ne puis vous cacher que c'est de tous les plaisirs indubitablement les plus inconcevables de toute façon, surtout de la façon que vous y allez ; car Monsieur, qui vous accompagne, n'est rien... Le lieu par lui-même est en très mauvaise réputation. Qu'y cherchez-vous ? Une conversation honnête ? Vous ne pouvez l'avoir avec vos amies ; le masque l'empêche. Danser, non plus. Pourquoi donc des aventures, des polissonneries, vous mêler parmi le tas de libertins, de filles, d'étrangers, entendre ces propos, en tenir peut-être qui leur ressemblent ! Quelle indécence ! Le roi abandonné toute une nuit à Versailles, et vous, mêlée en société et confondue avec toute la canaille de Paris (1) ! »

Et les représentations de Figaro, dans lesquelles la reine, devenue actrice, se chargeait du rôle de Suzanne ? et la retentissante affaire du Collier, qui aboutit à la condamnation des comparses et à l'acquittement du principal coupable ?

Ce qui caractérise alors la Cour, l'entourage de la reine, le « Comité de l'Autrichienne », comme on commençait à le dire, c'est que ces imprudences ne sont point tenues secrètes. Elles sont divulguées à Versailles, et ébruitées dans toute la Nation, mais considérablement augmentées par les mauvaises langues. La Cour n'était plus enfermée ni dans sa majestueuse grandeur comme sous Louis XIV, ni dans ses débauches secrètes comme sous Louis XV ; elle étalait ses vices au grand jour, et se

(1) D'Arneth, *Correspondance.*

faisait juger par ses extravagances ; elle fournissait un aliment quotidien à la curiosité indiscrète de l'opinion ; elle livrait le roi, la reine, la Royauté en pâture à la malignité publique.

Les vieux courtisans renièrent leur Dieu : et le marquis de Ferrières put écrire : « En 1789, la plupart des nobles sont si las de la Cour et des ministres, qu'ils sont presque des démocrates. » Ce refroidissement, qui pouvait aller jusqu'à la trahison, était-il causé par des préoccupations égoïstes ou par de patriotiques angoisses ? Il est difficile de le dire : mais il est facile de constater que les courtisans manquèrent promptement à leur premier devoir : la défense du trône et de la famille royale. Marie-Antoinette put constater, à ses dépens, que les amitiés des Cours ne sont pas fidèles, qu'elles durent autant que la prospérité, et que leur fragilité se révèle dans le malheur. Aux premiers jours de la Révolution, lorsque le roi se trouva aux prises avec la Constituante et qu'il crut désarmer un certain nombre de ses ennemis par des concessions qui parurent excessives à la Cour, celle-ci devint morne et vide ; les courtisans s'éloignèrent ; la famille royale fut abandonnée. Aussi Marie-Antoinette écrit-elle avec douleur en 1791 : « Quand on (la Constituante) obtient de nous une démarche qui blesse les privilégiés, je suis boudée ; personne ne vient à mon jeu, le coucher du roi est solitaire, *on nous punit de nos malheurs.* »

Où sont les courtisans quand le peuple de Paris envahit le château de Versailles aux journées d'octobre 89 ? La famille royale est alors exposée à tous les outrages d'un peuple exalté, et les courtisans sont absents. Où sont-ils quand Louis XVI lutte et paye de sa personne contre la Révolution envahissante ? — Ils ont quitté non seulement la Cour, mais la France ; ils ont obéi à une mode nouvelle, l'émigration. Aussi l'abbé de Montgaillard leur jette-il à la face ce vigoureux reproche : « Le vertige de l'émigration est incompréhensible. De toutes les parties du royaume, il sort des flots de militaires et de nobles. Beaucoup de familles, frappées de terreur panique, ou entraînées par la mode du jour, suivent ce torrent et abandonnent la France. Étrange doctrine de poser en principe que, quand un chef d'empire est en péril, celui qui le quitte le premier et se sauve le plus loin, celui-là atteint le plus haut degré de la pureté et de la fidélité d'un sujet loyal ! » Et à la tête de cette émigration on trouvait les deux frères du roi, le comte de Provence et le comte d'Artois, les organisateurs principaux des folies de la Cour.

Ainsi la Cour, inventée pour protéger et distraire les rois, a été une des causes de la chute de la Royauté. Les courtisans ont exploité cette Royauté, qu'ils n'ont pas su défendre lorsqu'elle eut besoin d'eux. Ils étaient à Coblentz, à Mantoue, chez l'étranger, quand leur place était aux côtés du roi, à Versailles ou aux Tuileries. Ils complotaient à l'armée de Condé, quand leur devoir était de faire face à l'émeute ; ils avaient été à la curée, ils ne furent pas à la peine ; ils avaient poussé la Monarchie à l'abîme ; ils ne furent pas à leur poste pour en amortir la chute.

CHAPITRE TROISIÈME

LE CLERGÉ

I. Les biens ecclésiastiques et l'organisation intérieure du Clergé.
II. Les privilèges du Clergé ; justices ecclésiastiques et don gratuit.
III. Le Clergé jugé par l'opinion publique.

L'étude du clergé français avant la Révolution est particulièrement délicate, et soulève encore de nos jours les plus ardentes passions. Il faut l'aborder sans parti-pris ; et cela n'est point impossible. En laissant de côté les questions de dogme et de principe religieux, on peut se limiter à la partie essentielle du sujet, c'est-à-dire *les faits*, et éviter ainsi les discussions stériles, pour faire connaître avec précision la réalité historique. Considérer le Clergé dans ses rapports avec le gouvernement et avec les autres classes de la nation, ce sera fixer sa place dans la société et son rôle dans l'État. Le présent chapitre n'a pas d'autre but.

On ne saurait comprendre ni l'organisation intérieure du Clergé de France, ni sa situation politique au dix-huitième siècle si l'on ignorait sa fortune. Sans doute, il était le premier des ordres privilégiés par son rang dans l'État et par son autorité morale auprès du gouvernement et de la Nation ; mais il l'était surtout par son incomparable richesse ; et, si dans les cérémonies publiques il avait le pas sur la Noblesse, parce qu'il était le clergé, dans la vie nationale il s'élevait au-dessus des autres classes, parce qu'il était la première puissance financière du pays. La discussion de l'origine et de la légitimité des biens ecclésiastiques ne saurait rentrer dans le cadre de ce livre. Ces questions, qui passionnent tant les esprits, ont d'ailleurs provoqué au sein de la Constituante et devant l'opinion publique des discussions, qui ont abouti (1). Ce qu'il nous faut connaître, c'est l'étendue de ces biens. Or, les témoignages des contemporains eux-mêmes sont très contradictoires.

Moreri, dans son Dictionnaire, déclarait, au milieu du dix-septième siècle, que le Clergé de France possédait 9,000 châteaux ou maisons, 252,000 métairies ou prieurés, 17,000 arpents de vigne, et que ces biens fonciers, qui n'étaient qu'une partie de la richesse de l'Église, représentaient un revenu annuel, qui dépassait trois cent douze millions.

Au milieu du dix-huitième siècle (1755-1765), les Assemblées générales du clergé français, intéressées — il est vrai — à diminuer le chiffre des revenus de l'Église,

---

(1) Voir la discussion de la Constituante en 1789 sur les biens du Clergé : c'est une des plus vives et des plus remarquables par l'âpreté des orateurs. Un orateur du Clergé, l'abbé Gouttes, s'écria dans la discussion : « Les richesses sont plus nuisibles qu'utiles à l'Église. Elles excitent l'ambition de plusieurs ecclésiastiques dont les mœurs déshonorent la religion... » Ces biens furent déclarés mis *à la disposition de la Nation.* »

déclarent qu'ils ne s'élèvent qu'à soixante deux millions. L'Église n'ayant cessé d'acquérir, on se demande comment elle aurait bien pu expliquer une telle diminution de revenu !

En 1789, les estimations sont encore plus contradictoires. Il semble que l'abbé Delbos s'approche le plus de la vérité en disant que ce revenu est de 120 millions en dîmes et de 80 millions en biens d'autre nature : ce qui donne un total de 200 milions de rente. Ces chiffres sont peu différents de ceux, que donne Treilhard, au nom du Comité ecclésiastique de la Constituante, dans son rapport inséré au *Moniteur* le 17 décembre 1789. Il établit, d'une part, que les biens en capital s'élèvent à 4 milliards, et rapportent 80 millions ; d'autre part, que le revenu de la dîme est de 123 millions. Il arrive donc à peu près au même total de 200 millions de rente, sans compter le casuel et les quêtes. Ces chiffres, qu'on peut accepter, sont assez éloquents ! Deux cent millions de rente, voilà les biens des pauvres, de la veuve et de l'orphelin, comme disaient les anciens Conciles !

Il est vrai que les revenus du Clergé servaient plus aux frais du culte, au bien-être et aux plaisirs des gens d'Église, qu'au soulagement des malheureux. L'évidence de cette assertion apparaît dès qu'on recherche comment et à qui le roi distribuait l'usufruit de cette immense fortune. Remontons donc au seizième siècle pour préciser, en quelques mots, les rapports légaux de l'État et de l'Église sous l'Ancien Régime.

Le Concordat signé entre François Ier et Léon X, ainsi que les diverses bulles postérieures à cet acte diplomatique, en abolissant les élections des évêques avait donné au roi le droit de nomination à toutes les dignités ecclésiastiques, sauf approbation du pape (1). D'autre part, dans les pays conquis et réunis à la France depuis le Concordat, le roi nommait également à toutes les charges et à tous les bénéfices, en vertu d'*indults* particuliers accordés en divers temps par le pape. Le roi pouvait donc disposer à sa guise de tous les bénéfices ecclésiastiques. En réalité, il était le seul maître des biens de l'Église.

L'espoir de participer aux largesses royales et de disposer des revenus de l'Église dut déterminer sans doute un grand nombre de vocations ecclésiastiques. Les honneurs et les bénéfices d'une charge d'évêque et d'abbé devinrent un objet de convoitise. Dans les familles nobles, qui généralement n'étaient pas riches, les cadets furent gens d'Église. Ainsi, tandis que d'honnêtes paysans, obéissant à leurs convictions religieuses, devenaient curés de campagne et desservants à portion congrue, ou peuplaient les monastères, les fils de seigneurs, obéissant à leurs intérêts, envahissaient les abbayes et les évêchés.

Ce qui frappe donc tout d'abord quiconque étudie le clergé français avant la Révolution, c'est l'inégalité de situation, conséquence de l'inégalité des origines. Le Clergé se recrute à tous les degrés de l'échelle sociale. Il compte parmi ses membres des serfs affranchis, comme des fils de marquis ou de comtes. Vu dans son ensemble,

---

(1) Cette règle souffrait quelques exceptions. Un certain nombre de prieurés et couvents étaient à la nomination de princes, cardinaux, et abbés, qui avaient obtenu du pape des indults enregistrés au Parlement. Il est vrai que les personnages, qui avaient ainsi le droit de conférer certains bénéfices ecclésiastiques, étaient eux-mêmes par leur origine ou par leur position dans la dépendance immédiate du roi. Celui-ci restait donc en réalité maître de tous les biens du Clergé.

il forme une caste compacte et qui paraît unie. Pénétrez dans son organisation, vous serez bientôt frappé des injustices qu'il cache, des rivalités qu'il entretient, des privilèges, qui le ruinent.

Il y avait alors, comme aujourd'hui, deux clergés : le clergé régulier et le clergé séculier. Le premier comprend tous les ecclésiastiques soumis à une règle spéciale et vivant en communauté ; le second, tous ceux qui ne sont pas soumis à une règle monastique. Le premier, décomposé en très grand nombre d'ordres, occupait les abbayes, les couvents, les prieurés, les monastères, les collégiales ; le second donnait aux diocèses les évêques, aux paroisses les curés et les vicaires.

La nomination aux principales fonctions dans l'un et l'autre clergé étant à la disposition du roi, les nobles les obtenaient presque toutes. — Pour le clergé régulier, sur environ mille abbayes d'hommes et de femmes à la nomination du roi, les dix-neuf vingtièmes ont (en 1788 pour abbés et abbesses des personnes nobles. Il faut ajouter que certaines abbayes, certains chapitres de cha-noines et chanoinesses ne sont ouverts qu'à ceux ou celles, qui ont plusieurs quartiers de noblesse. — Pour le clergé séculier sur 174 évêchés ou archevêchés, cinq à peine sont occupés par des roturiers. Ce sont les évêchés *crottés* qu'un prêtre noble n'aurait osé accepter, sous peine de déroger. On peut donc dire que tout le haut clergé de France est exclusivement recruté dans la No-blesse.

En comblant ainsi les nobles de dignités et de béné-fices ecclésiastiques, le roi récompensait leurs services ou achetait leur dévouement. Le Saint-Siège, en ratifiant le choix du roi, ne pouvait exiger des titulaires la pratique de toutes les vertus chrétiennes. Sans doute un évêque devait accomplir tous les devoirs de sa charge dans son diocèse. Il rédigeait, ou du moins il signait les mandements rédigés par ses vicaires généraux. Mais dans le clergé régulier on avait eu recours à un procédé qui dispensait les bénéficiaires de l'ennui de la vie monastique. Ce procédé était la *commende*, en vertu de laquelle furent créés tant *d'abbés commendataires*, pendant les trois siècles qui précèdent la Révolution. L'abbé commendataire était considéré comme un vrai prélat. Il pouvait être juge ecclésiastique et prendre séance dans les conciles ; il jouissait des mêmes honneurs que les abbés titulaires ; mais il ne portait ni la croix pectorale, ni le costume monastique. Un *petit collet*, et une robe noire indiquaient seuls qu'il appartenait à l'Eglise : or, au point de vue de la possession des biens ecclésiastiques, l'abbé commendataire avait le droit de profiter des bénéfices de son abbaye, de la même façon que les abbés titulaires, et aussi longtemps qu'il conservait la commende. En général il partageait le revenu de l'abbaye en deux parts inégales, dont il gardait la plus grosse; il abandonnait généreusement l'autre à ses moines. Le marquis de Mirabeau nous apporte ici son témoignage : « J'ai habité, dit-il, dans le voisinage d'une abbaye à la campagne ; l'abbé qui partageait avec les moines en tirait 6,000 livres ; sur les 6,000 livres restantes, ils étaient trente-cinq à se nourrir. » Il faut avouer que, si les parts étaient égales, le partage n'était pas juste.

En principe la commende était temporaire. Le séculier ou le laïque, qui en était investi, ne pouvait devenir abbé titulaire qu'en embrassant la vie monastique. Les commendataires se gardaient bien de cette extrémité. D'autre part, suivant de vieux règlements, le commendataire devait se faire promouvoir à l'ordre de prêtrise dans les deux ans, qui suivaient sa nomination ; mais il obtenait facilement des dispenses de la cour romaine, et pouvait vivre toute sa vie des bénéfices ecclésiastiques, sans être astreint aux fonctions de l'Église. Ainsi une partie des biens du Clergé fut détournée de l'emploi, pour lequel ils avaient été constitués : Ce qui devait être l'aumône du pauvre fut destiné au luxe du mauvais riche.

Dans le clergé de France avant 1789 il y a donc deux grandes catégories de membres : d'une part les évêques de diocèse et les abbés de couvent, presque tous choisis dans la Noblesse, investis des plus grands privilèges, et disposant des biens de l'Église ; — d'autre part les curés à portion congrue et les moines, astreints aux règles les plus rigoureuses et vivant des aumônes des prélats. Cette distinction si tranchée entre le haut et le bas Clergé s'établit aussi entre les divers ordres du clergé régulier Certaines congrégations étaient extrêmement riches. Par exemple, les 399 Prémontrés jouissaient d'un revenu, qui dépassait un million. Les 298 Bénédictins de Cluny avaient un revenu de 1,800,000 livres. Les 237 Dominicains de Toulouse avaient plus de 200,000 livres de rente « non compris leurs enclos, les biens-fonds de leurs colonies, les nègres et autres effets, qu'ils y possèdent, évalués à plusieurs millions ». Mais certains ordres sont voués à la pauvreté. Les Sœurs grises, les Minimes, les Récollets vivent dans l'indigence.

Les contrastes les plus éclatants s'établissent dans le Clergé. A côté de moines qui vivent de racines, dom Rocourt, abbé de Clairvaux, dépense par an 400,000 livres ; à côté de l'humble desservant à 300 livres, l'évêque de

Strasbourg, cardinal de Rohan, dépensa plus d'un million par an. Inégalité odieuse qui, pour beaucoup, était une flagrante injustice ! L'immense fortune des prélats soulevait, dans le Clergé même, d'autant plus de haines qu'elle n'était méritée ni par le dévouement à l'Eglise, ni par les vertus chrétiennes des titulaires. La noblesse de leurs ancêtres ou leurs intrigues de courtisans étaient leurs seuls titres.

Est-il étonnant que la passion de l'égalité au dix-huitième siècle ait pénétré jusque dans les rangs du Clergé? Un curé, sans doute aigri par la misère, écrivait à Sieyès en 1789 : « Si les représentants de la Nation examinent l'usage, que font des biens de l'Eglise les parasites de l'ordre hiérarchique, ils aperçoivent les évêques dans des hôtels magnifiques ; ils les trouvent traînés dans des équipages brillants, entourés d'un nombreux domestique, assis à une table délicate et abondante. On cherche en vain les abbés au milieu de leurs moines. Les abbés sont retirés dans un bâtiment éloigné du cloître ; ils ne paraissent jamais au réfectoire, et ne se montrent que rarement à l'office. Ils ont leurs domestiques et leurs équipages. » La même année, les chanoines d'Autun demanderont : « qu'on détruise ce partage si inégal de biens ecclésiastiques, qui accumulent des richesses immenses sur une seule tête, tandis que le plus grand nombre des ministres les plus utiles végètent dans les liens d'une basse médiocrité ».

Si les membres du Clergé se permettaient de pareilles observations et de pareils vœux, les laïques, les pamphlétaires, journalistes ou philosophes, en général peu amis de l'Église, devaient s'emparer des mêmes arguments pour réclamer les mêmes réformes en combattant les mêmes injustices. Le marquis de Mirabeau écrit : « Ce serait faire injure à la plupart de nos ecclésiastiques à prétentions, que de leur proposer une cure ; les revenus et les distinctions sont pour les abbés commendataires, pour les bénéficiers à simple tonsure, pour les nombreux chapitres... Mais les vrais pasteurs des âmes, les coopérateurs dans le saint ministère, ont à peine leur subsistance. » Et Voltaire : « Je plains le sort d'un curé de campagne, obligé de disputer une gerbe de blé à son malheureux paroissien, de plaider contre lui, d'exiger la dîme des pois et des lentilles, de consumer sa vie en querelles continuelles... Je plains encore davantage le curé à portion congrue à qui des moines, nommés gros décimateurs, osent donner un salaire de quarante ducats pour aller faire, pendant toute l'année, à deux ou trois milles de sa maison, le jour, la nuit, à la pluie, au soleil, dans les neiges, au milieu des glaces, les fonctions les plus pénibles et les plus désagréables. »

Ainsi l'organisation intérieure du Clergé aboutit à de criantes injustices, à des haines que les adversaires sauront exploiter, à des sentiments qui n'ont rien d'évangélique. Il fallait au prêtre ou au moine une profonde vocation religieuse ou une parfaite abnégation pour ne point se laisser aller à la jalousie, à la colère, à l'indignation. Il fallait au jeune seigneur, devenu évêque ou abbé, une rare bonté d'âme pour considérer comme frères en Jésus-Christ ces pauvres desservants ou ces moines, quand il était si facile de leur témoigner le dédain de l'aristocrate pour le roturier : « Au passage des prélats, dit une relation de 1788, le curé est obligé de se jeter à tâtons le long d'un talus pour se garantir des pieds et des éclaboussures de leurs chevaux, comme aussi des roues

et peut-être du fouet d'un cocher insolent .» Et comme
la scène suivante, quoique théâtrale et arrangée après
coup, semble refléter des sentiments bien naturels : « Un
jour d'humbles curés s'étaient morfondus dans l'antichambre de l'archevêque; le prélat les ayant enfin reçus :
« Que demandez-vous? » dit-il avec arrogance à l'un deux.
Et, sans attendre la réponse : « Je vois à votre mine que
vous ne pouvez être qu'un ignorant, et que vous ne con-
naissez seulement pas les premiers éléments de votre
religion. Combien y a-t-il de péchés capitaux ? » —
« Huit. » — « Et le huitième ? » demanda l'évêque quand le
curé eut nommé les sept. — « Le huitième, monseigneur,
c'est le mépris des évêques pour les pauvres prêtres. »

Les mœurs du Clergé étaient la conséquence de son
recrutement et de son organisation intérieure. Cette inégale répartition des biens de l'Église, cette opulence des
prélats, pouvait-elle s'allier à la pratique des vertus aus-
tères, à la moralité imposée par l'Église à ses ministres? Non. Il y eut, au dix-huitième siècle, trop de
scandales, trop de fautes irréparables, trop d'exemples
de faiblesse ou d'erreurs, trop de vices pour que l'o-
pinion publique n'en fût pas émue. Elle s'en empara
comme d'une arme, dont elle se servit contre l'Église
même. Que pouvaient penser les habitants de Saint-
Quentin, en voyant l'abbesse d'Origny recevoir des
hommes à dîner dans son appartement particulier, en
plein couvent? Et les habitants de Remiremont, en
voyant l'abbesse, princesse Christine, s'amuser avec ses
compagnes dans les distractions les plus mondaines? Et
les Alsaciens, au milieu desquels la chanoinesse d'Ot-
tmarsheim, très portée à la coquetterie, organisait des
soirées et des bals dans lesquels elles se reposait des can-

tiques et de la musique religieuse? Et les Vosgiens, qui,
au château princier de Saverne, pouvaient voir Rohan,
évêque de Strasbourg et cardinal, recevoir avec une ex-
quise galanterie deux ou trois cents invités par jour,
dont vingt ou trente femmes des plus aimables de la
province, de la Cour, de Paris? Et les Rémois, qui possédaient dans leurs murs l'abbé de Lattaignant, cha-
noine de Reims, qui écrivait pour le théâtre de Nicolet
une parade où l'intrigue était soutenue de beaucoup de
saillies polissonnes très à la mode? Et les Auvergnats qui
pouvaient, comme M. Montlosier, trouver dans leur province des prêtres beaux esprits, dont quelques-uns
étaient déistes, et d'autres franchement athées?

A quoi bon poursuivre cette énumération? Partout,
aux quatre points cardinaux de la France, si nous scrutons
les mœurs et les croyances d'une partie du Clergé, nous
voyons que les premières n'étaient point bonnes, parce
que les secondes n'étaient point sérieuses. L'intérêt mon-
dain était trop à la mode, même dans le Clergé. Cela était
inévitable, les biens ecclésiastiques ayant toujours été
la principale cause du recrutement du haut clergé en
France.

Si nous considérons maintenant le Clergé dans ses rapports avec la société et dans son rôle dans l'État, la seconde partie de cette étude nous conduit à des résultats,
que la première nous fait pressentir. Dans le royaume de
France, le Clergé n'était pas seulement un ordre privilégié; il formait comme une nation spéciale dans la nation
tout entière; il était véritablement ce qu'avaient été les
protestants avant le siège de La Rochelle : un État dans
l'État. Pour le démontrer, il suffit de dire quelques
mots de son organisation judiciaire et financière.

. Le Clergé avait ses juridictions spéciales : c'étaient les officialités. A Paris, par exemple, on trouvait un grand nombre de tribunaux purement ecclésiastiques, placés sous l'autorité de l'archevêque, composés de juges-clercs, et formant une hiérarchie judiciaire dans l'Église. C'étaient :

1º *La juridiction de M. Le Chantre*, qui connaissait de tout ce qui concernait les petites écoles de la ville, de la cité, de l'Université, des faubourgs et de la banlieue.

2º *Le bailliage de la barre du chapitre de l'Église de Paris :* tribunal qui connaissait en première instance de toutes les causes civiles, criminelles et de police dans toute l'étendue du cloître et dans l'intérieur de l'Église.

3º *L'officialité du chapitre de l'Église de Paris :* tribunal qui connaissait en premier ressort d'un grand nombre de causes civiles relatives, soit aux biens de l'Église, soit aux biens du chapitre, soit à la personne de ses membres.

4º *L'officialité diocésaine de Paris :* tribunal qui connaissait des oppositions à la célébration des mariages, des cas de nullité des mariages, des droits et honoraires des curés et des ecclésiastiques, des procès en hérésie et simonie.

5º *L'officialité métropolitaine de Paris :* tribunal qui représentait la plus haute juridiction ecclésiastique de France ; il connaissait des causes portées en appel et qui avaient été l'objet d'un jugement en première instance devant les officialités diocésaines (Paris, Chartres, Meaux, Orléans, Blois), relevant du siège métropolitain de la capitale.

Il faut ajouter que, dans toute la France, chaque siège

métropolitain (1) jouissait des mêmes droits de juridiction et organisait les mêmes tribunaux. On peut donc dire qu'au point de vue judiciaire l'Église de France était hors du droit commun. Mais l'État avait pris ses précautions contre les usurpations possibles de ces tribunaux. Toutes leurs décisions pouvaient être frappées d'appel devant les Parlements; et toute cause, entraînant une peine corporelle, ne pouvait être tranchée par les officialités. Ces prudentes restrictions démontrent suffisamment, que l'Église était privilégiée devant la loi.

Elle l'était devant l'impôt. Les biens de l'Église, étant biens de mainmorte, étaient soustraits à l'impôt. D'autre part, quand les rois de France avaient établi des contributions personnelles, la capitation par exemple, les membres du Clergé s'étaient rachetés par une somme d'argent une fois payée. Les biens et les personnes du Clergé étaient donc, en principe, hors des atteintes des lois de finances. Et pourtant, en réalité, chaque année le Clergé payait au roi un impôt déguisé sous le nom de don gratuit. Mais la somme de cet impôt était fixée par l'*assemblée générale du Clergé*, qui se tenait tous les cinq ans par autorisation royale. Une fois déterminé, le chiffre du don gratuit était réparti entre les différents diocèses, et perçu par les soins du Clergé lui-même. C'est pourquoi le Clergé s'était donné une organisation financière spéciale, A ce point de vue particulier, il était réparti en huit bu-

---

(1) Les sièges métropolitains avant la Révolution étaient : Aix, Alby, Arles, Auch, Bourges, Cambrai, Embrun, Lyon, Narbonne, Paris, Reims, Rouen, Sens, Toulouse, Tours, Vienne. On peut ajouter les archevêchés étrangers de Trèves et de Mayence. Du premier relevaient les évêchés français de Metz, Toul et Verdun ; du second, l'évêché français de Strasbourg.

reaux ecclésiastiques généraux (Paris, Lyon, Rouen, Tours, Bordeaux, Bourges, Toulouse, Aix). Ces bureaux avaient à juger en appel tous les différends provoqués dans le Clergé par la répartition et la perception du don gratuit. D'autre part, chaque diocèse avait son bureau ecclésiastique diocésain, imposant les taxes ecclésiastiques de tout le diocèse, et jugeant en première instance toutes les causes nées de cette imposition. Auprès de ces bureaux étaient organisés des greffes pour les domaines des gens de mainmorte. Toutes les communautés religieuses de l'un et de l'autre sexe, tous les bénéficiers et autres gens de mainmorte étaient obligés de faire enregistrer dans leurs greffes la déclaration de tous leurs biens et revenus ; tous les fermiers des biens ecclésiastiques devaient faire enregistrer leurs baux dans ces greffes à leurs frais.

Or, ces bureaux ecclésiastiques, placés sous l'influence du haut clergé, ne répartissaient pas toujours l'impôt du don gratuit avec une parfaite équité. En 1788, un écrivain peut affirmer que « dans le diocèse de Clermont les curés, même à simple portion congrue, sont imposés à 60 et 120 livres ; les vicaires, qui ne subsistent que du fruit de leurs sueurs, sont taxés à 22 livres ; au contraire, les prélats payent peu de chose, et encore est-on dans l'usage de présenter aux évêques la quittance de leurs taxes aux étrennes du premier de l'an ». Les bureaux ecclésiastiques étaient généreux au profit des grands, et au détriment des petits. Ainsi les causes de haine et de division intérieure se multiplient.

Il faut croire que l'Église ne perdait rien à ce système, car elle était une puissance financière de premier ordre. Aucune société, aucune caste n'avait un crédit aussi étendu que l'Église : Le roi lui-même s'humiliait devant la caisse du Clergé. Celui-ci était toujours occupé d'opérations de banque; il prêtait, il empruntait. En 1789 sa dette s'élevait à 136 millions (1); la plus grande partie de cette dette avait pour origine les prêts faits par l'Église à la Royauté. Les rois, en effet, ne trouvant pas facilement du crédit auprès de leurs sujets, empruntaient par l'intermédiaire de l'Église, qui offrait une meilleure garantie aux rentiers. L'Église, dans certains cas, était donc une sorte d'association financière, une société de crédit, qui prêtait à la Royauté les fonds dont celle-ci pouvait avoir besoin.

Cette organisation spéciale de la justice et des finances ecclésiastiques était sous la dépendance immédiate de *l'assemblée générale*. Celle-ci était comme le pouvoir législatif, comme le Parlement du Clergé. « Une fois réunie, l'assemblée générale devenait la haute cour, devant laquelle étaient jugés les points de discipline ayant été déjà pour la plupart discutés aux assemblées diocésaines. L'assemblée générale avait le droit de punir les membres du Clergé; elle édicta des condamnations; elle alla en certains cas jusqu'à lancer des anathèmes, des excommunications contre ceux, qui s'étaient rendus coupables de violence envers le Clergé... elle prononçait sur l'orthodoxie des livres émanant des prêtres et des religieux français, censurait les uns, appréciait, encourageait les autres, et rédigeait de véritables canons sous le titre de déclaration (2). » L'assemblée générale du Clergé était donc chargée des intérêts généraux et de la direc-

____

(1) 134 millions en 1784. (Voir Necker, *Administration des finances.*)

(2) Maury, des Assemblées du Clergé. *Revue des Deux-Mondes*, 1879.

tion suprême de l'ordre tout entier. Elle était pour l'É-
glise ce qu'était le roi pour l'État.

Il faut ajouter que cet ordre du Clergé, qui avait ses
tribunaux, son organisation financière, sa direction séparées, jouissait, comme la Noblesse, des privilèges féodaux inhérents aux domaines seigneuriaux. En effet, les
prélats et les abbés étaient souvent seigneurs temporels
soit de districts voisins de leurs résidences, soit des villes
épiscopales elles-mêmes. Trente-deux évêques étaient
dans ce cas : ils jouissaient donc de tous les privilèges
féodaux, avaient leurs justices seigneuriales, exerçaient
les droits de banalité et autres ; en un mot, par leurs dignités ecclésiastiques, ils prenaient rang dans la hiérarchie féodale. A *Cahors*, par exemple, l'évêque-comte a le
droit, quand il officie, de faire mettre sur l'autel le
casque, la cuirasse, les gantelets et l'épée, symbole de
sa puissance politique et militaire. A *Besançon*, l'arche-
vêque-prince est le suzerain de six grands-officiers qui
lui doivent l'hommage de leurs fiefs. A *Saint-Claude*, l'é-
vêque est seigneur de tout le diocèse. A *Mende*, l'évêque
est suzerain de tout le Gévaudan, choisit les juges, institue les conseils de paroisse; il se considère comme au-
dessus des trois ordres de la province : quand on le prie
d'assister à l'assemblée des trois ordres du pays, il répond par un refus, car : « étant au-dessus de tous il ne
veut être présidé par personne. »

Ainsi le clergé de France, puissant par ses propriétés,
par ses tribunaux, ses privilèges financiers, le prestige
de ses assemblées générales, ses droits féodaux, a une
existence à part dans la Nation. Il surveille lui-même et
défend ses propres intérêts; il administre son immense
fortune; il s'éloigne de l'Église pour s'occuper d'affaires

mondaines, et travailler au développement de sa richesse, et par conséquent de son influence temporelle sur la Nation. C'est pourquoi, en 1789, tant de membres du Clergé étaient rompus aux affaires, connaissaient toutes les questions politiques et économiques, se recommandaient par leur compétence administrative.

En 1787, quand Louis XVI établit les fameuses assemblées provinciales, il trouve dans le haut clergé des hommes actifs, capables de faire réussir l'institution : à Rodez, par exemple, l'évêque Champion de Cicé qui présida l'assemblée provinciale de Haute-Guienne, et qui, par ses études économiques, avait gagné l'amitié de Turgot. — En Champagne, l'archevêque de Reims, duc de Talleyrand-Périgord, qui, dans son discours d'ouverture à l'assemblée provinciale de Châlons-sur-Marne disait : « Le temps employé à méditer sur l'économie politique remplit l'âme d'affections douces : il étend ce besoin impérieux que ressent l'homme d'être utile à ses semblables. C'est là que le travail porte en lui sa récompense. »

Beaucoup d'autres tenaient le même langage. Il n'est pas étonnant que les membres du Clergé aient joué un si grand rôle dans les premières assemblées de la Révolution. Ils avaient été préparés à la vie publique par l'exercice de leurs droits et privilèges sous l'Ancien Régime. Quelques-uns même se préparaient, sinon à provoquer, du moins à suivre le mouvement révolutionnaire : comme ce chapelain du régiment de Guerchy qui, suivant Arthur Yung, se montrait particulièrement porté pour ce qu'il appelait la Régénération du Royaume : et « ce chapelain entendait par là, ajoute le voyageur anglais, une perfection théorique du gouvernement qui me parut le comble de la folie. »

Quelques années plus tard, lorsque de la théorie on passa à la pratique, on tomba dans une folie qui ne faisait plus rire.

Telle était avant la Révolution, la situation du clergé de France. Comment était-il jugé par ses contemporains? — L'opinion publique, guidée par les philosophes et les écrivains à la mode, lui reprochait surtout deux choses : 1° Son intolérance; — 2° l'extension de sa richesse territoriale.

Pour son intolérance, elle se manifeste à toute occasion; tantôt au sujet de la bulle *Unigenitus*, tantôt au sujet des protestants du Dauphiné et des Cévennes, contre lesquels l'Église réclame toujours l'appui du bras séculier. En 1775, par exemple, au sacre de Louis XVI, l'archevêque Loménie de Brienne (un incrédule pourtant) dit au jeune roi : « Vous réprouverez le système d'une tolérance coupable; achevez l'ouvrage que Louis le Grand avait entrepris : il vous est réservé de porter le dernier coup au Calvinisme dans vos États. » En 1780, l'assemblée générale du Clergé déclare que « l'autel et le trône seraient également en danger si l'on permettait à l'hérésie de rompre ses fers ». Enfin, en 1789, quelques cahiers du Clergé demandent encore que les protestants soient exclus des charges de judicature et que la Royauté interdise tout exercice public du culte hérétique. Est-il étonnant qu'un tel fanatisme ait provoqué ces éloquents plaidoyers pour la tolérance religieuse qui formaient le fond de l'œuvre philosophique du dix-huitième siècle, et qui devaient aboutir, pendant la Révolution, à la proclamation de l'égalité de tous les cultes devant la loi?

Quant à l'extension des biens du Clergé, elle était encore plus vivement attaquée que l'intolérance de ses membres ; et pourtant l'État prenait les plus minutieuses précautions contre les acquisitions des gens de main-morte (1). Louis XV, dans son édit de 1749, défendait à tous gens de mainmorte « de posséder, d'acquérir, ni recevoir aucun fonds de terre sans lettre-patente du roi. » L'État savait depuis longtemps que, suivant l'axiome féodal, l'Église avait la main vive pour recevoir et morte pour rendre. Montesquieu exprimait avec vivacité les dangers de cette extension en disant : « Chaque maison religieuse est une famille éternelle où il ne naît personne, et qui s'entretient aux dépens de toutes les autres... Les dervis (moines) ont en leurs mains presque toutes les richesses de l'État. C'est une société de gens avares qui prêtent toujours et ne rendent jamais. Ils accumulent sans cesse des revenus pour acquérir des capitaux. Tant de richesses tombent pour ainsi dire en paralysie : plus de circulation, plus de commerce, plus de manufactures. »

Voltaire développait le même argument à sa manière, c'est-à-dire sous forme de raillerie. « Les filles, disait-il, ne sont pas nées pour réciter du latin qu'elles ne com-

---

(1) Au sujet de l'étymologie ds ce mot, Littré dit justement : « Appellation qui, dit Voltaire, *Siècle de Louis XV*, 42, vient de ce qu'autrefois lorsqu'un de ces serfs (mainmortables) décédait sans laisser d'effet mobilier que son seigneur pût s'approprier, on apportait au seigneur la main droite du mort ; digne origine de cette dénomination. » Cette étymologie, qui provient peut-être de quelque légende, est fausse. *Manus* a déjà en droit romain et a conservé en vieux droit français le sens de *puissance*, *domaine*. Ici, main veut dire le droit de transmettre, d'aliéner : gens de mainmorte, ceux, qui soit comme serfs, soit comme appartenant à des corps et communautés, ne peuvent transmettre et aliéner ; biens de mainmorte, biens qui ne peuvent être transmis ni aliénés, soit ceux des serfs qui appartiennent au seigneur, soit ceux des corps et communautés qui sont immobilisés et inaliénables. Quant au sens de *mort*, il signifie *éteint*, *sans force*.

prennent pas : Il y a tel couvent inutile qui jouit de 200,000 livres de rente. La raison démontre que, si l'on donnait ces 200,000 livres à cent officiers qu'on marierait, il y aurait cent bons citoyens récompensés, cent filles pourvues, quatre cents personnes dans l'État au bout de dix ans, au lieu de cinquante fainéants. » Dans son *Essai sur les mœurs*, quand il déclare que les retraites monastiques devraient être transformées en asiles pour la vieillesse qui ne peut plus travailler, il répète : « qu'il exprime l'opinion de tout le monde, et qu'il est en ce point l'organe de la voix publique. » Cette déclaration serait peut-être sujette à caution, mais elle est confirmée par le témoignage de Montesquieu qui dit : « Ces acquisitions sans fin (faites par le Clergé) paraissent au peuple si déraisonnables que celui qui voudrait parler pour elles serait regardé comme un imbécile. » Ceci explique pourquoi, dès les premiers jours de la Révolution, les biens du Clergé devaient être l'objet des délibérations de la Constituante, et des convoitises du peuple. Les biens ecclésiastiques allaient devenir les biens nationaux.

En résumé, l'organisation intérieure du Clergé est telle, qu'on peut prévoir dans son sein les scissions violentes. Son rôle dans l'État est tel que les privilèges dont il est accablé, l'indiquent comme une victime aux apôtres de l'égalité. Enfin, les jugements que l'opinion porte sur lui laissent prévoir que, dès les premières journées révolutionnaires, les biens du Clergé provoqueront les plus violentes querelles entre ceux qui voudront les faire rentrer dans le domaine national, et ceux qui voudront les conserver. En un mot, après les siècles de jouissance et de bien-être, les années de terribles épreuves s'approchaient pour le clergé de l'Ancien Régime.

CHAPITRE QUATRIÈME

LA NOBLESSE

I. Comment elle est recrutée : les anoblissements.

II. Comment elle vit : la Noblesse qui réside et la Noblesse qui ne réside pas.

III. Les privilèges de la Noblesse : privilèges utiles, privilèges honorifiques.

IV. Conclusion : les concessions consécutives ; mouvements vers l'égalité.

Avant 1789, la Noblesse comprenait environ vingt mille familles, et cent cinquante mille individus, tous *gens de qualité*, mais à des degrés différents. Quinze cents familles à peine auraient pu faire remonter leur origine aux croisades ; trois mille, au quatorzième siècle ; huit mille, au seizième ; six mille avaient acheté leurs lettres d'anoblissement, le reste n'avait aucun titre pour justifier ses prétentions. Groupés au point de vue de leur origine, les nobles de France se divisaient en deux catégories : ceux qui étaient nobles en naissant, et ceux qui l'étaient devenus. — Ceux qui, suivant Beaumarchais, s'étaient donné la peine de naître, et ceux qui, n'ayant pas eu cette occasion, avaient payé leurs titres de leur sang sur le champ de bataille, de leur servilité à la Cour, de leur argent dans les antichambres des ministères.

Cet ordre n'était donc pas fermé : l'anoblissement maintenait toujours ouverte devant la roture la porte de l'aristocratie ; le Tiers-État pouvait en forcer l'entrée, soit par l'éclat de ses services, soit par l'influence décisive de ses écus. L'anoblissement s'obtenait : 1° par l'achat de lettres de noblesse ; 2° par l'acquisition de charges conférant la noblesse ; 3° par certains services militaires déterminés.

Les lettres de noblesse devinrent une marchandise dont les rois trafiquèrent, et qui trouva toujours un écoulement certain dans la tourbe des ambitieux. En 1702, Louis XIV anoblit vingt personnes à raison de 3.000 livres chacune ; quatre ans plus tard, il étend ses opérations : cinq cents roturiers deviennent nobles à raison de 6,000 livres par tête. Pendant les dernières années du règne de Louis XIV, les lettres de noblesse vendues ont rapporté plus de 100 millions : noblesse bien fragile, à la vérité, car l'édit de juin 1715 prononça la suppression de tous les anoblissements accordés depuis le 1er janvier 1689. Chérin (1) explique, avec une grande simplicité, la cause de ces concessions et de leurs révocations. « Cet anoblissement, dit-il, qui fait du prix justement décerné au talent et à la vertu un effet commercial, doit sa source à des besoins de l'État momentanés ; et comme le titre qui contient la concession d'une pareille grâce ne présente aucun motif de considération

(1) Chérin était généalogiste de la Cour avant la Révolntion. Il a écrit sur la Noblesse de son temps des Mémoires très curieux, et qu'il est indispensable de consulter pour cette question.

pour les sujets qui l'ont obtenue, il est presque toujours
révoqué, et cela seul en montre l'abus. » Or l'abus subsista pendant le dix-huitième siècle. Le témoignage de
d'Argenson est très précis : « Au moyen de la facilité
qu'on a d'acquérir la noblesse à prix d'argent, dit-il, il
n'est aucun homme riche qui, sur-le-champ, ne devienne
noble (1). »

Quant aux anoblissements par charges, ils étaient plus
nombreux et surtout plus solides que les précédents.
Plus de quatre mille charges de finances, d'administration, de judicature conféraient la noblesse. Les principales étaient (2) :

1° Quatre-vingts charges de Maîtres des requêtes ;

2° Mille charges dans les Parlements ;

3° Neuf cents dans les Chambres des Comptes et les
Cours des Aides ;

4° Soixante-dix dans le Grand-Conseil ;

5° Trente dans les Cours de Monnaie ;

6° Quatre-vingts au Châtelet de Paris ;

7° Sept cent quarante dans les bureaux de finance ;

8o Cinquante charges de baillis, sénéchaux, gouverneurs, etc. ;

9° Neuf cents de secrétaires du roi ;

10° Deux cent vingt pour les charges judiciaires de
Lorraine et d'Artois, etc.

Grâce à la vénalité de ces charges, l'invasion de la roture dans la Noblesse était toujours possible ; elle n'était
pourtant pas aussi importante qu'on serait tout d'abord
tenté de le croire. L'esprit de corps les maintenait sou-

____

(1) *Mémoires de d'Argenson*, ch. III.

(2) Voir Necker, *Administration des finances*, t. III, p. 145 et suivantes.

vent dans les familles anoblies depuis longtemps et repoussait les intrus. « Il faut observer, dit Necker, qu'entre ces différentes charges, il en est un grand nombre qui, par le fait, ne deviennent pas une source de nouveaux nobles ; car, depuis que le royaume en est rempli, plusieurs cours souveraines n'admettent que difficilement dans leurs compagnies les familles bourgeoises, qui n'ont pas encore acquis cette petite illustration... En général, ce sont aujourd'hui les charges les moins honorifiques et les moins utiles qui multiplient davantage les anoblissements, parce que, aussitôt qu'on les a possédées le temps nécessaire pour transmettre à ses enfants les droits qui y sont attachés, on cherche communément à s'en défaire (1). »

Il n'est pas étonnant que ces anoblissements par charges, aux yeux des anciennes familles, aient été, tout autant que les anoblissements vénaux, de véritables usurpations. Pendant les trois derniers siècles de l'Ancien Régime (2),

(1) Necker, *Adm. des finances*, II, 147.

(2) En 1576, les États-Généraux de Blois demandent que dans chaque bailliage il soit dressé un catalogue fidèle de tous les gentilshommes, « où il ne serait enrôlé que ceux qui sont nobles de quatre races. » — En 1588 les États de Blois déclarent qu'il faut soulager le peuple foulé par l'indue exemption de la multitude des faux nobles. Henri IV, Louis XIII, Louis XIV révoquèrent souvent des lettres de noblesse conquises par des moyens déloyaux. Dans la fameuse revision des titres de noblesse ordonnée par Colbert, quarante mille faux nobles furent rendus à la roture. Ces exécutions, en somme, produisaient peu de résultats. Une cause toujours puissante produisait l'usurpation des titres, c'était l'appauvrissement de la vraie Noblesse. Une multitude de domaines nobles étaient achetés par des bourgeois. Comment ceux-ci auraient-ils résisté au désir de porter le nom de la terre qu'ils avaient payée. Et pourtant l'ordonnance de Blois, 1579, déclarait que « les roturiers et non nobles, achetant fiefs nobles ne seraient pas anoblis, ni mis au rang et degré de noblesse, de quelques revenus que soient les fiefs par eux acquis ; et que la possession des fiefs nobles n'anoblit point les roturiers. »

les États-Généraux, les assemblées de notables, les écrivains de tous les partis s'élevèrent en vain avec indignation contre les faux nobles. Leurs réclamations devinrent un lieu commun de l'histoire de France, et pourtant l'habitude prévalut, les usurpations continuèrent. Un écrivain, cité par Taine, dit en 1788 : « Malgré tous les efforts, les usurpations n'ont pas moins continué ; les abus qui règnent de nos jours à cet égard ont fait un progrès qu'on peut dire avoir quelque chose de révoltant. » Du reste, ces abus étaient tolérés et favorisés par ceux-là mêmes qui devaient les combattre. Pour jouir pleinement des privilèges de la Noblesse, il fallait avoir fait enregistrer ses lettres au Parlement, à la Chambre des Comptes, à la Cour des Aides ; mais les procureurs du roi auprès de ces cours souveraines fermaient souvent les yeux sur les irrégularités. Peut-être fabriquaient-ils eux-mêmes de faux titres ? C'est ce qu'affirme avec une cruelle ironie la marquise du Prat, lorsqu'elle dit : « Je voudrais voir condamner au feu bien des procureurs généraux près de certains Parlements, et envoyer aux galères dix notaires de leur ressort, pour avoir falsifié par complaisance, par intérêt ou autrement, des notes qui rendaient nobles des gens qui ne l'étaient pas, et pour avoir inventé des berceaux à des familles qui n'avaient que des nids et des crèches. »

Enfin d'autres anoblissements, cette fois bien mérités, étaient le résultat de certains services ou de certains grades militaires. Louis XV, dans son édit de novembre 1750, conférait le droit de noblesse à tout officier général et à ses descendants : les maréchaux de camp, les lieutenants-généraux et les maréchaux de France entraient dans cette catégorie. Cet édit constituait donc une nouvelle Noblesse d'épée, et le roi expliquait ainsi ses intentions : « L'intention de Sa Majesté a été que la profession des armes peut anoblir de droit. Elle a cru devoir épargner à des officiers, parvenus aux premiers grades de l'armée, et qui ont toujours vécu avec distinction, la peine d'avoir un défaut de naissance souvent ignoré, et il lui a paru juste que les services, dans une profession aussi noble que celle des armes, pussent par eux-mêmes conférer la noblesse. »

Ainsi, aux gens de qualité nés nobles, venaient s'ajouter les anoblis par argent, par charges et par services. Toutefois, les uns et les autres étaient peu disposés à se confondre. Dans l'ordre aristocratique, ils formaient des camps rivaux, des castes jalouses qui se gardaient bien de mettre sur le même rang le gentilhomme pauvre et le riche anobli. C'est pourquoi les auteurs de l'*Encyclopédie*, à l'article *noblesse*, font une interminable énumération. Ils citent entre autres :

La Noblesse d'épée, résultat de certains grades militaires;

La Noblesse de robe, provenant de charges de judicature;

La Noblesse civile ou accidentelle, qui est le résultat d'un office ou d'un emploi qui anoblit;

La Noblesse d'échevinage, provenant de la fonction d'échevin;

La Noblesse de cloche, provenant de la mairie ou d'une charge municipale (son nom rappelait le beffroi de l'hôtel-de-ville);

La Noblesse comitive, accordée aux docteurs-régents en droit, après vingt ans d'exercice;

La Noblesse verrière, accordée aux gentilshommes qui s'occupaient à souffler le verre ;

Etc., etc.

Cette infinie variété de nobles, qu'on n'eût point trouvée si complète chez les nations voisines, faisait dire avec raison à Voltaire : « Cette multiplicité ridicule de nobles sans fonction et sans vraie noblesse, cette distinction avilissante entre l'anobli inutile et le roturier utile, ces charges qu'on acquiert à prix d'argent, et qui donnent le vain nom d'écuyer, tout cela ne se trouve point ailleurs ; c'est un effort de démence dans un gouvernement, d'avilir la plus grande partie de la nation (1). »

Si l'origine de la Noblesse soulevait légitimement contre elle l'opinion publique, on peut affirmer que sa manière de vivre ne tendait point à la réconcilier avec la masse de la nation. L'Église s'enrichissait dans les bonnes œuvres ; la Noblesse s'appauvrissait dans l'oisiveté. Sur les cent cinquante mille nobles de la France avant la Révolution, les neuf dixièmes végétaient dans une situation aussi voisine de la misère que de la médiocrité. De Bouillé prétend que, des anciennes familles nobles, il y en avait à peine deux ou trois cents qui n'étaient pas ruinées. Aussi comment nous apparaît le gentilhomme campagnard ? Au seizième siècle, Cl. Hatton prétend déjà qu'il chassait, pour vendre son gibier, et acheter du lard avec le produit de sa chasse. Il a peu changé. Au dix-huitième siècle, on trouve en Bourgogne « des gentilshommes chasseurs, en guêtres, en souliers ferrés, portant sous le bras une vieille épée rouillée, mourant de faim et refusant de travailler (2). » — « En Bretagne, il y a un tas

(1) Voltaire, *Essai sur les mœurs*, ch. xcviii.
(2) *Rétif de la Bretonne*, I, 146.

de gentilshommes rats-de-cave dans les fermes, dans les plus vils emplois (1). » — « Les provinces (2) différentes du royaume sont remplies d'une infinité de Noblesse pauvre, chargée d'enfants que les pères et mères n'ont pas le moyen de faire élever dans une éducation convenable, encore moins de les faire entrer au service. Les enfants de cette Noblesse passent leur jeunesse avec des paysans, dans l'ignorance et la rusticité, servent le plus souvent à l'exploitation de leurs biens, et ne diffèrent du vrai des paysans, que parce qu'ils portent une épée, et se disent gentilshommes. » Sans doute, parmi ces gentilshommes campagnards, quelques-uns ont conservé les mœurs patriarcales, fraternisent avec leurs vassaux, boivent et se battent avec les vignerons, ouvrent les allées de leurs parcs aux jeunes gens du village qui viennent danser, en un mot participent à cette vie rustique qu'ils s'efforcent de rendre supportable à leurs sujets et à eux-mêmes : témoin ce duc d'Harcourt dont la vie paisible étonna le bailli de Mirabeau. Celui-ci, ébloui à l'improviste par l'heureux petit coin de terre qu'il visitait, écrivait à son frère : « Tu ne saurais penser le plaisir que j'ai eu les jours de fêtes, de voir le peuple entrer partout dans le château, et de bons petits paysans et petites paysannes, venir regarder le bon patron sous le nez, et presque lui tirer sa montre pour en voir les breloques tout cela avec l'air de fraternité sans familiarité... » Aimable tableau qui devenait rare, et que le bailli remarque comme une curieuse exception ! D'Harcourt était presque parfait « Le bon duc, ajoute le bailli, ne laisse point plaider ses vassaux ; il les écoute et les juge en les ac-

(1) Lettre du bailli de Mirabeau, 1760.
(2) Barbier, *Journal historique*, 1751.

commodant avec une patience admirable. » Nous voilà presque ramenés au chêne du bois de Vincennes ! Ne soyons pas trop surpris : d'Harcourt était riche. Mais les gentilshommes, qui ne pouvaient vivre qu'en exigeant avec sévérité toutes les redevances féodales (et c'était la très grande majorité), étaient condamnés à être rudes pour leurs vassaux ou à mourir de faim. Au lyrisme du bailli de Mirabeau il est facile d'opposer de sombres tableaux. « Parcourons, dit l'abbé Coyer (1), ces terres seigneuriales qui ne peuvent nourrir leur seigneur ; voyez ces métairies sans bestiaux, ces champs mal cultivés ou qui restent incultes, ces moissons languissantes qu'un créancier attend, une sentence à la main, ce château qui menace les maîtres, une famille sans éducation comme sans habits... A quoi servent ces marques d'honneur que l'indigence dégrade, ces armoiries rongées par le temps, ce banc distingué dans la paroisse, où l'on devrait attacher un tronc au profit du seigneur, ces prières nominales que le curé, s'il osait, convertirait en recommandations à la charité des fidèles, cette chasse qui devient un métier pour ceux qui n'ont pas d'aisance, etc. » La pauvreté du seigneur campagnard le rendit exigeant. Il exploita avec vigilance les droits féodaux qui le faisaient vivre. Il fut sans pitié comme il était sans con-

(1) L'abbé Coyer, auteur de *la Noblesse commerçante*. L'édition de Londres. 1756, renferme un frontispice qui explique avec netteté l'esprit du livre. La gravure représente un gentilhomme qui abandonne ses armoiries sur le rivage pour s'embarquer sur un bateau marchand ; à côté cette explication : « Ce gentilhomme qu'on y voit, las de vivre dans l'infortune et dans l'inutilité, montre ses marques de noblesse, un Écusson, un Tymbre ou casque d'armoiries et un parchemin qui renferme ses titres, présents de la naissance dont il n'a tiré aucun fruit. Il s'en détache et va s'embarquer pour servir la Patrie en s'enrichissant par le commerce. »

solation : c'est pourquoi des ressentiments si violents, des haines si terribles allaient soulever les peuples des campagnes contre le seigneur. Les quelques provinces, comme l'Anjou, la Vendée, la Bretagne, où le peuple confondit, quelques années plus tard, sa cause avec celle de la Noblesse persécutée, furent rares. Au début de la Révolution on s'aperçut bien vite qu'il y avait deux hommes irréconciliables : le noble qui avait vécu de privilèges, le rustre qui était prêt à venger les humiliations de sa longue servitude.

Laissons cette Noblesse qui réside, enchaînée par l'indigence, et jetons un coup d'œil sur celle « qui a des ailes pour voler aux récompenses ». Celle qui a organisé la chasse aux emplois, aux grades, aux pensions : en un mot celle qui ne réside pas. La première avait conservé une grande dignité dans sa misère, car elle s'était enfermée dans une indépendance austère ; la seconde allait s'avilir dans les richesses mal acquises et dans la servilité de la Cour. Il lui fallait quémander les faveurs des puissants : un évêché ou une abbaye, une place à la Cour, un grade dans l'armée étaient trop souvent acquis par des folies ou par des bassesses. Cette partie de la Noblesse « qui devait à la Cour faire quelque figure », toujours entraînée dans les fêtes, les intrigues, les complots, avait la main généreuse et dépensait sans compter ; et tandis que le gentilhomme de la campagne vivait dans une misérable économie, celui de la Cour se ruinait dans un luxe insensé. Un mariage dans la finance réparait la brèche faite à sa fortune. Les fermiers généraux, enrichis dans les malversations, avaient toujours à marier quelque fille trop heureuse de devenir duchesse. A ce mariage, à ce marché plutôt, la fiancée gagnait un blason, l'époux une dot, et la société un assez triste ménage, origine d'une plus triste famille. Le seigneur avait « *jeté du fumier sur ses terres* ou *redoré son blason* ». Il ne demandait pas davantage. La mésalliance pour cette aristocratie à son déclin n'était plus une déchéance ; c'était une nécessité. Les nobles la subirent et se laissèrent chansonner (1).

Ainsi, dans la Noblesse, il y a deux grands groupes : la Noblesse qui réside et celle qui ne réside pas. Dans l'un on vit libre, mais on reste pauvre ; dans l'autre, après la ruine, on se dégrade pour réparer sa fortune. Dans le premier, on est encore estimé sans être aimé ; dans le second on se meut dans le mépris et le ridicule.

Une telle existence avait-elle quelque excuse ? Le travail seul aurait pu amener ces gentilshommes à un genre de vie plus lucrative, plus honorable, et mieux en harmonie avec leurs goûts. Il aurait peut-être rétabli la régularité de leurs mœurs, et purifié leur fortune. Mais (et c'est là le trait le plus caractéristique de cette société) le travail était interdit au gentilhomme. Travailler, c'eût été s'avilir, s'amoindrir, déroger. Pourtant, dès le dix-septième siècle, une ordonnance royale avait déclaré que la Noblesse pouvait du moins se livrer au commerce maritime sans déroger (2). Cette exception fut la seule ; et

(1) Exemple : O temps ! ô mœurs ! ô siècle déréglé
　　　　Où l'on voit déroger les plus nobles familles !
　　　　　Lamoignon, Mirepoix, Molé
　　　　　De Bernard épousent les filles
　　　　Et sont les recéleurs du bien qu'il a volé.

(2) Ordonnance de Colbert, 1669. Dès l'année 1560, le cahier de la Noblesse de Touraine, aux États-Généraux d'Orléans, avait demandé « qu'il plût au roi de permettre aux gentilshommes appauvris par la rigueur des coutumes et par les pertes des guerres de faire le trafic

malgré les bonnes raisons du président Hainaut au dix-septième siècle, de d'Argenson et de l'abbé Coyer au dix-huitième, les traditions prévalurent, la Noblesse profita peu de la permission qu'elle avait reçue; elle vécut hors du commerce et de l'industrie. Le travail resta au-dessous d'elle. Elle fut bien forcée de vivre de ses privilèges, puisqu'il lui était interdit de faire autre chose; et ce n'est pas un des moindres reproches à adresser à l'Ancien Régime que celui d'avoir, en réservant avec dédain les métiers aux classes inférieures de la Nation, déshonoré le travail; singulière société dans laquelle celui-là était au premier rang, qui pouvait se vanter de passer sa vie à ne rien faire!

La Noblesse était surtout convoitée à cause de ses privilèges. On les classe ordinairement en deux catégories : *les privilèges honorifiques* et *les privilèges utiles*.

Dans les premiers il faut citer :

1° Les droits du seigneur dans son église : il a un banc particulier dans le chœur; son caveau dans l'église; il reçoit pendant les offices l'encens et l'eau bénite; une prière spéciale lui est réservée.

2° Les droits du seigneur dans son domaine : il est sei-gneur justicier, nomme ses baillis, siège quand il lui

---

sans déroger. » Le roi avait répondu « que pour bonne cause et con-sidération, il ne le pouvait accorder ». — En 1577, aux États de Blois, le Tiers « soutenait que les États du royaume devaient être distincts et séparés, sans que les uns entreprissent sur les autres et qu'à l'État ecclésiastique appartenait de faire le service divin; à l'État de Noblesse, de porter les armes; et au Tiers-État, la mar-chandise; et qu'ainsi il était nécessaire de défendre très expressé-ment à ceux de la Noblesse de s'entremettre d'aucune manière de marchandise ou de baux à ferme, sous peine de dégradation! » Les esprits étaient bien changés au dix-huitième siècle!

plaît dans son tribunal, est partout craint comme un maître et respecté comme un juge.

3° Les droits du seigneur dans l'État : il a, dans les assemblées de notables, dans les États-Généraux, dans toutes les cérémonies, la préséance sur les gens de roture. A lui sont réservées les croix (1) de l'ordre du Saint-Esprit, de Saint-Louis, du Mérite militaire. Il est juste d'ajouter que ces distinctions reçues du roi n'étaient pas seulement honorifiques ; elles entraînaient des indemnités financières. La grand'croix de Saint-Louis rapportait 6,000 livres par an, celle de commandeur 2,000, celle de chevalier de 200 à 2,000. Cependant, ces distinctions étaient recherchées non pour les appointements auxquels elles donnaient droit, mais pour l'honneur qui en résultait ; mais, comme les charges de Cour, elles étaient données moins au mérite qu'à la faveur (2).

Les seconds, c'est-à-dire les privilèges utiles, étaient très nombreux. On peut citer entre autres :

1° Les *privilèges féodaux* (droit de banalité, de garenne, de colombier, etc., qui seront étudiés plus loin).

2° Les *privilèges fiscaux* en vertu desquels les seigneurs étaient exempts de certains impôts, comme la taille, les traites foraines, quelquefois la gabelle. (Dans ce dernier cas, ils jouissaient du privilège de franc-salé.)

(1) Il y avait quelques exceptions : les croix de chevalier, c'est-à-dire du dernier degré, étaient accessibles à la Roture.

(2) En 1705, par exemple, Louis XIV avait conféré l'ordre du Saint-Esprit à tous les maréchaux de l'armée, et, comme on était en guerre avec l'Allemagne, un plaisant fit le quatrain suivant :

> « Tremble à ton tour, fière Allemagne !
> Nous allons voir finir nos maux ;
> Le Saint-Esprit en cette campagne
> Descend sur tous nos maréchaux. »

3° Les *privilèges politiques* en vertu desquels certaines fonctions à la Cour, dans le gouvernement, à l'armée étaient exclusivement réservées à la Noblesse.

4° Les *privilèges ecclésiastiques*. En effet, toutes les charges d'évêque ou d'abbé étaient données, sauf de rares exceptions, à la Noblesse. C'est ce qu'affirme madame de Campan en disant : « Une autre décision de la Cour, qui ne pouvait être annoncée par un édit, fut qu'à l'avenir tous les biens ecclésiastiques, depuis le plus modeste prieuré jusqu'aux plus riches abbayes, seraient l'apanage de la Noblesse. » Et l'abbé de Vermont, lecteur de la reine Marie-Antoinette, défendait ce système en disant que « les biens de l'Église devaient à l'avenir être uniquement destinés à soutenir la Noblesse pauvre, et qu'un prêtre roturier, heureux d'avoir une bonne cure, n'avait qu'à rester curé ». Raisonnement qui devait peu toucher les desservants.

5° Les *privilèges de l'ordre de Malte*. On sait que cet ordre formait une aristocratie religieuse très riche, composée de diverses nations, et soumise à un gouvernement neutre, résidant à l'île de Malte. Le grand-maître, assisté de ses quatre Conseils, y représentait le pouvoir exécutif. Il gouvernait l'ordre avec le concours des chapitres généraux, composés des délégués de tous les chevaliers des diverses langues de l'Europe : ceux-ci formaient le pouvoir législatif. Chaque province ou langue avait un chapitre particulier composé de chevaliers de sa langue, et présidé par le grand-prieur. Les sept langues de l'ordre étaient : Provence, Auvergne, France, Italie, Aragon, Allemagne, Castille. Chaque province comprenait un grand nombre de riches domaines groupés en commanderies. C'était le grand-maître qui les distribuait. Elles étaient toujours données arbitrairement aux membres des familles nobles. Quelquefois le même seigneur pouvait avoir trois au quatre commanderies qui rapportaient jusqu'à 100,000 livres de rente.

Cette liste des privilèges de la Noblesse (1), quoique bien incomplète, nous fait comprendre cette observation de Rivarol, au sujet des origines de la Révolution : « Qui le croirait ? dit-il dans ses Mémoires. Ce ne sont ni les impôts, ni les lettres de cachet, ni les autres abus de l'autorité; ce ne sont point les vexations des descendants et les longueurs ruineuses de la justice qui ont le plus irrité la Nation. C'est le *préjugé de la Noblesse* pour lequel elle a manifesté le plus de haine : ce qui le prouve évidemment, c'est que ce sont les bourgeois, les gens de lettres, les gens de finance, enfin tous ceux qui jalousaient la Noblesse qui ont soulevé contre elle le petit peuple dans les villes et les paysans dans les campagnes. » Pour être inspirée par la malveillance à l'égard des bourgeois, cette observation n'en est pas moins juste. Il est certain qu'en 1789, l'opinion était faite sur les privilèges de la Noblesse. Qu'ils aient pour origine une loi écrite, une ordonnance royale, ou une simple coutume, ils étaient condamnés à disparaître devant la passion de

---

(1) Il ne faut pas oublier que la Noblesse avait fait pénétrer le privilège jusqu'au sein de ses propres familles. Par le droit d'aînesse, elle accordait à l'aîné, chef de la famille, d'importantes prérogatives au détriment des autres enfants. Ce droit remonte aux coutumes féodales. « Il fallut, à l'époque féodale, réunir dans une même maison toute la puissance du père, et l'usage s'établit peu à peu de donner toutes les possessions féodales à l'aîné des enfants mâles » (Guyot, *Répertoire de Jurisprudence*). Il est juste d'ajouter que dans certaines coutumes, notamment celles de Paris, l'usage du droit d'aînesse était pratiqué dans les familles roturières comme dans les familles nobles.

l'égalité. Ceux-là mêmes, qui voulaient essayer d'en sauver quelques-uns, étaient prêts aux plus douloureux sacrifices. La Révolution sociale qui menaçait l'ordre de la Noblesse était si inéluctable que certains nobles, les plus éclairés sans doute, n'hésitaient pas à en proclamer la nécessité. Le marquis d'Argenson publiait, en 1764, *les Considérations sur les gouvernements anciens et présents de la France.* Dans le chapitre intitulé « Plan de gouvernement proposé pour la France », il établit qu'il faut mettre en œuvre les principes démocratiques sous la puissance et l'inspection de la Royauté et il ajoute : « On dira que les principes du présent traité, favorables à la démocratie, vont à la destruction de la Noblesse, et on ne se trompera pas. Ce n'est pas là une objection. C'est une confirmation de nos conséquences... Il faut convenir que deux choses seraient principalement à souhaiter pour le bien de l'État : l'une, que tous les citoyens fussent égaux entre eux, afin que chacun travaillât suivant ses talents ; l'autre, que chacun fût fils de ses œuvres et de ses mérites : toute justice y serait accomplie, et l'État serait mieux servi. Convenons que les nobles ressemblent beaucoup à ce que les frelons sont aux ruches... Plusieurs personnes qui ne raisonnent que partialement, et surtout ceux de la Noblesse, concevront d'abord du chagrin contre l'auteur, et diront pour toute réfutation que c'est un écrivain sans doute de la lie du peuple qui s'est indigné contre une élévation qui lui fait envie ; mais qu'on ne s'embarrasse pas de cela, il a l'honneur d'être gentilhomme. »

Ce fier et généreux langage n'était certes pas commun dans la bouche des nobles : Son radicalisme était trop décisif et trop audacieux. Pourtant cette réforme,

Chérin, le dernier champion de la Noblesse, la prévoit parce qu'il connaît bien les abus : et il est forcé d'avouer la nécessité de la première, en constatant les seconds. Sa position de généalogiste de la Cour le condamne à se montrer circonspect. Il est pourtant facile de reconnaître, dans ce champion des privilégiés, un homme décidé aux plus grands sacrifices pour sauver quelques principes. Il ressemble beaucoup à un capitaine dont le navire fait eau de toute part, et qui jette à la mer toute sa cargaison, peut-être même une partie de l'équipage, pour sauver la carcasse de son bâtiment. Après avoir énuméré les privilèges de la Noblesse, il ajoute : « Ces privilèges, quelque excessifs qu'ils paraissent relativement à l'ordre du Tiers-État, ont été pour la plupart et de tout temps, particuliers à la Noblesse ; et si, dans la pensée que ce corps est favorisé de trop d'avantages, on formait le dessein de lui en enlever une partie pour soulager par là la classe indigente des contribuables, il conviendrait sans doute de n'agir dans cette entreprise qu'avec un extrême ménagement. En supposant que quelques-uns des privilèges dont jouit la Noblesse ne fussent fondés que sur d'anciens préjugés, ne sait-on pas qu'il est des préjugés qu'on doit craindre de heurter trop brusquement ! » Singulier langage ! Le défenseur de la Noblesse fait de graves aveux. Il expose timidement ses frayeurs et supplie qu'on évite les brusqueries. C'est à peine s'il plaide les circonstances atténuantes ; il abandonne le coupable à la mansuétude de ses juges. Dans une note, il précise ainsi sa pensée : « La raison indique, me dira-t-on, que, pour établir une précieuse uniformité dans la distribution des charges publiques, tout citoyen doit les supporter sans distinction d'état ni de personne. Il ne m'appar-

tient point d'examiner à fond cette question. Je puis dire
néanmoins que, parmi les moyens proposés pour réparer
les finances, ce n'en est pas un indifférent que de régler
que chacun, dans toutes les classes de la société, contri-
buera en proportion de son revenu et de son luxe. »
Ainsi notre défenseur de la Noblesse passe dans le camp
ennemi ! Il devient le champion de l'égalité devant les
charges de l'État. Chérin nous apparaît comme le théoricien de l'impôt proportionnel sur le revenu ! que deviennent les privilèges entre pareilles mains ? Il apporte
même un précieux aveu à l'appui de sa théorie. « Il faut
avouer, dit-il, que la manière dont les impôts soit nobles,
soit roturiers, paraissent aujourd'hui répartis, ressemble
assez à ce qui se pratique dans la distribution des bénéfices ecclésiastiques : une partie jouit d'une fortune immense et qu'on peut dire scandaleuse ; tandis que l'autre,
qui est la plus nombreuse, la plus respectable, la plus
utile, manque du nécessaire. » Son dernier argument est
bien celui d'un défenseur aux abois : « Que le Tiers-État,
dit-il, songe qu'il lui est permis de prétendre à la Noblesse, et que de sages dispositions ouvrent la voie des
honneurs, qui sont l'objet de son ambition, à ceux de sa
classe qui se distingueront par des talents et par des vertus. » Ce qui revient à dire : « Maintenez les privilèges, vous pourrez en profiter un jour. » Il faisait appel
à l'appétit du Tiers qui n'allait plus écouter que sa
raison.

Les nobles comprirent que le régime des privilèges
n'était plus possible. Ils le prouvèrent dans la rédaction
de leurs cahiers pour les États-Généraux de 1789. Sans
doute ils ne sont pas unanimes dans leurs généreuses
concessions. Mais, qu'on lise les cahiers de la Noblesse

de Dijon, d'Auxerre, du Berry, de Tours, de Châteauroux, d'Autun, on verra que les seigneurs eux-mêmes appellent de tous leurs vœux la réforme nécessaire. La Noblesse du bailliage de Reims déclarait dans son cahier : « que la Noblesse, désirant donner à la Nation une preuve de son désintéressement et de son amour pour le bien public, consent à supporter, avec et comme tous les ordres, une égale répartition dans les impositions qui seront établies sur tous les biens-fonds et capitaux portant revenus, pour tenir lieu de cette foule d'impôts destructifs à présent en usage et qui seront à jamais supprimés.» La Noblesse de Tours était plus radicale dans ses concessions et dans les considérants qui les expliquent. Le marquis de Lusignan, parlant en son nom, dit: « L'ordre de la Noblesse du bailliage de Tours, considérant *que ses membres sont hommes, et citoyens avant que d'être nobles*, ne peut se dédommager d'une manière plus conforme à l'esprit de justice et de patriotisme qui l'anime, du long silence auquel l'abus du pouvoir ministériel l'avait condamnée, qu'en déclarant à ses concitoyens qu'elle n'entend plus jouir à l'avenir d'aucun des privilèges pécuniaires que l'usage lui avait conservés, et qu'elle fait par acclamation le vœu solennel de supporter dans une parfaite égalité, et chacun en proportion de sa fortune, les impôts et contributions générales qui seront consenties par la Nation. »

Le sacrifice était prévu et consenti. Quand, dans l'admirable élan de la nuit du 4 août, les privilèges seront emportés par l'irrésistible courant de l'égalité, tous les constituants applaudiront avec le même enthousiasme. Les seigneurs, les premiers, proposeront la destruction de leurs privilèges, et le Tiers-État acclamera avec émotion ces frères aînés qui consentent enfin à embrasser les cadets en oubliant le droit d'aînesse. On peut dire qu'en 1789 la société fondée sur les privilèges avait vécu.

CHAPITRE CINQUIÈME

LE TIERS-ÉTAT

PREMIÈRE PARTIE. — *Industrie et commerce*

I. — Définition du Tiers-État.

II. — Industrie et commerce local. — Les corporations, maîtrises et jurandes. — Leurs résultats. — Vœux pour l'établissement de la liberté du travail.

III. — Industrie manufacturière et haut commerce. — Les péages et les traites ; organisation des douanes. — Vœux pour l'établissement de la liberté du commerce.

L'abbé Sieyès, dans un pamphlet célèbre, se posait, au sujet du Tiers-État, les trois questions suivantes qu'il accompagnait de réponses laconiques :

Qu'est-ce que le Tiers-État ? — Tout.

Qu'a-t-il été jusqu'à présent dans l'ordre politique ? — Rien.

Que demande-t-il ? — A devenir quelque chose.

Il eût été difficile de résumer en moins de mots le présent, le passé et l'avenir de cette partie de la société française qui prit avec tant de décision la direction du mouvement révolutionnaire et à qui nous devons la France moderne. Puis, pénétrant au cœur même de son sujet, l'ardent polémiste démontrait que « le Tiers formait une nation complète ». En effet le Tiers comprend 25 millions de personnes ; et les deux ordres privilégiés, à peine 300,000. — Le Tiers, par son travail dans l'industrie, le commerce, l'agriculture, assure la prospérité et la puissance du pays. — Le Tiers éclaire le gouvernement de ses lumières, comme il soutient l'État de ses deniers. — Enfin le Tiers descend des plus anciens habitants de la vieille Gaule trop souvent asservis par les aristocraties nées de l'invasion étrangère (1). Les représentants du Tiers avaient donc bien raison, dès les premières séances des États-Généraux de 1789, de donner à leur assemblée particulière le nom d'*Assemblée nationale*. Ils reprenaient le mot de Sieyès : étant tout, ils voulaient être quelque chose.

Mais cet ordre est loin d'être homogène : il comprend une infinie variété de classes que distinguent l'ambition, la fortune, la science et aussi les privilèges. Il y a un abîme entre le bourgeois riche ou savant, — financier, commerçant ou jurisconsulte, — et le vilain qui gémit sous la dîme et la taille, ou le mainmortable à peine affranchi depuis quelques mois de la servitude. Dans le

---

(1) Ce qui faisait ajouter à Sieyès : « Pourquoi le Tiers ne renverrait-il pas dans les forêts de la Franconie toutes ces familles qui conservent la folle prétention d'être issue de la race des conquérants et de succéder à des droits de conquête? Je suppose qu'à défaut de police Cartouche se fût plus solidement établi sur un grand chemin ! Aurait-il acquis un véritable droit de péage ? » (Sieyès), brochure sur le Tiers-État!

Tiers, comme dans les ordres privilégiés, il y a des rangs, des catégories, une hiérarchie. Les *bourgeois du roi* ont des droits qui se rapprochent beaucoup des privilèges, et des titres qui les placent auprès des privilégiés. Dans les villes de province, ils s'enrichissent dans les fermes, la chicane, les spéculations, le travail, et forment de petites sociétés plus ou moins égoïstes, quelquefois exemptes de certains impôts, prompts à se séparer du vilain pour empiéter sur la Noblesse. Vivant noblement, ils sont une aristocratie dans le Tiers-État : ils campent dans le troisième ordre, en attendant l'occasion de passer aux privilégiés. Au-dessous d'eux, peinent au travail les ouvriers de tout métier et de toutes classes dans les villes et les campagnes (1).

Toutefois bourgeois et artisans, quoique séparés par de vieilles rivalités, sont réunis devant l'ennemi commun : les ordres aristocratiques. Ils souffrent trop, dans leur orgueil ou dans leurs intérêts, des honneurs ou des bénéfices de la Noblesse et du Clergé ; ils aspirent les uns à venger les humiliations qui les abaissent, les autres à détruire les privilèges qui les ruinent. Ils sont ligués

(1) Au sujet des marchands en gros, le conseil d'État avait rendu le 30 octobre 1767 l'arrêt suivant : « Veut et entend Sa Majesté qu'ils soient réputés vivant noblement, ayant rang et séance, en la dite qualité, dans les assemblées de villes et autres, et jouissent de tous les honneurs et avantages qui y sont attachés, spécialement de l'exemption de la milice pour eux et leurs enfants, et du privilège de porter l'épée dans les villes, et, dans leurs voyages, les armes nécessaires pour leur sûreté ; se réservant Sa Majesté d'accorder chaque année, deux lettres particulières d'anoblissement à ceux d'entre lesdits négociants, qui se seront distingués dans leur profession, et par préférence à ceux dont les pères et aïeux l'auraient exercée avec l'honneur qu'elle exige, et qui continueraient eux-mêmes à s'y distinguer. »

pour marcher ensemble à l'assaut de cette société qui repose sur les privilèges et les injustices (1).

Pour l'étude attentive de cet ordre, de ses souffrances passées, de ses aspirations, deux chapitres sont indispensables : le premier sera consacré aux commerçants et aux industriels, — le second, aux paysans.

L'industrie et le commerce étaient entre les mains de corporations à privilèges et à monopoles, solidement constituées, et placées dans la dépendance et sous la protection immédiate de l'État. Dans chaque ville, tous les arts, tous les métiers, toutes les branches de commerce appartenaient à certaines communautés laïques, qui les recrutaient elles-mêmes, et qui constituaient dans la lo-

(1) Les bourgeois, commerçants étaient pourtant honorés par les esprits les plus éclairés de la Nation : « Le négociant entend parler si souvent avec dédain de sa profession qu'il est assez sot pour en rougir. Je ne sais pourtant quel est le plus utile à un État : ou le seigneur bien poudré qui sait précisément à quelle heure le roi se lève, à quelle heure il se couche, et qui se donne des airs de grandeur en jouant le rôle d'esclave dans l'antichambre d'un ministre, ou un négociant qui enrichit son pays, donne de son cabinet des ordres à Surate et au Caire et contribue au bonheur du monde. (Voltaire.)

« J'ai toujours conservé l'attachement le plus décidé pour le commerce : c'est l'état d'un vrai citoyen. Un négociant qui opère en grand, fait mouvoir tous les différents ordres de l'Etat, en leur faisant recueillir le fruit de son travail : l'agriculture, les manufactures, les artistes, les ouvriers en tous genres, tout se ressent des opérations d'un négociant. J'ai eu jusqu'à vingt navires à pêche en Amérique, aux Indes Orientales, aux Indes Occidentales, en Guinée. Combien de personnes occupées ! Combien d'argent répandu, qui soulage le peuple et le gentilhomme en leur procurant un débouché avantageux de leurs produits ? (J. de la Borde, fermier général.)

« C'est uniquement parce que les Anglais sont devenus négociants, que Londres l'emporte sur Paris par l'étendue de la ville et le nombre des citoyens. » (Voltaire. — *Lettres Philosophiques*.)

calité autant de petites républiques marchandes ou industrielles, avec leurs règlements spéciaux, leur organisation particulière, leurs intérêts privés, leurs bannières, leurs fêtes, et même leurs saints. Chaque corporation comprenait ordinairement les *apprentis*, les *compagnons*, les *maîtres*, les *maîtres-jurés*.

L'apprenti ne pouvait atteindre à la maîtrise qu'après avoir passé un temps déterminé dans l'atelier d'un maître et travaillé pendant plusieurs années comme compagnon. Après les années d'apprentissage et de compagnonnage, l'apprenti marchand subissait un examen devant les maîtres-jurés de sa corporation ; l'apprenti ouvrier présentait son chef-d'œuvre. L'article 2 du titre Ier de l'ordonnance de commerce de 1673, encore en vigueur en 1789, définit ainsi l'examen de l'apprenti marchand :
L'aspirant à la maîtrise sera interrogé :
Sur les livres et les registres à partie double et à partie simple ;
Sur les lettres et billets de change;
Sur les règles d'arithmétique ;
Sur la partie de l'aune, sur la livre et le poids de marc ;
Sur la mesure et la qualité de la marchandise, *autant qu'il conviendra pour le commerce dont il entend se mêler.*

Cette dernière restriction réduisait aux plus modestes proportions la portée de l'épreuve. Toutefois la formalité des interrogations eut un résultat : assurer des jetons de présence aux interrogateurs, ce qui augmenta les frais d'examen.

Dans l'industrie, la présentation du chef-d'œuvre devait avoir lieu devant les maîtres-jurés de la corporation. Elle avait pour but de faire constater la capacité requise de ceux qui voulaient exercer le métier ou l'art spécial

à cette corporation. Le chef-d'œuvre n'était pas une petite besogne. Il fallait lui consacrer beaucoup de temps,
quelquefois beaucoup d'argent. Le compagnon pauvre y
perdait des journées précieuses ; quant à ses économies,
— s'il avait pu en faire, — elles s'évanouissaient dans les
frais d'acquisition de la matière première, ou dans les
droits de réception qui, n'étant pas toujours fixés par les
statuts, « enflaient perpétuellement ». D'autre part, dans
le commerce comme dans l'industrie, le jour de la promotion à la maîtrise était un jour de fête. Le nouveau
venu régalait les anciens. Ces derniers frais n'étaient pas
les moindres. Au seizième siècle, Henri III, dans l'ordonnance de 1581, constate que « le pauvre artisan est quelquefois un an et davantage à faire un chef-d'œuvre, lequel
est trouvé mauvais et rompu, s'il n'y est rémédié par
ledit artisan avec infinis présents et banquets ». Au dix-
septième siècle, cet abus est si général que l'ordonnance
de commerce, rédigée par Colbert en 1673, croit devoir le
proscrire en termes précis. L'article 5 du titre Ier dit : en
effet, « Défense est faite aux maîtres de recevoir des aspi-
rants aucun présent pour leur réception ni autres droits
que ceux qui sont portés aux statuts... défense de faire
aucuns festins à peine de nullité de la réception. » Et, au
dix-huitième siècle, le jurisconsulte Bornier, commen-
tant cet article, dit : « La raison de cette interdiction est
d'autant qu'il arrivait que les maîtres-jurés ne regardaient pas tant l'industrie de l'aspirant qu'un bon banquet,
et qu'ils déclaraient bon ouvrier celui qui les avait
bien régalés, quoiqu'il fût le plus ignorant ; et ils rejetaient au contraire le plus habile, s'il ne leur avait donné
qu'un maigre repas, réglant plutôt leur jugement sur la
bonne ou mauvaise chère que sur l'industrie de l'ouvrier.

Cette défense de faire des festins a été étendue aux doctorats et autres degrés de quelque faculté que ce soit. » Malgré les interdictions de la loi, les abus continuèrent jusqu'en 1789. « Un jeune marchand, dit l'*Encyclopédie*, dépense communément pour sa réception, circonstances et dépendances, 2,000 francs, et cela en pure perte. »

Et Furetière résume en trois mots ces onéreuses solennités : « Ce n'est plus que cabale, ivrognerie et monopole. »

Pour l'administration des intérêts communs, chaque corporation avait ses *jurandes*. La jurande était la charge ou la fonction de juré dans une communauté de marchands ou d'artisans. En remontant à l'origine des corporations, on trouve des *préposés* (suprapositi) chargés de l'inspection de tous les autres maîtres du même état. Ces préposés, d'abord institués par le roi, furent nommés *jurés*, quelquefois *prudhommes*, plus souvent *garde-jurés*, parce que, avant d'entrer en fonction, ils prêtaient serment devant les magistrats de l'ordre judiciaire. Ils étaient généralement élus par les autres maîtres, le plus souvent au nombre de deux ou de quatre. Ils avaient pour fonction de présider aux assemblées des maîtres, traiter toutes les affaires qui concernaient la communauté, garder le trésor de la corporation, faire recevoir les apprentis et les maîtres, veiller à l'observation des statuts, proposer des modifications aux règlements, faire ou diriger la collecte de la cotisation annuelle payée par tous les maîtres. Malgré leur nom de *jurés*, ils n'avaient pas de fonctions judiciaires ; ils ne pouvaient même pas faire de procès-verbaux sans être assistés d'un huissier ou d'un commissaire. Le temps de la jurande durait un an ou deux : dans beaucoup de corporations les jurés sortants étaient rééligibles.

Or les jurés, de concert avec les maîtres, rédigeaient, avec l'approbation royale, des règlements qui n'avaient d'autre but que de favoriser leur monopole. Ils inventaient toutes les exceptions qui pouvaient leur être favorables. Dans telle corporation, le fils du maître n'était tenu ni à l'apprentissage, ni au compagnonnage; il lui suffisait de produire le chef-d'œuvre, et, à vingt et un ans, il était inscrit sur la liste des maîtres de la corporation. Dans telle autre, les filles de maîtres, épousant un apprenti, conféraient par leur seule union la maîtrise à leur nouvel époux. Ailleurs le maître, en mourant, ne laissait aucun droit à sa veuve sur la maîtrise; et si celle-ci, en se remariant, épousait un artisan non maître, elle perdait le bénéfice de son premier mariage.

Le nombre des maîtres de la corporation fut limité. Il fallait bien assurer à chaque maître la clientèle dont il avait besoin. Si le roi, par mesure fiscale, créait de nouvelles maîtrises qu'on devait payer au Trésor, les anciens maîtres se cotisaient pour acheter et « *éteindre* » ces nouvelles charges. Enfin il arrivait souvent que le maître achetât le titre de « marchand en la qualité de fabricant». Il le payait ordinairement trois cents livres. Ce titre lui permettait « de donner de l'ouvrage à tout autant de maîtres qu'on appelle communément ouvriers, qu'il en pouvait employer; et, comme certaines corporations étaient accaparées par les marchands de cette espèce, les simples maîtres perdaient le droit de travailler pour leur compte; ils devaient se mettre aux gages de « marchands-ès-qualité. »

Quant à l'origine et à l'entretien des corporations, les économistes, partisans du *statu quo*, les défendaient par de pauvres raisons. Il fallait, disaient-ils, protéger l'in-

dustrie contre les défaillances des incapables et contre
la concurrence des étrangers. L'État devait assurer à
quiconque en avait besoin des ouvriers expérimentés. —
Mais il y avait un argument autrement significatif. L'établissement des corporations était avant tout une mesure
fiscale pour la Royauté. Quand, à la fin du moyen âge,
les confréries féodales rédigèrent leurs statuts, et, pour
leur donner plus de force, les soumirent à l'approbation
du roi, le gouvernement n'hésita pas à leur vendre son
concours et sa protection (1). Les rois s'habituaient à se
faire une ressource des taxes imposées sur les corporations et des privilèges qu'ils leur vendaient. Ils imaginè-
rent de créer, dans les diverses communautés, des offices
de toutes sortes, de multiplier les charges de maîtres, et
de forcer les corporations à racheter ces charges et ces
offices. C'est pourquoi Letronne, en 1775, disait avec
raison : « L'État n'a établi les communautés industrielles

(1) Prenons un exemple des plus anciens : l'établissement des
maîtres-tisseurs d'Étampes, en 1204, par Philippe-Auguste. « Par
l'amour de Dieu, dit le roi, nous avons affranchi tous les tisserands
qui demeurent et demeureront à Étampes, et qui tissent de leurs
propres mains, soit en lin, soit en laine, de tous les droits qui nous
appartiennent, savoir : de la collecte, de la taille, et de toute autre
demande et levée d'entrée des métiers...
» Pour cette franchise que nous leur concédons, ils nous donneront
chaque année vingt livres : dix livres le lendemain de la Saint-
Remi, et dix livres le lendemain du Carême.
» Ils éliront à leur gré et constitueront, aussi souvent qu'ils le
voudront, quatre de leurs prud'hommes par lesquels ils se défen-
dront en justice et réformeront ce qui sera à réformer.
» Les quatre prud'hommes feront serment de fidélité au roi et au
prévôt ; ils jureront de maintenir leurs droits et livreront les vingt
livres susdites. Ils veilleront à ce que la draperie soit bonne et loya-
lement faite, et s'il est manqué à cela, il y aura amende à notre
profit. » — Ainsi, le roi vendait à beaux deniers comptants le droit
de travailler.

que pour y trouver des ressources, tantôt par des brevets qu'il vend, tantôt par de nouveaux offices qu'il crée, et que les communautés sont forcées d'acheter. L'édit de 1673 vint tirer les dernières conséquences des principes de Henri III, en obligeant toutes les communautés à prendre des lettres de confirmation, moyennant finance; et l'on força tous les artisans qui n'étaient pas encore en communauté de s'y réunir. Cette misérable affaire produisit 300,000 livres. » Ainsi, par des usurpations successives, la Royauté avait distribué les monopoles; et, l'habitude aidant, on fut peu à peu amené à considérer en France le droit de travailler, comme un privilège que le roi pouvait vendre et confisquer à son gré. En usant et abusant de ce droit, la Royauté conservait la haute direction de tous les travailleurs; et, comme elle prétendait à la tutelle de tous ceux qui consommaient, comme elle était garante de la qualité de tous les produits, elle devait tenir toutes les corporations sous son étroite surveillance : de là les réglementations les plus minutieuses, l'intervention incessante des agents de l'État dans tous les travaux de corporation. Les détails de la fabrication sont soumis à des règlements que les jurés d'abord, et les intendants du roi ensuite, doivent faire appliquer dans toute leur rigueur. A Amiens, « nul ne pourra acheter du fils s'il n'est maître ou maîtresse de métiers. » — A Sedan, « si les tisseurs font de vilaines lisières, ils seront à l'amende de 20 sols par chaque pièce. — S'ils font des pas-de-chat ou grappes, l'amende sera de 5 sols pour chacun. » A Paris, l'ordonnance de 1672, réglant la fabrication de la bonneterie déclare que: « les bas de soie pour homme pèseront au moins trois onces et demie à peine de confiscation et de 150 livres d'amende. » Les statuts des diverses industries de tissage, approuvés par le roi, portent la longueur, la largeur, la qualité de la matière employée, le nombre de bains de teinture, la disposition des lisières, des mailles, etc., etc.

· Il faut nécessairement une armée de fonctionnaires pour l'exécution de tous ces détails. De là, la création de nombreux offices, contrôleurs, visiteurs, mesureurs, réformateurs, qui tous prélèvent leurs appointements sur l'industrie qui est livrée à leur merci. De là, l'établissement de bureaux chargés de visiter les marchandises fabriquées dans la ville et les marchandises du dehors. L'article 28 du règlement des drapiers de Rouen en 1724 porte : « Tous les maîtres dudit état seront tenus de faire apporter tous les draps et autres étoffes qu'ils fabriqueront au bureau de la visite et marque. » De là, enfin, au-dessus des charges locales de contrôle et des bureaux de visite, les fonctions d'inspecteurs généraux des manufactures et du commerce. Ils relèvent du contrôleur général, et sont astreints à des tournées fréquentes pour la stricte exécution des ordres de Sa Majesté. Ils sont armés des pouvoirs les plus étendus pour tenir la main à l'exécution des lois. Les pénalités les plus rigoureuses frappent les fabricants : la confiscation et la destruction des marchandises, l'emprisonnement, les galères parfois furent le châtiment d'insignifiantes contraventions : « J'ai vu, dit un inspecteur des manufactures, couper par morceaux dans une seule journée 80, 90 et jusqu'à 100 pièces d'étoffe. J'ai vu renouveler cette scène chaque semaine pendant nombre d'années. J'ai vu confisquer plus ou moins de marchandises avec amendes ; j'en ai vu brûler en place publique les jours de marché, j'en ai vu attacher au carcan avec le nom du fabricant, et menacer celui-ci de l'y attacher lui-même, en cas de récidive. J'ai vu tout cela à Rouen, et tout cela était voulu par les règlements ou ordonné ministériellement. Et pourquoi? Uniquement pour une matière inégale, ou pour le défaut de quelques fils en chaîne, ou pour celui de l'application d'un nom, quoique cela provînt d'inattention, enfin pour une couleur de faux teint, quoique donnée pour telle. »

Ces règlements excessifs, pour la production industrielle locale, s'appliquent également au commerce. Les entraves qui paralysaient le commerce des grains en sont la preuve (1).

Ces abus ne doivent point nous surprendre : Lorsque le roi mit la main sur les corporations et les confréries, cette usurpation ne pouvait produire d'autres résultats. En vendant aux uns le droit de travailler ou de faire le négoce, le roi le refusa aux autres : — il n'y eut pas de liberté. Ceux-là mêmes qui avaient payé fort cher leurs privilèges furent asservis à des règlements : — il n'y eut pas d'initiative. Ils ne furent point astreints à améliorer leurs procédés de fabrication ou d'échange, puisqu'ils n'eurent point de concurrence à craindre : — il n'y eut pas de progrès.

Point de liberté, point d'initiative, point de progrès, tels sont les trois mots qui résument l'état de l'industrie, sous le système des corporations et par conséquent sous l'Ancien Régime.

Comme la plupart des institutions, les corporations industrielles et commerciales eurent des adversaires dès qu'elles furent constituées : elles se fortifièrent devant les assauts qu'on dirigea contre elles dès le quatorzième

____

(1) Voir le chapitre suivant.

siècle ; dans l'ordonnance de 1358, Charles V dit : « Ces règlements, en majeure partie, sont faits plus en faveur et profit des personnes de chaque métier, que pour le bien commun. » Au seizième, les États de Blois demandent, entre autres choses, « que l'exercice des métiers soit laissé libre à tous pauvres sujets du roi, sans visites de leurs ouvrages, par experts et prud'hommes à ce commis par les juges de la police ».

Au commencement du dix-septième siècle, les six corps des marchands de Paris, consultés par Richelieu sur les corporations, répondent : « Voici en principe ce qui nous a semblé. Pour un plus grand bien et soulagement, il semblerait plus à propos d'ôter et supprimer toutes les confréries des artisans, toutes leurs assemblées et toutes leurs maîtrises. C'est autant de monopoles qui tournent à la ruine du peuple, voire d'eux-mêmes pour leurs débauches, et par conséquent de l'État. Il y en a d'autres raisons puissantes. Si les ouvriers sont bons et fidèles, ils travailleront; si mauvais et infidèles, ils ne travailleront pas. *Ainsi, leur mal ne viendra que d'eux-mêmes. Ne venant que d'eux-mêmes, ils ne pourront s'en plaindre, ni s'en prendre à personne qu'à eux-mêmes* (1). » Colbert, qui était un protecteur passionné, était pourtant trop clairvoyant pour ne pas reconnaître les graves inconvénients et les abus qui résultaient des corporations. Au sujet de celle des marchands, il disait au roi : « La rigueur que l'on tient dans la plupart des grandes villes de votre royaume, pour recevoir un marchand, est un abus que Votre Majesté a intérêt à corriger; car il empêche

____

(1) Cité par Dareste, *Histoire de l'Administration en France*, t. II, Industrie.

que beaucoup de gens se jettent dans le commerce, où ils réussiraient mieux bien souvent que ceux qui y sont. Quelle nécessité y a-t-il, qu'un homme fasse apprentissage ? Cela ne saurait être tout au plus que pour les ouvriers, afin qu'ils n'entreprennent pas un métier qu'ils ne savent pas. Mais les autres, pourquoi leur faire perdre du temps ? Pourquoi empêcher que des gens qui en ont quelquefois plus appris dans les pays étrangers qu'il n'en faut pour s'établir, ne le fassent pas, parce qu'il leur manque un brevet d'apprentissage ? Est-il juste, s'ils ont l'industrie de gagner leur vie, qu'on les en empêche sous le nom de Votre Majesté ? Je crois donc que, quand elle ferait une ordonnance par laquelle elle supprimerait tous les règlements faits jusqu'ici à cet égard, elle n'en ferait pas plus mal (1). »

Le coup le plus sérieux porté aux corporations, sans pourtant être décisif, fut l'édit de janvier 1776 rédigé par Turgot et signé par Louis XVI. Il ordonnait la suppression des maîtrises, à la suite des considérants suivants :

« Dans presque toutes les villes, l'exercice des différents arts et métiers est concentré dans les mains d'un petit nombre de maîtres, réunis en communauté, qui peuvent seuls, à l'exclusion de tous les autres citoyens, fabriquer ou vendre les objets du commerce particulier dont ils ont le privilège exclusif : en sorte que, ceux de nos sujets qui, par goût ou par nécessité, se destinent à l'exercice des arts et métiers, ne peuvent y parvenir qu'en acquérant la maîtrise, à laquelle ils ne sont reçus qu'après des épreuves aussi longues et aussi pénibles que superflues, et après avoir satisfait à des droits et à des

____

(1) *Testament politique de Colbert*, ch. xv.

actions multipliées. Ceux, dont la fortune ne peut satisfaire à ces dépenses sont réduits à n'avoir qu'une subsistance précaire sous l'empire des maîtres, à languir dans l'indigence, ou à porter hors de leur patrie une industrie qu'ils auraient pu rendre utile à l'État. Les citoyens de toutes les classes sont privés du droit de choisir les ouvriers qu'ils voudraient employer, et des avantages que leur donnerait la concurrence pour le bas prix et la perfection du travail. On ne peut souvent exécuter l'ouvrage le plus simple, sans recourir à plusieurs ouvriers de communautés différentes, sans essuyer les lenteurs, les infidélités, les exactions que nécessitent ou favorisent les prétentions de ces différentes communautés, et les caprices de leur régime arbitraire et intéressé. »

Au point de vue industriel, « elles éteignent l'émulation, étouffent le talent naissant, privent l'Etat et les arts des lumières qu'apporteraient les étrangers, rendent les découvertes et les inventions presque impossibles ».

Au point de vue social, « en excluant la femme des corps de métiers, elles repoussent un sexe à qui sa faiblesse a donné plus de besoins et moins de ressources.

Au point de vue financier, « par l'immensité des frais de saisies, d'amendes, de procès interminables qu'elles occasionnent, elles surchargent l'industrie d'un impôt énorme ».

Au point de vue philosophique, « elles sont une usurpation constante du droit d'autrui». Aux théoriciens qui prétendaient que le droit de travailler pouvait être vendu par le prince, Turgot opposait cette majestueuse déclaration : « Dieu, en donnant à l'homme des besoins, en lui rendant nécessaire la ressource du travail, a fait du droit de travailler la propriété de tout homme; et cette pro-

priété est la première, la plus sacrée, la plus imprescrip-
tible de toutes. » Ce droit étant méconnu et foulé aux
pieds, le travail est déserté, la paresse et ses tristes conséquences envahissent les classes déjà pauvres ; aussi
les auteurs de l'*Encyclopédie* peuvent-ils avec raison signaler ce résultat pitoyable des monopoles : « Le plus
terrible inconvénient des maîtrises, c'est qu'elles sont la
cause ordinaire du grand nombre de fainéants, de ban-
dits, de voleurs, que l'on voit de toutes parts ; en ce
qu'elles rendent l'entrée du négoce et des arts si difficile
et si pénible, que bien des gens, rebutés par ces premiers obstacles, s'éloignent pour toujours des professions
utiles, et ne subsistent ordinairement que par la mendicité, la fausse monnaie, la contrebande, la filouterie, les
vols et autres crimes. En effet, la plupart des malfaiteurs
que l'on condamne aux galères, ou que l'on punit du
dernier supplice, sont originairement des pauvres orphe-
lins, des soldats licenciés, des domestiques hors de place,
ou tels autres sujets isolés qui, n'ayant pas été mis à des
métiers solides, et trouvant des obstacles perpétuels à
tout le bien qu'ils pourraient faire, se voient par là
entraînés dans une suite affreuse de crimes et de
malheurs. »

Les corporations étant condamnées, Turgot explique
dans l'article 10 de l'édit de 1776, ce qu'il veut substituer
à l'institution qui disparaît : « Il sera formé dans les différents quartiers de notre royaume, et notamment dans
ceux de notre bonne ville de Paris, des arrondissements
dans chacun desquels seront nommés, pour la première
année seulement, et dès l'enregistrement ou lors de l'exécution de notre présent édit, un syndic et deux adjoints,
par le lieutenant-général de police ; et ensuite, les dits

syndics et adjoints seront annuellement élus par les
marchands et artisans du dit arrondissement, et par la
voie du scrutin dans une assemblée tenue à cet effet,
en la maison et présence d'un commissaire nommé par
ledit lieutenant de police, lequel commissaire en dres-
sera procès-verbal, le tout sans frais... Les dits syndics et
adjoints, après avoir prêté serment, auront à surveiller
les commerçants et artisans de leur arrondissement, sans
distinction d'état ni de profession, en rendre compte au
lieutenant-général de police, recevoir et transmettre ses
ordres. » Turgot avait ainsi voulu donner aux commerçants et artisans le droit d'élire leurs représentants auprès des agents du pouvoir. Mais il faut bien remarquer
que ces députés devaient être les représentants de la
collectivité des travailleurs, et non d'une industrie ou
d'une branche spéciale de commerce. C'est là l'origine
évidente de nos chambres de commerce actuelles. Au
lieu de désunir ceux qui vivaient de leur travail, elles devenaient une institution de concorde; à la rivalité des
anciennes corporations, elles devaient substituer l'union
de tous les travailleurs.

Malgré une violente opposition, l'édit de 1776, qui abolissait les corporations, fut exécuté. Turgot le considéra
comme son œuvre principale. Dans son mémoire justifi-
catif, il déclare au roi : « Je regarde, Sire, la destruction
des jurandes et l'affranchissement total des gênes que cet
établissement impose à l'industrie et à la partie pauvre
et laborieuse de vos sujets, comme un des plus grands
biens qu'elle puisse faire à ses peuples. C'est, après la liberté du commerce des grains, un des plus grands pas
qu'ait à faire l'administration vers l'amélioration ou plutôt la régénération du royaume. Cette seconde opération

sera pour l'industrie, ce que la première sera pour l'agriculture. »

Dans toutes ses œuvres, Turgot s'est affirmé comme disciple des philosophes et des économistes : il ne le fut jamais avec autant d'ardeur et de raison que dans cette question des monopoles. Peut-être a-t-il été un imprudent homme d'État ; car ses déclarations peuvent ne pas êtres suivies d'effet, et comme elles ont pu exciter de grandes espérances, elles laissent après de terribles déceptions. Toutefois, ceux qui oseraient reprocher à Turgot son imprévoyance, ne sauraient nier la générosité de ses intentions, la pureté de ses conceptions politiques et économiques, et la haute raison philosophique qui les avait inspirées. Dans ce partisan de la liberté du travail, dans ce théoricien du « *laissez faire, laissez passer* », on retrouve l'élève d'Adam Smith, ce vrai fondateur de la science économique, qui écrivit quelques années avant 1789 : « La plus sacrée, la plus inviolable des propriétés est celle de sa propre industrie, parce qu'elle est la source originaire de toutes les autres propriétés. Le patrimoine du pauvre est dans la force et l'adresse de ses mains ; et l'empêcher d'employer cette force et cette adresse de la manière qu'il juge le plus convenable, tant qu'il ne porte de dommages à personne, est une violation manifeste de cette propriété primitive. C'est une usurpation criante sur la liberté légitime, tant de l'ouvrier que de ceux qui seraient disposés à lui donner du travail ; c'est empêcher à la fois l'un de travailler à ce qu'il juge à propos ; l'autre d'employer qui bon lui semble. On peut bien, en toute sûreté, s'en fier à l'expérience de celui qui occupe un ouvrier, pour juger si cet ouvrier mérite l'emploi, puisqu'il y va de son propre intérêt.

Cette sollicitude qu'affecte le législateur pour prévenir qu'on n'emploie des personnes incapables, est aussi absurde qu'oppressive. »

Les ennemis de Turgot, après la chute du ministre, obtinrent pourtant, du faible Louis XVI, la suppression de l'édit de 1776. Mais ce triomphe passager des partisans du monopole devait être le dernier; car la Constituante, par la loi du 2 mars 1791, devait définitivement établir la liberté du commerce et de l'industrie. Les principaux articles de cette loi sont à citer :

ARTICLE 1er. — A compter du 1er avril prochain, les offices des perruquiers-barbiers, baigneurs-étuviers, ceux des agents de change et tous autres offices pour l'inspection et les travaux des arts et du commerce, le brevet et les lettres de maîtrise, les droits perçus pour la perception des maîtrises et des jurandes, ceux du collège de pharmacie et tous privilèges de profession, sous quelque dénomination que ce soit, sont supprimés.

ART. 5. — Les syndics des corps et communautés d'artisans et marchands seront tenus de représenter ou de rendre leur compte de gestion aux municipalités, lesquelles les vérifieront et formeront l'état général des dettes actives et passives et biens de chaque communauté.

ART. 7. — A compter du 1er avril prochain, il sera libre à toute personne de faire tel négoce ou d'exercer telle profession, art ou métier qu'elle trouvera bon, mais elle sera tenue de se pourvoir auparavant d'une patente, d'en acquitter le prix, suivant les taux ci-après déterminés, etc.

L'étude des corporations nous a surtout révélé les entraves, dont le gouvernement embarrassait la petite industrie et le commerce locale; elle nous a fait comprendre que l'un et l'autre étaient condamnés à l'inertie, à la stagnation, aussi longtemps que durerait le régime des monopoles et des privilèges. Si, franchissant les enceintes des villes et des bourgs, nous recherchons ce qu'étaient la grande industrie et le haut négoce, à la même époque, nous retrouvons les mêmes règles économiques, produisant les mêmes résultats.

L'industrie manufacturière, réduite à un outillage imparfait et aux procédés les plus rudimentaires, fournissait surtout les produits indispensables à la province qui lui avait donné asile, et qui lui offrait en abondance ses matières premières. Mais, en général, elle avait peu de prétention à l'exportation. La statisti que du commerce, pendant les années du règne de Louis XVI qui précédèrent la convocation des États-Généraux, prouve que les industries vivaient surtout du pays qu'elles occupaient, et que toute leur ambition se bornait à satisfaire aux demandes de leurs clients les plus rapprochés. La première cause de cette modestie était l'insuffisance des procédés mécaniques employés dans les industries. On ne saurait en faire un reproche aux industriels de cette époque : la vapeur et l'électricité n'avaient point pénétré dans les ateliers qu'elles ont renouvelés de nos jours ; la chimie n'était pas née ; la production, mal favorisée par la science, était condamnée à la stérilité. La seconde cause était l'insuffisance de voies de communication. La troisième, les obstacles de toute espèce qui entravaient la circulation des marchandises. Ces obstacles étaient les *péages* perçus au profit de certains seigneurs au passage des ponts et rivières ; 2° *le régime douanier intérieur, les traites,* comme on disait alors, qui n'avaient qu'un but fiscal pour l'État et qui étouffaient l'industrie à son berceau.

Les **péages** étaient l'impôt féodal, destiné en principe à l'entretien des routes et des ponts : il était perçu presque toujours suivant des taxes proportionnelles au poids de la marchandise. Ils étaient extraordinairement nombreux, malgré de fréquentes suppressions ordonnées par le roi. En 1789, il y en avait trente sur le Rhône, de Lyon à Arles. Les réclamations étaient unanimes contre cet impôt qui nuisait tant à la prospérité du commerce. Un député du Languedoc dit : « Les péages, que quelques seigneurs et autres personnes ont droit de faire lever en divers endroits du royaume, donnent matière à une infinité de vexations. Il serait de l'équité de Sa Majesté d'en ordonner la suppression, et de faire tarir ainsi le mal dans sa source, à la charge, par les provinces et les communautés particulières, d'en indemniser les propriétaires, suivant l'estimation qui en serait faite par des personnes, dont la probité et l'expérience seraient connues. » Et, après avoir reproché aux propriétaires des péages de ne pas remplir leur devoir, il ajoute : « Cette suppression est d'autant plus nécessaire que, quelques règlements que l'on fasse, on ne saurait réprimer les entreprises des commis soutenus et protégés par les propriétaires, dont la plupart sont des personnes de crédit et de naissance ; en sorte que, quelque extorsion que l'on exerce sur le marchand, elle demeure impunie, soit qu'il n'ose se plaindre, ou qu'il ne juge à propos d'intenter un procès qui, par sa longueur et les chicanes qu'on lui ferait essuyer, l'exposerait à de grands frais, et ruinerait infailliblement son commerce par le peu d'application qu'il serait alors obligé d'y donner. » Les négociants étaient ainsi à la merci des propriétaires et des commis aux péages ! Cela dura jusqu'à la Révolution.

Quant au régime douanier, il constituait l'obstacle le plus insurmontable au développement du commerce, parce qu'il n'avait rien de fixe, rien de régulier, rien d'uniforme. Pour les relations et échanges du commerce, la France était divisée en trois groupes de provinces :

1° Les provinces des cinq grosses fermes ;

2° Les provinces réputées étrangères ;

3° Les provinces traitées comme étrangères.

Les premières étaient celles qui avaient accepté un tarif uniforme, celui de 1664, et qui avaient supprimé toute douane intermédiaire entre chacune d'elles : elles formaient, au centre de la France, un groupe assez compact, comme un petit royaume douanier, un zollverein provincial dans le royaume de France. Leur douane était régie par la ferme générale qui leur distribuait une partie des bénéfices. Ces provinces étaient : Normandie, Picardie, Soissonnais, Champagne, Bourgogne, Bresse, Bugey, Bourbonnais, Berry, Poitou, Aunis, Anjou et Maine. Un cordon de bureaux de douane ou traites enveloppait ces provinces, et imposait à l'entrée et à la sortie une foule de formalités vexatoires par leurs minuties, et très onéreuses par le chiffre des tarifs.

Les provinces réputées étrangères étaient : Bretagne, Angoumois, Marche, Périgord, Auvergne, Guienne, Languedoc, Provence, Dauphiné, Flandre, Artois, Hainaut, Franche-Comté. Elles n'avaient pas voulu accepter le tarif des cinq grosses fermes ; et elles avaient toutes conservé leurs douanes spéciales.

Les provinces traitées comme étrangères étaient : Alsace,

Lorraine, Trois-Évêchés, pays de Gex, Marseille, Dunkerque, Bayonne, Lorient. Elles conservaient avec l'étranger la liberté entière de leurs relations commerciales ; mais elles étaient séparées de la France par un cordon de douane, auxquelles elles étaient assujetties au même titre que les autres États européens.

Ces chinoiseries douanières ne peuvent être expliquées que par les scrupules du gouvernement royal, à l'égard des provinces au moment de leur annexion. En les incorporant à la France politiquement, on gagnait leur affection et leur fidélité en leur laissant la liberté commerciale, et en évitant de les tyranniser dans leurs habitudes. C'est ce que Rœderer explique en disant (1) : « La France serait-elle partagée par tant d'États divers, si la monarchie eût toujours été composée comme elle l'est aujourd'hui ? Et fût-il jamais venu en pensée à personne, de proposer l'établissement d'une barrière entre la Lorraine et la France, si le hasard d'une désunion n'en avait établi ? » L'État s'était ainsi montré généreux à l'égard des provinces acquises. Cette générosité coûtait cher ; car elle avait créé la variété des tarifs, maintenu les privilèges, laissé subsister, dans la France politique unie, plusieurs Frances commerciales, rivales et jalouses.

Et maintenant, si nous voulons comprendre cette organisation, le fonctionnement de cette machine si compliquée, transportons-nous en Lorraine, province annexée seulement depuis 1766, et voyons comment les

(1) Pour toute la question des douanes intérieures lire : Questions proposées par la commission intermédiaire de l'assemblée provinciale de Lorraine concernant le reculement des barrières, et observations pour servir de réponse à ces questions. Par M. Rœderer, conseiller au Parlement de Metz (1787). Nous lui empruntons les exemples de cette dernière partie du chapitre.

marchandises s'y meuvent, quelles traites elles supportent, quelles entraves les arrêtent, quelle légalité en un mot tue le commerce?

Sur les limites de la Lorraine, les tarifs établis sont au nombre de 14; voici les principaux:

1° *Du côté des cinq grosses fermes*, c'est-à-dire du côté de la France, bureaux principaux, Sainte-Menehould et Saint-Dizier, le tarif de 1664 et de 1667.

2° *Du côté de la Franche-Comté*, province réputée étrangère, les tarifs des droits spéciaux à cette province.

3° *Du côté de l'Alsace*, province traitée en pays étranger, le tarif particulier à l'Alsace.

4° *Du côté du Luxembourg*, le tarif impérial de l'empire d'Allemagne, récemment établi.

5° *Du côté des vallées de Meuse et Moselle*, les péages de ces rivières, en aussi grand nombre qu'il y a de princes et de seigneurs riverains dans les vallées de ces fleuves.

6° *Du côté des trois évêchés*, la *Foraine* de Lorraine qui comprenait six droits différents.

7° La foraine de la prévôté de Sierck sur la Moselle.

8° La tonlieu ou foraine de la prévôté de Thionville.

9° La traite de Sedan.

10° Le tarif de Château-Renaud sur la Meuse.

11° Les droits des trois-évêchés, à l'entrée et à la sortie du territoire évéchois, etc., etc.

Cette énumération, bien qu'incomplète, nous montre à quelles entraves était assujetti le commerce lorrain. La Lorraine formait un petit État isolé, qui ne pouvait rien acheter et rien vendre au dehors, sans subir des taxes qui doublaient et triplaient le prix des marchandises.

Quant au grand commerce de transit, il était encore

plus maltraité que le commerce provincial. La Lorraine, qui renferme les sources de la Moselle et presque les sources de la Saône, était la ligne la plus directe pour le commerce d'Amsterdam et Cologne, à Lyon et à Marseille, de la mer du Nord à la Méditerranée. Or une marchandise partie de Coblentz, pour Lyon, paye le péage et traites suivantes :

A Coblentz — les droits du passage sous les ponts.

A Kochem — le péage très lourd de l'électeur de Bavière.

A Paltz — nouveau péage de l'électeur de Bavière (tarif : 10 écus par train de bateaux).

A Trèves — droit de passage sous le pont.

A Sierck, Remich, Wasserbilig, Cattenom — péages divers.

A Thionville — droit de tonlieu (22 sous 6 deniers par voiture).

A Corny, Pagny, Custines près Pont-à-Mousson, Liverdun, Tombel, etc., — péages divers, ce qui fait dire à Rœderer : A peine la Moselle peut-elle porter des nacelles, qu'elle est surchargée de droits.

Une fois aux frontières de Lorraine, notre marchandise, pour gagner Lyon, doit acquitter en France :

1º Les droits de foraine en Lorraine.

2º Les droits spéciaux à la Franche-Comté.

3º Les droits des cinq grosses fermes (en pénétrant dans les provinces soumises au tarif de 1664-1667).

4ⁿ La douane de Lyon, dont Rœderer a dit : « Cette douane de Lyon si terrible au commerce, qu'elle fit presque abandonner la navigation du Rhône, dans un temps où cette voie était la seule, par laquelle on communiquait du nord au midi de l'Europe. »

Et nous abandonnons notre marchandise à Lyon ! Mais

elle a encore à descendre le Rhône, à affronter les 30 péages, à passer par toutes les corporations marseillaises, chargées de décharger, de transporter, d'embarquer les marchandises en faisant payer cher leur monopole. Tous ces impôts sont si vexatoires et si onéreux, que la marchandise peut reculer devant eux. Si elle les acquitte, elle arrivera à destination, tellement grevée par les tarifs, qu'elle aura décuplé de valeur. Le commerce de transit est donc presque impossible.

Quant aux embarras que ces péages, douanes, foraines etc., opposent à la circulation, dans l'intérieur même de chaque province, un seul exemple nous les fera comprendre. Restons en Lorraine. Là, le territoire lorrain et le territoire évéchois, tous deux soumis à un régime douanier différent, s'enchevêtrent à l'infini. Les bureaux de la foraine qui les séparent sont au nombre de 720. Pour peindre les embarras qu'ils suscitent, Rœderer prend l'exemple d'une livre de chanvre : « L'impôt, dit-il, se perçoit sur une livre de chanvre brut, recueilli a 100 toises de l'habitation du propriétaire, il se perçoit une deuxième fois sur le chanvre, si on le fait filer dans le village évéchois qui l'avoisine ; il se perçoit une troisième fois quand on le rapporte pour le blanchir ; une quatrième fois, quand on le renvoie au tisserand ; une cinquième, quand le tisserand rapporte la toile ; et une sixième enfin, si la misère force à vendre la toile qui aura coûté tant d'acquits et tant de peine. » « Nous ne pouvons pas faire un pas sans avoir les poches remplies d'acquits, » s'écrient les Lorrains, comme conclusion de toutes leurs plaintes. Et Rœderer indique le remède, en montrant l'exemple des pays étrangers :

« Le fisc anglais qui retire près de trois fois autant d'argent de ses droits de douane, que la France des siens, *ne perçoit qu'un droit unique sur la frontière extrême...* La Hollande a un tarif de droits de traites très rigoureux, mais il est unique, et la Hollande prospère. »

La Constituante devait abolir les douanes intérieures par la loi du 31 octobre 1790.

« Considérant, dit-elle, que le commerce est le moyen de donner, à l'agriculture et à l'industrie manufacturière, tous les développements et toute l'énergie dont elles sont susceptibles, et qu'il ne peut produire cet effet qu'autant qu'il jouit d'une sage liberté ; — Considérant qu'il est maintenant gêné par des entraves sans nombre ; — que les droits de traite existants sous diverses dénominations, et établis sur les limites qui séparaient les anciennes provinces du royaume, sans aucune proportion avec leurs facultés, sans égards à leurs besoins, fatiguent par les modes de leur perception, autant que par leur rigueur même, non seulement les spéculations commerciales, mais encore la liberté individuelle; — qu'ils rendent différentes parties du royaume étrangères les unes aux autres, — qu'ils resserrent la consommation, et nuisent par là à la reproduction et à l'accroissement des richesses nationales etc., etc.; — L'assemblée les déclare abolis. Et l'article ajoute : « Les tarifs supprimés seront remplacés par un tarif unique et uniforme, qui sera incessamment décrété, et dont les droits seront perceptibles, à compter du 1er décembre prochain, à toutes les entrées et sorties du royaume. »

La loi d'octobre 1790 pour le grand commerce international et interprovincial, comme celle de mars 91 pour le commerce et l'industrie locale, substituait enfin aux privilèges et aux irrégularités de toutes sortes, une règle uniforme et respectée. Ces deux lois de la Constituante mettaient fin au régime des monopoles, des réglementations, et des entraves qui avaient empêché le développement de la puissance industrielle et commerciale de la France avant 1789.

CHAPITRE SIXIÈME

LE TIERS-ÉTAT (DEUXIÈME PARTIE)

Les Paysans.

I. — Le régime de la propriété avant 1789. — Le fief. — Le franc-
alleu. — Les concessions par inféodation. — Les concessions en
censive.

II. — Les droits du seigneur, de l'Église, du roi sur les paysans. —
Les devoirs correspondants.

III. — Évaluation du produit de la culture. — Misère des classes
agricoles.

Pendant les premières années du règne de Louis XVI,
un grave changement s'était produit au village, dans la
condition des personnes. Les vilains, dont la plupart
étaient encore attachés à la glèbe, serfs de corps et mainmortables (1), avaient été affranchis d'abord dans les do-

(1) La situation légale des mainmortables était le servage :
« J'ai lu ce qui regarde l'esclavage de la mainmorte, avec d'autant
plus d'attention et d'intérêt, que j'ai travaillé quelque temps en

maines du roi, et bientôt dans presque tous les domaines
seigneuriaux. Le servage avait donc disparu. Dans les
campagnes, comme dans les villes, il n'y avait plus que
des hommes de condition libre. L'édit, qui avait con-
sommé cette révolution, mérite d'être cité, en partie du
moins. Louis XVI y disait : « Constamment occupé de
tout ce qui peut intéresser le bonheur de nos peuples,
et mettant notre principale gloire à commander une nation libre et généreuse, nous n'avons pu voir, sans peine,
les restes de servitude qui subsistent dans plusieurs de
nos provinces ; nous avons été affecté, en considérant
qu'un grand nombre de nos sujets, servilement encore
attachés à la glèbe, sont regardés comme en faisant
partie, et confondus pour ainsi dire avec elle ; que,
privés de la liberté de leurs personnes et des prérogatives
de la propriété, ils sont mis eux-mêmes au nombre des
possessions féodales...

...Justement touché de ces considérations, nous au-
rions voulu abolir sans distinction ces vestiges d'une
féodalité rigoureuse ; mais nos finances ne nous permettent pas de racheter ce droit des mains des seigneurs...

Article premier. — Nous éteignons et abolissons,
dans toutes terres et seigneuries de notre domaine, la
mainmorte et condition servile, ensemble tous les droits
qui en sont des suites et des dépendances ; voulons qu'à
compter du jour de la publication des présentes, ceux

faveur de ceux qu'on appelle Francs et qui sont esclaves et même
esclaves de moines. » Voltaire, *Lettres.* 1771. L'abolition de la
mainmorte avait été espérée dès le règne de Louis XIV : « Nous
avons, dit Morellet, un projet d'édit sous Louis XIV, minuté par
le bisaïeul de Malesherbes pour détruire la mainmorte, en indemni-
sant les seigneurs féodaux. » Cela resta à l'état de projet.

qui, dans l'étendue des dites terres et seigneuries, sont assujettis à cette condition sous le nom d'hommes de corps, de serfs, de mainmortables, de mortaillables, de taillables, ou sous telle autre dénomination que ce puisse être, en soient pleinement et irrévocablement affranchis...

· Art. V. — Les seigneurs, même ecclésiastiques et les corps de communautés qui, à notre exemple, se porteraient à affranchir de la condition servile et mainmortables telles personnes et tels biens de leurs terres et seigneuries, qu'ils jugeront à propos, seront dispensés d'obtenir de nous aucune autorisation particulière.

Ainsi le roi, le premier des seigneurs féodaux, prend l'initiative de la mesure et donne l'exemple. Mais il n'impose pas une loi générale : il s'en rapporte à la volonté des seigneurs. Comme cette bonne volonté était lente à se manifester, le roi ne se contenta pas de dispenser de *toute autorisation* ceux qui voudraient l'imiter, l agit, ou fit agir auprès d'eux, plaida ou fit plaider la cause de la liberté.

Il gagna ce procès, non sans peine. Necker, dans son Compte-Rendu, constate ce succès avec un légitime orgueil. « La loi que Votre Majesté a rendue à ce sujet, dit-il, a été reçue avec reconnaissance. Plusieurs seigneurs ont affranchi leurs serfs, à l'imitation de Votre Majesté; et dans ce moment, le chapitre de Saint-Claude, répondant à vos invitations, va rendre la liberté à ses mainmortables, moyennant un léger cens, pareil à celui fixé dans vos domaines. Je cite cet exemple, à cause du bruit qu'a fait, pendant longtemps, le procès que ce chapitre a eu à soutenir ; mais après s'être refusé à ce qu'on lui demandait comme un droit, et y avoir été autorisé par un arrêt du Parlement de Besançon (1), ce même chapitre s'est déterminé à l'accorder, par esprit de conciliation, et surtout, par une respectueuse déférence aux désirs de Votre Majesté. » Ainsi le chapitre de Saint-Claude avait été un des derniers défenseurs des droits de mainmorte ; lorsqu'il se résigna, on peut dire qu'il n'y avait plus en France d'hommes de condition servile (2).

Les paysans étaient donc libres. Étaient-ils heureux ? Il ne faut pas oublier les plaintes du bûcheron :

> En est-il un plus pauvre en la machine ronde ?
> Point de pain quelquefois, et jamais de repos !

Ce que La Fontaine disait, pendant le grand siècle, était encore vrai en 1789. Le paysan continuait à souffrir des injustices, des exactions de toute sorte, des privilèges, de la plus profonde misère. Placé sous trois maîtres, également âpres au gain : le seigneur, le curé, le roi, il voyait toujours aller aux autres le produit de ses labeurs.

Pour bien comprendre l'état du paysan français en 1789, il faut étudier la situation légale de la terre dont il vit, les droits qu'il a sur elle et qu'elle a sur lui ; en un mot le régime de la propriété. Or, sous l'Ancien Régime,

(1) C'est cet arrêt qui est ainsi apprécié par Voltaire : Douze mille esclaves des chanoines de Saint-Claude qui ont eu l'insolence de ne vouloir être que des sujets du roi, et non serfs et bêtes de somme appartenant à des moines, viennent de perdre leur procès au Parlement de Besançon, attendu que plusieurs conseillers de Grand'-Chambre ont des terres où la mainmorte est en vigueur, malgré les édits de nos rois.					(Voltaire, *Mélange littéraire*.)

(2) Pourtant, en 1789, quelques communautés villageoises de Bourgogne et de Franche-Comté étaient encore soumises à la mainmorte.

la propriété était encore régie par les lois féodales :
aussi faut-il définir tout d'abord les termes principaux
employés alors, pour désigner les diverses espèces de
terres, les degrés variables de la possession et de la propriété. Quelques-uns de ces mots ont disparu de notre
langue, comme les choses qu'ils désignaient, de notre
état social ; mais s'ils caractérisent des situations qui
n'existent plus, il faut pourtant connaître leur sens précis
et leur portée.

Le *fief* est le domaine seigneurial par excellence, qui,
à l'égard de l'État, est grevé de certains services, et à
l'égard des roturiers du pays, est enrichi d'un grand
nombre de droits. Pour être possesseur de fief, il n'est
pas nécessaire d'être noble. Le fief peut être possédé autrement que par hérédité. C'est une possession qui peut
être perdue, vendue, achetée ; elle peut passer à un roturier. Celui-ci jouit alors de toutes prérogatives attachées
à ce domaine noble, à une seule condition : payer le
droit de franc-fief, qui jadis était dû au seigneur immédiat, dont ce domaine dépendait, mais qui, au treizième
siècle, n'appartenait qu'au roi de France. En 1789, ce
droit consistait en une année et demie de revenu ; il devait être perçu tous les vingt ans. Une fois ce droit ac-
quitté, le roturier était possesseur légitime du fief ; il
possédait une terre noble, mais restait roturier. La qualité de noblesse était donc attachée à la terre, non à la
personne ; à la propriété, non au propriétaire. Le fief est
donc une terre noble, dont la possession n'anoblit point.

Le fief était décomposé en deux sortes de propriétés :

1° *Les propriétés en franc-alleu*, c'est-à-dire affranchies
de tout temps de toute redevance féodale.

2° *Les propriétés concédées par le maître du fief.* Celles-ci,

étant sujettes aux redevances féodales, constituaient
seules la valeur du fief. Il faut les étudier attentivement.
La concession, faite par le seigneur, pouvait elle-même
être de deux sortes :

1° La concession par inféodation.

2° La concession en censive.

La première, la concession par inféodation, donnait une
partie du fief, terre noble, à un vassal; à condition de ne
pouvoir la transmettre à autrui, soit par héritage soit
par vente, que perpétuellement chargée d'un certain
nombre de redevances obligatoires, pour le domaine inféodé vassal, à l'égard du fief dominant. La plus importante de ces redevances était le droit de *mutation*, que le
fief suzerain exerçait en exigeant une certaine somme,
chaque fois que le domaine inféodé changeait de propriétaire. Ce droit de mutation dans la coutume féodale
s'appelait droit de *relief*, de *lods* ou de *vente*; il n'était pas
uniforme pour tous les fiefs de France. En général, il
comprenait le quint et le requint. Si une terre était vendue 100,000 francs le seigneur, possesseur du fief, levait
sur ce prix, d'abord la cinquième partie, soit 20,000 francs
pour le quint, puis 4,000 francs pour le requint. Le ven-
deur ne retirait donc que 76,000 francs d'un domaine
vendu 100,000. Or, ce droit de mutation est perpétuel.
L'acquéreur n'est donc pas propriétaire absolu de son
domaine; il est copropriétaire avec le possesseur du
fief, puisque celui-ci conserve le droit de reprendre dans
l'avenir, le quart de la valeur du domaine, chaque fois
qu'il y aura changement de propriétaire. En un mot,
dans cette copropriété, le seigneur du fief a une part,
l'acquéreur trois parts. Or, on peut établir que, dans un
siècle, la moyenne des mutations était de trois; en cent

ans, le seigneur du fief rentrait donc en possession des 3/4 de la valeur du domaine concédé par inféodation. C'est un droit exorbitant; il est même opposé aux véritables intérêts des propriétaires du fief; car il est si lourd, qu'il effraye les acquéreurs. On ne conclut les marchés qu'à la dernière extrémité, il n'y a plus de circulation d'argent, plus de changement de propriétaire, plus de mouvement commercial. Le seigneur même est exposé à perdre; aussi allège-t-il souvent les droits de mutation, afin de faciliter les achats, et multiplier ses revenus.

L'acquéreur améliore-t-il le fonds? Il augmente d'autant la part du possesseur du fief; il travaille pour un autre, celui-ci s'enrichit de la peine que celui-là se donne.

La récompense du travail va à celui qui se repose : suprême injustice !

La deuxième concession, faite par le possesseur du fief, était la *concession en censive*. Elle s'appliquait à tous les roturiers, colons, anciens serfs, manants de la seigneurie, et tous autres possesseurs de fonds de terre, dans l'étendue du fief. Elle devait un impôt annuel ou *cens :* de là, le nom de *censitaires* donné aux habitants du fief, tenant quelque terre par concession en censive. Cette redevance annuelle des censitaires était en argent ou en nature, souvent des deux genres, et proportionnée à l'étendue du fonds concédé. Ce *cens* périodique, appelé quelquefois *terrage, champart, agrier*, etc., se décomposait en plusieurs parties : le *chef-cens* ou cens principal, le *sur-cens* ou cens supplémentaire, fixé dans les contrats primitifs, ou postérieurement ajouté au premier dans certaines circonstances déterminées; le *menu-cens*, ou fraction de cens, acquittée en petite monnaie.

Le paysan censitaire (et il n'y a guère que celui-là

dans l'ancienne France) n'est donc qu'un locataire, un fermier qui doit annuellement la rente du fonds qu'il exploite. Il n'est pas propriétaire dans le sens le plus large du mot. Il peut même être dépouillé de son fonds par l'effet du *retrait censuel*. En vertu de cette coutume féodale, le seigneur pouvait, en effet, rentrer en possession du domaine du censitaire, à condition de rembourser à celui-ci le prix de l'acquisition primitive. A quoi bon améliorer le sol qui peut vous être enlevé par autorité de justice, et sans indemnité pour le travail que vous y avez dépensé !

D'autre part, le droit de mutation grève la concession en censive, mais moins lourdement que la concession inféodée. « Les droits de mutation sont communément, pour les biens nobles, le quint et le requint du prix de la chose, et pour les biens en roture, le quatorzième de ce même prix : ce qui fait, dans le premier cas 24 % de la valeur, et dans le second, un peu plus que 7 %. Or, en moyenne, les mutations par siècle sont au nombre de trois dans le premier cas, et de six dans le second : de sorte que, pour les biens en roture, on paye en cent ans 6 fois 7 % ou 42 % de la valeur du fonds *outre la rede- vance annuelle du cens* (1). » Donc, si le possesseur du fief n'use pas du droit de retrait censuel, il reste toujours par le droit de mutation ou de relief, associé et copropriétaire, pour plus d'un tiers, avec celui qui exploite le domaine. Il bénéficie toujours du travail d'autrui.

Il faut pourtant reconnaître que le censitaire avait sur le domaine des droits bien plus étendus, bien plus complets que le fermier de nos jours : il pouvait le vendre, le

(1) Cliquot de Blervaches, l'*Ami du cultivateur*.

diviser, le transmettre à ses héritiers ; mais, dans tous les cas, le domaine, concédé en censive, restait soumis au retrait censuel et au droit de relief, qui étaient de sérieuses restrictions au principe de la propriété.

Le censitaire, outre le prix d'acquisition, le cens annuel et le droit de mutation, était astreint à l'égard du possesseur du fief à une foule de redevances féodales, qui variaient suivant les pays. Les principales étaient :

1° *Les droits de chasse, pêche, et colombier.*

2° *Les droits de banalité,* en vertu desquels le censitaire était forcé de faire moudre son blé, cuire son pain, presser son vin, au moulin, au four et au pressoir du seigneur, moyennant des indemnités obligatoires.

3° *Les droits de ban, banvin, afforage,* etc., en vertu desquels, le seigneur fixait au gré de ses caprices ou de ses intérêts le commencement de la vendange, interdisait aux censitaires le droit de vendre leur vin tant qu'il n'avait pas vendu le sien, exigeait d'eux un droit par tonneaux qu'ils récoltaient ou vendaient, etc.

Ces droits féodaux, inhérents à la propriété du fief; ces redevances attachées à la concession en censive, ont été si souvent décrites et attaquées, qu'il est inutile de rapporter toutes les éloquentes protestations auxquelles elles ont donné lieu. Un économiste de la fin du dix-huitième siècle, Cliquot de Blervaches, a écrit à ce sujet la belle page suivante. S'adressant aux possesseurs de fiefs, il s'écrie :

« Vous tourmentez l'existence du censitaire par toutes sortes de vexations ! Un puits, une fontaine, une citerne contiennent des eaux pour le désaltérer, vous levez un impôt sur sa soif, comme, par le cens, vous aviez levé un tribut sur sa faim. Une rivière sépare son champ de son habitation, vous lui faites payer passage pour le cultiver. Elle offre son cours pour le flottage du bois ou le transport de ses denrées, vous taxez ce bienfait de la nature. Le raisin de la vigne est parvenu à un degré de maturité utile, vous ne permettez de le couper que trop tôt ou trop tard ; il perd par votre caprice ou votre bizarrerie tout le fruit de son travail. Il ne peut transporter sa vendange qu'après avoir payé, au pied de la vigne, la rente ou la dîme, il ne peut en extraire la liqueur, que par le mouvement de vos pressoirs que vous lui faites acheter ; il ne peut l'enfermer dans des tonneaux, qu'en payant le droit d'afforage ; il ne peut le faire sortir de son cellier, qu'en payant le droit de vente. Le bois qui croît ou meurt à son profit, il ne peut le recueillir à son foyer qu'en payant le droit de porterage. Sa terre est ensemencée ; il est condamné à la voir dévorer sans se plaindre, par des animaux plus libres que lui. Vous chassez pour votre amusement ou votre utilité, vous renversez ses guérets ou foulez ses empouilles, et, par un nouveau genre d'exactions, vous l'obligez encore à nourrir les chiens qui dévastent sa récolte. Vous opprimez des hommes pour des daims et des perdrix ; vous moissonnez votre champ, vous vendangez votre vigne, vous voiturez vos récoltes, avec les bras ou les bestiaux de votre malheureux vassal, par les corvées que vous exigez... Je m'arrête, mon sang bouillonne, mon cœur se gonfle d'amertume, la plume me tombe des mains en traçant ce tableau (1). »

Quant aux droits honorifiques, ils variaient comme les droits utiles : il suffit de citer ici le droit de justice qui sera étudié plus loin (2). La justice seigneuriale avait

(1) Cliquot de Blervaches, l'*Ami du cultivateur.*
(2) V. la leçon sur l'administration judiciaire.

fort à faire. Car l'organisation bizarre de la propriété
était féconde en procès. Les droits et les redevances féodales se décomposaient avec une incroyable facilité, et
donnaient lieu aux plus inextricables querelles. L'assemblée provinciale de Champagne dit en 1787 : « Les coutumes de la province divisent et subdivisent à l'infini les
héritages. Il n'est pas rare de voir une seigneurie partagée entre dix, vingt et quelquefois trente individus. Les
propriétés roturières ne sont pas moins morcelées... »
Tel fonds de terre, qui doit deux poules au seigneur, est
partagé entre les quatre fils du censitaire défunt. Chaque
héritier doit au seigneur une demi-poule. Supposez cette
redevance partagée entre les petits-fils, il peut arriver
que tel censitaire devra à son seigneur un seizième de
poule. Cette organisation de la propriété devient un nid
à procès qui alimente la milice toujours croissante des
procureurs et des praticiens ; ceux-ci aigrissent sans
cesse les seigneurs et les créanciers, les uns contre les
autres. Les redevances des censitaires étaient consignées
dans le *pouillé* pour les bénéfices ecclésiastiques, et dans
le *terrier*, pour les fiefs laïques. Or le pouillé et le terrier
étaient les textes, sur lesquels les chicaneurs greffaient les
procès. La marquise de Mirabeau, à l'occasion du renou-
vellement de ses terriers, pour la seule baronie de Pierre-
Bufflère, avait à la fois soixante procès pendants à la cour
sénéchale de Limoges ! Ainsi le fief, avec son seigneur et
ses censitaires, est livré aux contestations ; il était la
proie des plaideurs. La chicane est la reine des villages.

En résumé, nous trouvons dans le fief trois catégories
principales de domaine :

1° *Le franc-alleu qui ne doit rien.*

2° *Le domaine inféodé (domaine noble), qui doit les droits de mutation.*

3° *Le domaine en censive (propriété roturière), qui est accablé de toutes les redevances féodales.*

L'étude de la propriété rurale, à la fin du dix-huitième siècle, nous a fait connaître les droits du seigneur. A côté du représentant du pouvoir féodal, se trouvait celui de l'Église, curé ou desservant, suivant les circonstances. S'il avait obtenu le titre de curé de la paroisse, il levait la dîme en son nom, et pour les besoins de sa seule église; le plus souvent il n'était que desservant. Dans ce cas, la dîme était prélevée par ses supérieurs dans la hiérarchie ecclésiastique : ceux-ci, appelés gros-décimateurs, allouaient au desservant un traitement fixe, la portion congrue, c'est-à-dire trois cents francs environ. En principe, la dîme était prélevée pour les frais du culte, les aumônes, les bonnes œuvres de toute espèce, et aussi, pour l'enseignement de la jeunesse. Ce tribut du paysan aux représentants de l'Église a toujours été considéré comme très lourd, et a soulevé de très violentes discussions pendant les dernières années du dix-huitième siècle.

Comparée aux redevances féodales, la dîme était beaucoup plus onéreuse. Les droits payés au seigneur étaient stipulés, soit en denrées, soit (et c'était le cas le plus fréquent) en deniers. Or, les contrats étaient tous fort anciens. Depuis le jour où ils avaient été conclus, le prix de l'argent s'était élevé. Les changements, apportés à la valeur de l'argent, avaient singulièrement allégé la charge du censitaire. La dîme, au contraire, depuis le neuvième siècle, pendant lequel elle avait été rendue obligatoire par Charlemagne, était restée invariable : toujours payée en nature, elle n'avait point subi les mêmes atténuations que les droits seigneuriaux. La perception de cet impôt ecclésiastique était toujours assurée; car la récolte ne pouvait, sous peine d'amende, être enlevée du champ, avant d'avoir acquité le droit du décimateur. Dans certains cas, au droit de dîme, le Clergé inférieur et surtout les vicaires de paroisse avaient ajouté le droit de glaner les premiers, et ·de précéder ainsi les pauvres dans le champ dépouillé de ses récoltes. Les paysans, qui ne pouvaient d'aucune façon se soustraire à cet impôt, comparaient volontiers leur sort à celui du décimateur, leur fortune, à celle du Clergé que leur travail nourrissait. Les économistes n'avaient garde d'éviter le rapprochement, et Cliquot de Blervaches, dans ce passage tout hérissé de chiffres, relevait peut-être inexactement, mais avec des intentions faciles à constater, les principaux points de la comparaison. « Le Clergé seul, disait-il, possède un cinquième de la superficie du royaume, soit comme propriétaire foncier, soit comme décimateur : c'est-à-dire 24 millions d'arpents. Il faudrait, pour que les rapports fussent conservés, que le Clergé composât la cinquième partie de la population. Mais le nombre des ecclésiastiques ne monte pas à 100,000. Par conséquent, chaque individu attaché au Clergé, aura pour sa subsistance 240 arpents par tête. Le même calcul, appliqué aux autres classes, donne 4 arpents par tête. La possession de chaque individu ecclésiastique, comparée à la possession de chaque individu des autres classes considérées collectivement, était donc comme 240 est à 4, c'est-à-dire que les moyens de subsistance de chaque ecclésiastique, comparés à ceux de. toutes les autres classes, étaient au moins comme 60 est à 1. » Blervache prouvait ainsi que le Clergé, trop riche, coûtait trop cher aux campagnes.

Mais il faut remarquer que l'argent payé au Clergé n'était pas seulement destiné à le faire vivre : c'était encore le prix de ses services dans l'église et dans l'école : car, avant 1789, au culte religieux le Clergé ajoutait ou devait ajouter les devoirs de l'enseignement. Toutefois, au dix-huitième siècle, le curé de campagne, sans doute absorbé par les soins du culte et le service de l'Église, n'enseignait plus : il se contentait de diriger et contrôler l'enseignement. Dans la plupart des villages, l'école était confiée à un maître laïque, mais qui tenait ses pouvoirs de l'Église, et qui n'avait qu'une mission : être le second de M. le curé. Sa subordination aux représentants de l'Église était absolue. Pour entrer en fonction, il n'avait besoin que d'une lettre d'institution, délivrée par l'évêque du diocèse (1). Quelquefois pourtant, il devait subir un examen : mais cet examen avait lieu devant les principaux habitants du village, présidés par le curé. Pendant les vacances, le maître d'école était astreint à une retraite spirituelle au séminaire de l'évêché (2).

Ce coadjuteur du curé aurait dû, sans doute, être à la charge de l'Église qu'il servait, et au nom de laquelle il

(1) La lettre d'institution dans le diocèse de Châlons-sur-Marne était ainsi libellée au nom de l'évêque : « Pour le bon et louable rapport qui nous a été fait de vos vies et mœurs, foi et religion catholique, apostolique et romaine, sens, suffisance et capacité, nous vous permettons d'exercer la fonction de maître d'école dans la paroisse de X..., notre diocèse, pour autant de temps qu'il nous plaira en gardant nos ordonnances et règlements.

(2) La retraite spirituelle était exigée « afin que l'Église fasse attention que les maîtres donnent de bons principes, et qu'ils portent les écoliers à la piété par leurs discours et leurs exemples. »

(*Archives de la Marne.* Instruction primaire.)

travaillait ; il n'en fut rien. Le maître d'école était payé par la communauté, et avait, lui aussi, ses petits privilèges, comme l'exemption de la taille, de la milice, etc. (1). C'était un suppléant de curé, qui coûtait au village un supplément de dîme.

Les conséquences d'une telle organisation se firent sentir dans toutes les provinces de France : L'instruction religieuse, représentée par les prières et le catéchisme, fut seule donnée avec quelque vigilance à ces paysans, qui continuèrent à ne savoir ni lire ni écrire (2)

(1) **Analyse du contrat en vertu duquel Cl. Noel devint instituteur à Isle-sous-Ramerupt (1768)** : Bail de trois, six ou neuf années ; appointements 150 francs par an, 12 francs de casuel pour le service religieux, 4 sous par mois pour les enfants qui épellent, 5 sous par mois pour ceux qui lisent et écrivent, 40 sous pour les enterrements d'hommes, 10 sous pour les enterrements de petits enfants ; 20 sous pour les mariages, 5 sous par an et par feu pour port de l'eau bénite, 1 denrée de vignes et exemption de la taille. L'instituteur sera logé : une maison lui sera fournie (moins deux pièces de la maison réservées à M. le curé).

Charges : 7 mois d'école (1er oct.-1er mai), chanter les vêpres les veilles de dimanche et de fête, bien instruire les enfants, leur apprendre leurs prières, catéchisme, tant à l'école qu'à l'église, les jours de dimanche et de fête, comme aussi à lire, écrire, calculer, additionner, les règles de l'arithmétique, les instruire à bien servir la messe, et ceux qui sont capables de chanter au lutrin les répons et versets qu'il convient de chanter. Sonner les cloches à l'angélus, matin, midi, soir, faire la prière à l'église, à l'école, suivre les règlements de M. le curé et de Mgr l'évêque, mener et conduire l'horloge, etc.

(D'Arbois de Jubainville. *Les Intendants*, page 112.)

(2) On peut citer à ce sujet une multitude de textes authentiques et très instructifs : entre autres les extraits des procès-verbaux des assemblées provinciales en 1787 : *En Auvergne* : « Les collecteurs (c'est-à-dire les plus imposés du village chargés de la perception de la taille) ne savent communément point écrire, et ils mènent avec

L'État était complètement désintéressé de la question. C'était une grave faute. En abandonnant au Clergé le droit et le devoir de contrôler seul l'enseignement primaire, le gouvernement abdiquait ses pouvoirs dans une question où il va toujours de sa propre existence. C'est ce que Turgot constatait avec tant d'autorité : « Il n'y a présentement, disait-il au roi, qu'une seule instruction qui ait quelque uniformité. C'est l'instruction religieuse. Or, l'instruction religieuse est particulièrement bornée aux choses du ciel. Mais votre royaume est de ce monde : il faut donc faire donner à vos sujets une instruction qui leur manifeste bien les obligations qu'ils ont à la société, et à votre pouvoir qui la protège, les devoirs que ces obligations leur imposent, l'intérêt qu'ils ont à remplir ces devoirs pour le bien public et le leur propre. Cette instruction morale et sociale exige dans chaque paroisse un maître d'école qui l'enseigne aux enfants, avec l'art d'écrire, de lire, de compter, de toiser. » L'instruction religieuse n'était point confondue avec l'instruction morale et sociale : les paysans le prouvèrent

eux un scribe. Sur les 608 qui courent dans l'élection de *Saint-Flour* il n'y en a pas dix qui puissent lire le papier officiel et signer un acquit. »

En Berry : « Ceux qui ne savent pas lire sont obligés d'aller chercher dans le voisinage quelqu'un qui les supplée. »

En Champagne : « Cette fonction de collecteur afflige souvent les habitants des campagnes qui sont contraints de s'en charger. En effet des hommes qui ne savent ni lire ni écrire ne peuvent être, etc. »

A Bar-sur-Aube, le subdélégué de l'Intendant écrit que, dans le ressort de sa subdélégation, il n'y avait pas le quart des syndics (maires) de communautés qui sussent lire et écrire.

(D'Arbois de Jubainville. *Les Intendants*, page 110.)

bien dans beaucoup de provinces, dès les premières années de la Révolution. Ils commirent toutes sortes d'excès odieux, dont la responsabilité presque tout entière doit appartenir à ceux-là seuls qui les avaient élevés.

Enfin, au-dessus du seigneur et du curé, le maître le plus exigeant, le plus difficile à satisfaire, le plus avide d'argent et de services était le roi. S'il fallait étudier, en ce chapitre, tous les devoirs du paysan à l'égard du roi, il faudrait traiter en entier le système fiscal et le recrutement militaire de l'Ancien Régime. Ces sujets, très délicats et très compliqués, seront étudiés séparément dans une autre partie de ce livre (1). Il suffit de rappeler que les paysans étaient aux yeux du roi, taillables, corvéables, et *miliciables* à merci : la taille leur prenait leur argent ; la corvée, leur temps ; la milice, leurs enfants. La taille et la milice pesaient encore de tout leur poids sur les campagnes en 1789. Mais la corvée avait déja subi de rudes assauts. Ici encore, comme dans tous les abus à réformer, nous trouvons Turgot à l'œuvre. Dans un édit qui supprime la corvée, il adresse les critiques suivantes à cet écrasant engin des vexations qu'il veut faire disparaître :

1° *La corvée est un impôt très lourd :* « Prendre le temps des laboureurs, même en le payant, serait l'équivalent d'un impôt. Prendre son temps, sans le payer, serait un double impôt ; et cet impôt est hors de toute proportion, lorsqu'il tombe sur le simple journalier qui n'a pour subsister que le travail de ses bras. »

2° *La corvée est un impôt qui produit les plus mauvais résultats :* « Elle est un détestable moyen de faire et d'entre-

____

(1) Voir plus loin : Troisième Partie.

tenir les routes, car l'homme, qui travaille par force et
sans récompense, travaille avec langueur et sans intérêt;
il fait dans le même temps moins d'ouvrage, et son ouvrage est plus mal fait. »

3º *C'est un impôt injuste :* « Presque tous les chemins
du royaume ont été faits gratuitement par la partie la
plus pauvre de nos sujets. Tout le poids est donc retombé
sur ceux qui n'ont que leurs bras, et ne sont intéressés
que très secondairement aux chemins. Les véritables intéressés sont les propriétaires presque tous privilégiés,
dont les biens augmentent de valeur par l'établissement
des routes. En forçant le pauvre à entretenir seul celles-
ci, en l'obligeant à donner son temps et son travail sans
salaire, on lui enlève l'unique ressource qu'il ait contre
la misère et la faim, pour le faire travailler au profit des
riches. »

4º *C'est un impôt employé en faveurs :* « On l'a fréquem-
ment employé à rendre plus agréable l'accession d'un
château, au lieu de s'en servir pour faciliter l'entrée d'un
bourg ou d'un village. »

Turgot proposait de remplacer la corvée par une contribution sur tous les propriétaires, privilégiés ou non.
Un de ses amis, Trudaine, lui fait connaître l'effet produit par ses projets dans le monde des privilégiés. Ceux-
ci, dirigés par le prince de Conti, lui sont fort hostiles :
« Leur principal motif est qu'on a fait porter cette imposition sur les nobles et sur les privilégiés. Le prince de
Conti m'a dit : que toutes les charges publiques devaient
tomber sur les roturiers qui, par leur état, naissent taillables et corvéables à merci, tandis que les nobles, au
contraire, naissent exempts de toute imposition. » Le
garde des sceaux lui-même, Miromesnil, prit en main la

défense des privilégiés, et devint le porte-paroles du parti
de Conti. Turgot lui répondit avec énergie : « Le préjugé, qui veut que la Noblesse soit exempte de toute imposition, est une prétention surannée et abandonnée par
tous les gens éclairés, même dans l'ordre de la Noblesse.
Il paraît un paradoxe à la plus grande partie de la Nation,
dont il blesse les intérêts. Les roturiers sont certainement le plus grand nombre, et nous ne sommes plus au
temps où leurs voix n'étaient pas comptées. » Et il ter-
minait par cet axiome inflexible : « Les dépenses du
gouvernement ayant pour objet l'intérêt de tous, tous
doivent y contribuer. »

Louis XVI qui avait signé l'édit de suppression de la
corvée, « en montrant une tendresse de père pour le
peuple », rapporta cet édit, aussitôt après la chute de
Turgot. La corvée, encore très vivement attaquée par la
plupart des assemblées provinciales en 1787, ne suc-
comba définitivement que sous les coups de la Constituante.

Les devoirs si pénibles du paysan, à l'égard du roi, auraient dû être compensés par quelques droits sérieux. Le
paysan n'avait droit à aucune part dans le gouvernement : il avait seulement droit à la protection royale.
Mais cette protection était mal assurée, par des agents et
des subalternes qui, avec l'appui de règlements abusifs,
exploitaient toujours la naïveté et la résignation des villageois. Sous prétexte de protection, les villageois étaient
tenus en tutelle : Dans certains cas, mieux eût valu pour
eux n'être pas protégés.

Prenons l'exemple du commerce des grains. Sa Majesté avait daigné, dans l'intérêt de ses sujets, la régle-
menter. Sa tutelle se traduisit par les ordres suivants :

1° La vente des grains ne peut avoir lieu que dans les marchés établis et à des heures fixes. Le paysan ne peut donc vendre ni acheter au village le blé dont il a besoin. Il doit aller au marché de la ville; s'il enfreint la loi, il s'expose à de fortes amendes.

2° Tous ceux qui veulent entreprendre le commerce des grains, doivent faire écrire sur les registres de la police leur nom, surnom, qualité et demeure. On les traite presque en malfaiteurs !

3° Certaines corporations peuvent obtenir le monopole de la manutention et de la vente de tous les grains arrivés au marché de ville (1).

(1) Le rapport de Dupont de Nemours, sur le commerce du blé à Rouen, donne les curieux renseignements suivants : Le commerce du blé était exclusivement confié à une compagnie de 112 marchands privilégiés et créés en titre d'office qui, non seulement jouissaient du droit de vendre du grain et d'en tenir magasin dans la ville, mais qui avaient seuls la permission d'acheter celui qu'apportaient les laboureurs et les marchands étrangers, et de le vendre ensuite aux boulangers et habitants qui ne pouvaient en aucun cas acheter de la première main. Le monopole des marchands privilégiés de Rouen ne se bornait même pas là, il s'étendait jusque sur les marchés des Andelys, d'Elbeuf, de Duclair, de Caudebec qui sont les plus considérables de la province et dans lesquels la compagnie de Rouen avait seule le droit d'acheter.

A ces privilèges exclusifs, si nuisibles à l'approvisionnement de la ville, se joignait le privilège exclusif d'une autre compagnie de quatre-vingt-dix officiers, porteurs, chargeurs et déchargeurs de grains qui pouvaient seuls se mêler du transport de cette denrée. Ce n'était pas tout. La ville de Rouen possède 5 moulins qui jouissaient du droit de banalité sur tous les grains, destinés à la consommation de la ville. Ces moulins ne pouvaient suffire à la mouture d'une aussi grande quantité de grains. Ils se faisaient payer par les boulangers de la ville, qu'ils ne pouvaient servir, la permission de faire moudre ailleurs.

Voltaire avait ainsi raconté les tracas que produisait cette législation : « Nous gémissions, depuis quelques années, sur la nécessité de porter notre blé au marché de la chétive habitation qui se nomme capitale. Dans vingt villages, les seigneurs, les curés, les laboureurs, les artisans étaient forcés d'aller ou d'envoyer à grands frais à cette capitale. Si on vendait chez soi à son voisin un setier de blé, on était condamné à une amende de 500 livres ; et le blé, la voiture et les chevaux étaient saisis au profit de ceux qui venaient exercer cette rapine, avec une bandolière (douaniers armés). Tout seigneur qui, dans son village, donnait du froment ou de l'avoine à un de ses vassaux, était exposé à se voir puni comme un criminel. De sorte qu'il fallait que ce seigneur envoyât ce blé à quatre lieues au marché, et que le vassal fît quatre lieues pour le chercher et quatre lieues pour le rapporter à sa porte, où il l'aurait eu sans frais et sans peine. »

On sent combien une telle vexation révolte le bon sens, la justice et la nature.

Turgot avait encore voulu supprimer toutes ces odieuses puérilités. Par son célèbre arrêt du 13 septembre 1774, il avait établi (1) :

1° La libre circulation des grains dans tout le royaume.

(1) C'est au sujet de cet arrêt, que Michelet écrivit cette page poétique : « Il y avait en France un misérable prisonnier, le blé, qu'on forçait de pourrir au lieu même où il était né. Chaque pays tenait son blé captif. Les greniers de la Beauce pouvaient crever de grains, on ne les ouvrait pas aux voisins affamés. Chaque province, séparée des autres, était comme un sépulcre pour la culture découragée. On criait là-dessus depuis cent ans. Récemment on avait tenté d'abattre ces barrières, mais le peuple ignorant des localités y tenait. Plus la production semblait faible, plus le peuple avait

2° L'interdiction à tous officiers du roi d'entraver l'exercice de cette liberté.

3° La libre importation des blés étrangers dans le royaume.

On sait comment les privilégiés et les monopoleurs, en surexcitant les passions populaires par la crainte de la famine, et les terreurs aveugles des campagnards par la concurrence, provoquèrent la guerre des farines Supprimée après la chute de Turgot, cette liberté du commerce des grains ne devait être rétablie qu'en 1789. Les paysans bénéficièrent encore, pendant douze années, de la *protection royale !*

Ainsi, le campagnard payait au seigneur les redevances féodales ; à l'Église, la dîme ; à la Royauté, les impôts les plus lourds et les plus variés. A ce prix, on sait maintenant quelle protection et quels services il obtenait du gentilhomme, du curé, du roi. Le produit de ses travaux était pour ceux qui le regardaient et voulaient bien le laisser travailler. Les économistes du dix-huitième siècle, et les écrivains modernes, ont essayé de déterminer la part de blé que le paysan avait pour lui, après avoir payé tout ce qu'il devait. Leurs détails sont curieux.

Cliquot de Blervaches dit :

peur de voir partir son blé. Ces paniques faisaient des émeutes. Pour relever l'agriculture par la circulation des grains, leur libre vente, il fallait un gouvernement fort et hardi. Turgot, entrant au ministère, se mettant à table, à l'instant prépare et écrit l'admirable ordonnance de septembre, noble, claire, éloquente. C'est la *Marseillaise* du blé. Donnée précisément la veille des semailles, elle disait à peu près : « Semez, vous êtes sûr de vendre. Désormais, vous vendrez partout. » Mot magique dont la terre frémit. La charrue prit l'essor, et les bœufs semblaient réveillés. »

Supposons qu'un laboureur ait recueilli 600 mesures de blé ; il faut en déduire :

1° Semence (l'hypothèse la plus favorable étant de 6 grains produits pour un de semence. . .   100 mesures.
2° Canon du bail.   200   —
3° Impositions royales et seigneuriales   100   —
4° Dîme ecclésiastique.   50   --
5° Frais de culture   100   —

Total . . . .   550 mesures.

Il ne reste donc au cultivateur que 50 mesures sur une récolte de 600 mesures, ce qui fait seulement le douzième de la récolte, la douzième gerbe. Mais en supposant 6 grains de rapport pour 1 de semence, on prévoit le cas le plus heureux : il arrive souvent que la terre, au lieu de produire 6 pour 1, ne rend que 3, 4, 5 pour 1 ; le fermier ne peut plus payer le propriétaire : de là les dettes et la ruine.

Taine prend l'exemple du censitaire, n'ayant pas de bail particulier à payer, et, avec des évaluations différentes, arrive à peu près au même résultat.

Impôts royaux (taille, accessoires, capitation, impôt des routes). . . .   53,15 0/0 du revenu.
Impôts ecclésiastiques (dîme évaluée au septième du produit net) . . .   14,28   —
Impôt seigneurial . . .   14,28   —

Total . . .   81,78 0/0 du revenu.

Ainsi, il reste au propriétaire 18 0/0. Ce n'est pas tout bénéfice. Il faut faire entrer en ligne de compte les accidents atmosphériques (la taille n'était pas perçue sur le revenu annuel, mais sur la valeur approximative de la terre); les accidents survenus au matériel agricole, aux animaux employés, etc., et qui, pris dans leur ensemble, peuvent être estimés à 10 0/0. La part exacte du cultivateur est donc de 8 0/0, c'est-à-dire la douzième gerbe. Nous sommes ainsi ramenés à l'estimation de Cliquot de Blervaches.

Sans vouloir attacher trop d'importance à ces chiffres et à ces calculs, on peut au moins constater que l'agriculture, avant 1789, était dans une pitoyable situation, et que les agriculteurs vivaient dans une profonde misère (1).

Lorraine. — « Il suffit, dit Rœderer (1787), de parcourir la carte topographique de la Lorraine, pour se convaincre de la langueur de sa culture. On ne verra pas le quart de ses terres qui soient en état de production. Partout, ce sont des terres en repos, c'est-à-dire où le temps est chargé de suppléer aux engrais; des prairies sans pâture, fatiguées de bêtes de trait, dépourvues de bestiaux nourriciers, des forêts immenses, où traces d'hommes ne seraient pas empreintes, si les manufactures à feu ne les avaient préservées de la pourriture. »

Champagne. — « Le peuple va manquer du subsistance; une infinité de journaliers, depuis le mois de mars, sont sans occupation » dit l'Assemblée provinciale qui implore une aumône royale pour les mendiants du pays (1787).

(1) Voir le livre V de l'Ancien Régime de Taine. Les preuves de la misère du peuple y sont accumulées.

Centre. — A Issoudun (1784), chaque année les vigne-rons sont en grande partie réduits à mendier leur pain, dans la morte saison. — A Poitiers (1784), dès que les ateliers de charité sont ouverts dans les campagnes, il s'y précipite un nombre prodigieux de pauvres, quelque soin qu'on ait pris de n'admettre à ces ateliers que les plus nécessiteux.

Soissonnais. — « La misère est excessive. »

Gascogne. — « Le spectacle est déchirant. »

Normandie. — « A Forges, bien des malheureux mangent du pain d'avoine, et d'autres, du son mouillé qui a causé la mort de plusieurs enfants. »

A quoi bon poursuivre cette énumération ? La misère des paysans est constatée par les écrivains du dix-hui-tième siècle.

En 1725, Saint-Simon écrit : « Louis XV n'est que le roi de gueux de toutes conditions, et son royaume tourne en un vaste hôpital de mourants, à qui on prend tout en pleine paix. »

En 1739, d'Argenson : « La disette vient d'occasionner trois soulèvements dans les provinces : à Ruffec, à Caen, à Chinon. On a assassiné, sur les chemins, des femmes qui portaient du pain. Dans un canton de Touraine, il y a plus d'un an que les hommes mangent de l'herbe. Le roi, interrogeant l'évêque de Chartres, sur l'état de ses peuples, celui-ci a répondu : que la famine et la mortalité y étaient telles, que les hommes mangeaient de l'herbe comme des moutons, et crevaient comme des mouches. »

En 1740, Massillon : « Le peuple de nos campagnes vit dans une misère affreuse, sans lits, sans meubles ; la plu-part même, la moitié de l'année mangent du pain d'a-voine qui fait leur unique nourriture, et qu'ils sont obligés d'arracher de leur bouche et de celle de leurs enfants, pour payer leurs impositions. J'ai la douleur, chaque année, de voir ce triste spectacle devant mes yeux dans mes visites. C'est à ce point, que les nègres de nos îles sont infiniment plus heureux. Car, en travaillant, ils sont nourris et habillés avec leurs femmes et leurs enfants, au lieu que nos paysans les plus laborieux du royaume ne peuvent, avec le travail le plus dur et le plus opiniâtre, avoir du pain pour eux et pour leur famille, et payer les subsides ! »

Une brochure publiée en 1789 sous le titre : *Les Incendiaires du Dauphiné ou les Ennemis des Grands*, donne la conclusion de tout ce chapitre :

« Les grands, les riches, les seigneurs des provinces ont si longtemps, si cruellement écrasé le peuple, qu'il y a une ancienne haine presque ineffaçable... Tantôt, c'étaient des corvées, tantôt, des procès injustes, tantôt, des violences. La vengeance s'amasse pendant un siècle dans des cœurs ulcérés ; et, aussitôt qu'elle peut agir, c'est un torrent qui ne connaît plus de frein. »

DEUXIÈME PARTIE

Le Gouvernement et l'Administration générale

CHAPITRE PREMIER

LE GOUVERNEMENT CENTRAL

Différence entre le gouvernement absolu de l'ancien régime et nos
gouvernements parlementaires.
I. — *Les Conseils.* 1° Conseil d'En-Haut ; 2° Conseil des dépêches ;
3° Conseil des finances et du commerce ; 4° Conseil intime de la
guerre.
II. — *Les Ministres.* 1° Le ministre, secrétaire d'État aux affaires
étrangères ; 2° Le ministre, secrétaire d'État à la guerre ; 3° Le
ministre, secrétaire d'État à la marine ; 4° Le ministre, secrétaire d'État à la maison du roi.
III. — *Le chancelier et le garde des sceaux.* — *Le contrôleur général.*
Centralisation administrative. — Ses conséquences.

En commençant l'étude des principales institutions
politiques et administratives de la France en 1789, il faut
rappeler que nous avons devant nous une monarchie de

forme absolue et de droit divin. Le roi, délégué de Dieu, et représentant unique de la Nation, a tous les pouvoirs; et, comme il contresigne encore ses ordonnances de la célèbre formule « car tel est notre bon plaisir », il n'a accepté aucun contrôle : théoriquement il est le droit, il est la loi. Toutes les institutions sont à sa merci; il peut les modifier et les supprimer à sa guise; il leur donne la vie. S'il crée des Conseils, ceux-ci n'ont que la délégation d'une partie de son pouvoir; et les membres de ces Conseils sont les seuls agents de sa volonté. S'il institue des ministres, il exige qu'ils ne soient que des serviteurs dociles dont l'autorité émane de la sienne : Conseils et ministres ne sont que les rouages d'une machine compliquée, le gouvernement, qui n'agit qu'en vertu de l'impulsion royale; ce sont les membres du corps gouvernemental dont le roi est l'âme. Tout dans le gouvernement existe par le roi; et Louis XVI, à la veille de la Révolution, aurait pu redire le mot de Louis XIV, en le modifiant un peu : « Le gouvernement, c'est moi ! » — En étudiant le gouvernement central et ses principaux organes : les Conseils et les ministres, n'oublions donc pas qu'ils n'ont de commun avec nos institutions actuelles que le nom ; mais ils diffèrent d'origine, d'attributions, de puissance. Dans le gouvernement parlementaire, certains conseils et certaines assemblées ont une vie à part, indépendante du pouvoir exécutif, — que celui-ci soit représenté par un roi constitutionnel ou par un président de République. D'autre part, les ministres constituent un conseil de gouvernement dont tous les membres doivent agir de concert, puisqu'ils acceptent devant la Nation et le pouvoir exécutif la même responsabilité. Ils représentent une politique générale agréée par le chef du pouvoir exécutif et contrôlée par les assemblées législatives. Sous l'Ancien Régime, rien de pareil n'existe; aucun organe du gouvernement n'est indépendant du roi, et les ministres sont des commis qui travaillent, chacun dans leur spécialité. Ils n'ont aucune puissance collective; ils agissent séparément; le pouvoir que le roi leur délègue est individuel. En un mot, il y a des ministres, il n'y a pas de ministère.

Madame de Tencin, dans une lettre au duc de Richelieu en 1743, explique à merveille l'action séparée des ministres et les graves conséquences de ce système gouvernemental : « Chaque ministre, dit-elle, est maître absolu dans son département, et comme il n'y a point de réunion, et que personne ne communique ni ce qu'il fait ni ce qu'il veut faire, il est physiquement impossible que l'État ne culbute. »

Immédiatement au-dessous du roi, se trouvaient quatre Conseils dont la présidence nominale appartenait au roi lui-même. C'étaient :

1° Le Conseil d'En-Haut;
2° Le Conseil des dépêches ;
3° Le Conseil des finances et du commerce;
4° Le Conseil intime de la guerre.

Au-dessous des Conseils, les ministres, secrétaires d'État.

1° Le ministre, secrétaire d'État de la maison du roi ;
2° Le ministre, secrétaire d'État des affaires étrangères ;
3° Le ministre, secrétaire d'État de la guerre;
4° Le ministre, secrétaire d'État de la marine.

A côté des ministres, se trouvaient deux personnages

très importants dans le gouvernement, mais ne portant pas le titre de secrétaires d'État :

1° Le chancelier ou le garde des sceaux;

2° Le contrôleur général des finances.

Enfin, au-dessus des Conseils et des ministres, le roi pouvait instituer un ministre principal d'État, chargé de la direction générale du gouvernement, comme le furent Maurepas et Loménie de Brienne, sous Louis XVI.

Conseil d'En-Haut. — Les membres du Conseil d'En-Haut, en 1789, étaient :

Le roi;

Le duc de Nivernais;

Bernard de Fourqueux;

De Lamoignon de Malesherbes;

De Montmorin;

De la Luzerne;

Necker;

Comte de Saint-Priest.

Tous les membres du Conseil portaient le titre de ministres d'État : toutefois ce titre, qui n'impliquait pas une fonction spéciale dans un département ministériel, ne donnait pas nécessairement l'entrée du Conseil. On pouvait être ministre d'État, et n'y pas siéger : ainsi, Sartine, de Brienne, Machault, qui portaient le titre de ministres d'État, étaient alors en disgrâce, et ne paraissaient à aucun Conseil. Ce Conseil d'En-Haut, composé de personnages, choisis par le roi, et maintenus en fonctions tant qu'ils étaient agréables au roi, n'étaient rien sans le roi lui-même, car, suivant la formule « le roi décide en son Conseil », toutes les décisions sont attribuées au roi. Les membres de cette assemblée n'ont donc aucune responsabilité : ils ne sont que donneurs d'avis.

Et pourtant le Conseil était, en réalité, investi des attributions les plus importantes et les plus variées. Il était :

1° *Cour suprême de justice*, car il avait le droit de juger les causes que le roi évoquait à son conseil, et de casser les arrêts de tous les tribunaux ordinaires ;

2° *Tribunal supérieur administratif*, car toutes les juridictions spéciales, celles des monnaies, des aides, etc., lui étaient soumises en dernier ressort ;

3° *Conseil législatif*, car, sous le bon plaisir du roi, il proposait, discutait et rédigeait la plupart des lois, fixait et répartissait l'impôt ;

4° *Autorité suprême administrative*, car il établissait les règles générales qui devaient diriger les divers agents du pouvoir.

Ce Conseil se réunissait à la Cour, près la chambre du roi. On sait l'inpromptu, au sujet de Louis XIV :

> « Le Conseil à ses yeux a beau se présenter,
> Sitôt qu'il voit sa chienne, il quitte tout pour elle,
> Rien ne peut l'arrêter,
> Quand la chasse l'appelle.

On croirait que l'épigramme a été faite pour Louis XVI. Il aimait tant la chasse !

Ce Conseil d'En-Haut était le premier par son rang et par l'importance de ses attributions. A vrai dire, son pouvoir, quoique différent d'origine, avait une certaine analogie avec le Conseil des ministres dans les gouvernements parlementaires. La plupart de ses membres étaient placés à la tête de départements particuliers ; il imprimait la direction générale au gouvernement et à l'administration, les autres Conseils n'étaient chargés que d'interpréter et d'exécuter sa volonté, et de discuter les détails d'application dans lesquels il ne lui convenait pas de descendre.

Conseil des dépêches. — Il comprenait les membres du Conseil d'En-Haut ; à ceux-ci le roi avait ajouté :

1° Laurent de Villedeuil, secrétaire d'État de la maison du roi.

2° Le comte de Puységur, secrétaire d'État de la guerre ;

3° Albert, conseiller d'Etat *semestre*.

Ce dernier titre rappelle une coutume importante de l'ancienne administration française. Dans certains Conseil du roi, le nombre des membres était si grand qu'on les répartissait en deux groupes qui siégeaient alternativement pendant six mois. Puis, dans certaines assemblées, cette coutume était tombée en désuétude ; le mot avait survécu. Le conseiller d'État semestre, Albert, entrait au Conseil toute l'année comme ses autres collègues.

Le *Conseil des dépêches* était chargé, en principe, d'une partie des attributions de notre ministère de l'intérieur ; on y lisait *les dépêches* des intendants, et on y rédigeait les instructions pour les agents de l'administration provinciale. Il rendait des arrêts qui réglaient l'administration de certaines villes, qui nommaient d'autorité les magistrats municipaux dans certaines circonstances, qui stipulaient des exclusions à l'égard des candidats à ces charges ou l'interdiction des titulaires. Il se réunissait le samedi. Il avait eu à diverses époques de la Monarchie une influence très variable ; en 1789, il n'existait plus que pour la forme : ses attributions étaient passées aux mains des secrétaires d'État, et particulièrement du contrôleur général.

Conseil des finances et du commerce. — Il comprenait

les mêmes membres que le Conseil d'En-Haut, auxquels s'adjoignaient les deux conseillers d'État d'Ormesson et de Monthyon, tous deux, intendants de finances. Il se réunissait le mardi. Ce conseil était purement consultatif; et, comme la décision suprême appartenait au roi, le roi y était maître absolu comme partout. Mais il lui répugnait souvent de consacrer son temps aux discussions délicates de ce Conseil; il n'assistait que très rarement à ses délibérations, et déléguait ses pouvoirs au contrôleur général qui faisait, de droit, partie du Conseil et qui le présidait en l'absence du roi. L'autorité du Conseil des finances, comme celle des autres Conseils, avait été considérablement amoindrie par les usurpations du contrôleur général. Interprète de la volonté du roi, celui-ci apportait le travail préparé dans ses bureaux et approuvé d'avance. Les membres du Conseil ne pouvaient qu'adhérer à ses propositions; par conséquent les délibérations n'étaient que de pure forme; souvent les membres du Conseil s'abstenaient de se rendre aux séances; le Conseil royal des finances était alors réduit au contrôleur général qui présidait, et à un intendant de finances qui tenait la plume. C'est ce que la Cour des Aides, dans ses remontrances de 1775, constate et reproche au roi, de la manière suivante : « Un Conseil qui réellement ne se tient ni en présence de Votre Majesté, ni sous les yeux du chef de la justice, ni devant les maîtres des requêtes, et qui n'est composé que du contrôleur général et d'un seul intendant de finances, où par conséquent l'intendant des finances est presque toujours le seul juge, car il est rare que le contrôleur général ait le temps de s'occuper des affaires contentieuses... etc. » Pourtant le Conseil royal des finances et du commerce conservait toutes les appa-

rences d'un corps vivant et bien organisé : il renfermait
un grand nombre de commissions qui étaient chargées
de préparer ses travaux et d'assurer l'exécution de ses
décisions. Il y avait quatre commissions ordinaires :

1° Direction des finances ;

2º Petite direction des finances ;

3° Bureau du domaine et des aides ;

4° Bureau des fermes ;

et onze commissions extraordinaires dont les attributions
étaient les plus variées. Ces commissions composées chacune de vingt membres environ, ne faisaient qu'approuver les propositions des agents du contrôleur général ;
elles n'avaient nulle initiative, nulle autorité ; à vrai dire,
c'étaient des commissions fictives ; elles avaient un seul
avantage : fournir des emplois et des titres aux amis des
puissants. Mais elles avaient le grave inconvénient d'être
un mensonge administratif, et par suite, de couvrir souvent de leur nom le gaspillage des deniers publics. Le
Conseil des finances et du commerce, comme celui des
dépêches, était donc une institution sans vie, qui mas-
quait l'absolutisme des agents du roi et surtout du contrôleur général.

Le Conseil intime de la guerre. — Il comprenait de droit
le secrétaire d'État aux affaires étrangères et le secrétaire d'État à la guerre. A ces deux membres venaient
s'ajouter, suivant les circonstances, les ministres d'État
et les lieutenants généraux qu'on pouvait utilement consulter. Ce Conseil n'avait aucune initiative. En temps de
paix, il se réunissait rarement ; en temps de guerre, il
était annulé par la prépondérance du ministre de la
guerre et par les généraux en chef.

A ces quatre Conseils, interprètes à divers degrés de la

volonté royale, et investis d'une partie des attributions gouvernementales, on peut ajouter le Conseil d'État ordinaire que l'on appelait aussi *Conseil des parties* et qui était investi surtout de fonctions administratives. Il comprenait quarante-deux conseillers, dont vingt-six ordinaires en fonction pendant toute l'année, et seize conseillers semestres. Les décisions de ce Conseil étaient élaborées et préparées par les maîtres des requêtes, au nombre de quatre-vingts. Il jugeait les appels des arrêts rendus par les intendants, les conflits administratifs et judiciaires, les appels des tribunaux ecclésiastiques, enfin il interprétait les lois et ordonnances quand les tribunaux s'adressaient à lui. Il avait donc des attributions multiples : aussi ses membres étaient-ils généralement estimés pour leur compétence, l'étendue de leurs connaissances, l'intégrité de leurs décisions. C'est ordinairement parmi les maîtres de requête et les conseillers d'État que les ministres choisissaient les intendants, et le roi les secrétaires d'État ; ce Conseil était donc comme la pépinière des administrateurs et des hommes politiques, et s'il ne prenait pas une part directe au gouvernement, il fournissait du moins à l'État les plus utiles et les plus dévoués agents.

Ainsi, quatre Conseils politiques et un Conseil administratif supérieur, telles sont les diverses assemblées qui représentent les anciens compagnons du roi, les hommes de sa chambre ou de son hôtel, ses amis et conseillers, auxquels il abandonne une partie de ses pouvoirs et qui agissent en son nom.

Au-dessous des Conseils étaient les secrétaires d'État, placés à la tête de chaque département ministériel. La hiérarchie les mettait en apparence au-dessous des Conseils, l'étendue de leur pouvoir leur assignait en réalité le premier rang dans le gouvernement. C'est pourquoi Saint-Simon les avait en si grande haine : « Les secrétaires d'État, disait-il, ces cinq rois de France qui exercent à leur gré leur tyrannie sous le roi véritable, et presque en tout à son insu ; ces monstres qui ont dévoré la Noblesse ; ces tout-puissants ennemis des seigneurs qu'ils ont mis en poudre à leurs pieds. » Ils n'avaient pas seulement asservi l'aristocratie, ils avaient aussi annulé les conseils de gouvernement. Tout d'abord institués pour contresigner les ordonnances du roi et faire exécuter les décisions des Conseils, ils avaient substitué leur autorité à celle du roi ; leur initiative avait remplacé celle des Conseils qu'ils devaient servir ; aussi leur autorité n'avait cessé de grandir jusqu'en 1789. Ils avaient accaparé la direction du gouvernement tout entier, le contrôle de toutes les administrations, aussi d'Argenson peut-il dire : « Les détails confiés aux ministres sont immenses ; rien ne se fait sans eux, rien que par eux ; et, si leurs connaissances ne sont pas aussi étendues que leur pouvoir, ils sont forcés de laisser tout faire à des commis qui deviennent les véritables maîtres. »

Les secrétaires d'État étaient :

1° Le secrétaire d'État aux affaires étrangères ;

2° Le secrétaire d'État à la guerre ;

3° Le secrétaire d'État à la marine ;

4° Le secrétaire d'État à la maison du roi.

1° *Secrétaire d'État aux affaires étrangères.* — C'était, en 1789, le comte de Montmorin. Il avait dans ses attributions les affaires étrangères, les pensions, dons et brevets qui en dépendaient. Il nommait les ambassadeurs, les ministres plénipotentiaires résidant auprès des autres gouvernements. Un secrétaire ordinaire du roi et trois introducteurs étaient attachés à son département, et étaient chargés, à la Cour, du service de la présentation et des audiences des ambassadeurs étrangers.

2° *Secrétaire d'État à la guerre.* — C'était, en 1789, le comte de Puységur. Ce ministre n'avait pas seulement des attributions militaires ; il était aussi chargé d'une partie de l'administration provinciale. Les principales provinces des frontières relevaient directement du secrétaire d'État à la guerre, qui en nommait les intendants. Ces provinces, soumises au ministre de la guerre, étaient : Les Trois-Évêchés, la Lorraine et le Barrois, l'Artois, la Flandre, le Hainaut, l'Alsace, la Franche-Comté, le Roussillon, le Dauphiné, la ville de Sedan, la Corse.

3° *Secrétaire d'État à la marine.* — C'était, en 1789, le comte de la Luzerne. Il avait dans ses attributions, outre la marine, les galères, une partie de l'administration pénitentiaire, les colonies et le commerce maritime avec nos établissements des Indes et de l'Afrique, les pêcheries, enfin les consulats. Il y avait pourtant certains privilèges qui restreignaient considérablement l'étendue de ses pouvoirs, entre autres ceux du *Conseil de commerce de Marseille* : véritable ministère de la marine méditerranéenne, et du commerce du Levant, qui avait des ressources spéciales fournies par les douanes du port, et qui payait de ses deniers tous les consuls français dans les ports de la Méditerranée.

4° *Secrétaire d'État à la maison du roi.* — C'était, en 1789, Laurent de Villedeuil. Il avait dans ses attributions la maison civile du roi, la feuille des bénéfices, la nomination aux dignités ecclésiastiques, les affaires relatives à la religion prétendue réformée, les dons et pensions, les lettres de cachet, enfin une partie de l'administration provinciale.

Pour la justice, elle était entre les mains du garde des sceaux ou du chancelier : mais ni l'un ni l'autre ne portait le titre de secrétaire d'État. Le chancelier était le premier des grands officiers du royaume. Chef de tous les Conseils où le roi ne présidait pas, président-né de toutes les cours de justice, il avait le privilège de parler pour le roi dans les grandes circonstances, de sceller les lettres, brevets et commissions sur lesquels devaient être apposés les sceaux de l'État. Il était inamovible. Or, en 1789, le chancelier était encore Maupeou. Louis XVI l'avait exilé : son inamovibilité ne l'avait point protégé contre la disgrâce. Lorsqu'un cas semblable se présentait, le roi ne nommait pas un chancelier nouveau, il se contentait de choisir un *garde des sceaux*, qui avait tout le pouvoir judiciaire du chancelier. En 1789, le garde des sceaux était Barentin, qui avait remplacé Lamoignon en 1788. Il faut toutefois bien observer qu'entre le garde des sceaux de l'Ancien Régime et un ministre actuel de la justice il y a une grande différence. De nos jours, le ministre nomme à tous les emplois judiciaires, il distribue à son gré l'avancement aux magistrats, même aux inamovibles ; il dispose du personnel de la justice. Avant la Révolution, les charges étant vénales, étaient la propriété des magistrats, qui pouvaient affecter la plus complète indépendance à l'égard du pouvoir. L'autorité du garde des sceaux restait purement administrative ; elle s'étendait aux choses, et ne pouvait que, dans certains cas déterminés, atteindre les personnes.

Le maître véritable de toute l'administration était le *contrôleur général*. En 1789, c'était Necker. En vertu de son droit de contrôle sur toutes les dépenses de l'État, le contrôleur général avait attiré à lui toutes les affaires qui donnaient lieu à des questions d'argent, c'est-à-dire l'administration publique presque tout entière. On le voit agir successivement comme ministre des finances, ministre de l'intérieur, des travaux publics, du commerce. Turgot, en sa qualité de contrôleur général, avait porté le titre de : « directeur général des ponts et chaussées de France, du barrage et entretenement du pavé de Paris, des turcies et levées, pépinières royales et ports de commerce. » Si chaque ministre conserve son département particulier, il y est confiné, mais il n'y est pas complètement maître ; il a à subir les curiosités du contrôleur général, et l'on peut dire que celui-ci dirige tout, puisqu'il contrôle tout. Dans sa célèbre lettre à Louis XVI, au début de son ministère, Turgot, chargé des fonctions de contrôleur général, définit avec émotion l'étendue de son pouvoir, en expliquant celle de sa responsabilité.

« Votre Majesté n'oubliera pas qu'en recevant la place de contrôleur général, j'ai senti le prix de la confiance dont elle m'honore ; j'ai senti qu'elle me confiait le bonheur de ses peuples, et, s'il m'est permis de le dire, le soin de faire aimer sa personne et son autorité ; mais en même temps j'ai senti tout le danger auquel je m'exposais ; j'ai prévu que je serais seul à combattre contre les abus de tout genre, contre les efforts de ceux qui gagnent à ces abus, contre la foule des préjugés qui s'opposent à toute réforme, et qui sont un moyen si puissant dans les mains de gens intéressés à éterniser le désordre. J'aurai à lutter, même contre la bonté naturelle, contre la générosité de Votre Majesté, et des personnes qui lui sont le plus chères ; je serai craint, haï même de la plus grande partie de la Cour, de tout ce qui sollicite des grâces. On m'imputera tous les refus, on me peindra comme un homme dur, parce que j'aurai représenté à Votre Majesté qu'elle ne doit pas enrichir même ceux qu'elle aime aux dépens de la subsistance de son peuple. Ce peuple, auquel je me serai sacrifié, est si aisé à tromper, que peut-être j'encourrai sa haine par les mesures que je prendrai, pour le défendre contre toute vexation. Je serai calomnié, et peut-être avec assez de vraisemblance, pour m'ôter la confiance de Votre Majesté. Je ne regretterai point de perdre une place à laquelle je ne m'étais jamais attendu. »

Cette place, de laquelle dépendent ainsi le bonheur du peuple, la bonne réputation du gouvernement, la popularité du roi, n'est donc pas un ministère ordinaire. Quelquefois Louis XVI crut devoir créer un ministère principal d'État, comme pour concentrer la direction du gouvernement dans les mains d'un seul homme ; et pourtant, même lorsque ce ministre principal était en fonction, la réalité du pouvoir continua d'appartenir au contrôleur général. Tant que Turgot fut au ministère, malgré les plus grandes difficultés, il dirigea le gouvernement ; et, en 1789, tant que Necker fut contrôleur général, il fut le maître de tous les ministères. C'est toujours le contrôleur qui correspond avec les Intendants pour toutes les questions ; c'est lui qui conseille la convocation des États généraux ; c'est lui qui établit dans quelle forme les élections auront lieu ; en France, lui seul est connu, il a atteint un degré de popularité extraordinaire, car il est tout dans le gouvernement ; et il emploie toute son autorité à satisfaire aux vœux de la nation. Ainsi, de tous les ministres, le seul puissant était celui qui n'en portait pas même le nom ! Necker pourtant, lorsqu'il fut appelé une seconde fois au contrôle, s'était fait nommer ministre d'État. Mais la charge de contrôleur pouvait être confiée à un personnage qui n'était ni ministre, ni secrétaire d'État.

Ce gouvernement central ainsi constitué, cette oligarchie ministérielle, comme disent les nobles, qui a absorbé en apparence tous les pouvoirs, n'est pourtant pas toute-puissante. A côté des ministres se cache souvent le pouvoir occulte de tous ceux qui flattent les passions du monarque, abusent de sa faiblesse, se jouent de sa sensibilité. Dans la maison même du roi, s'organise toujours un gouvernement inavoué, quelquefois plus puissant que celui des ministres, et qui peut toujours faire tomber ceux-ci ; c'est le gouvernement des favoris et des courtisans. « Le moindre valet de Versailles est sénateur, dit d'Argenson ; les femmes de chambre ont part au gouvernement, sinon pour ordonner, du moins pour empêcher les lois et les règles ; et à force d'empêcher il n'y a plus ni lois, ni ordres, ni ordonnateurs. » Cette force d'inertie du pouvoir secret fut la plaie de l'ancienne monarchie ; elle désorganisa le gouvernement, déplaça les responsabilités, et prépara la condamnation de Louis XVI.

Si ce roi avait toujours gouverné avec et par ses ministres, il aurait épargné à sa bonne ville de Paris bien des journées insurrectionnelles, à son gouvernement bien des crises, à lui-même des accusations terribles. Ainsi la première faute dans le gouvernement central était d'avoir donné aux ministres l'apparence du pouvoir, sans la réalité. La conséquence inévitable de ce système fut que souvent les hommes médiocres, sans caractère, sans initiative pour le bien, sans résistance contre le mal, envahirent la plupart des ministères. Tout secrécrétaire d'État dut plaire à la Cour, ou entrer en lutte contre elle ; et ceux-là furent rares qui osèrent engager le combat. Turgot fut une illustre exception. On se prépara à la carrière ministérielle, soit en suivant la filière et en se bornant à des travaux de bureaux et de paperasserie qui ne pouvaient inquiéter les courtisans, soit en intrigant auprès de ceux qui, tout-puissants dans l'esprit du roi, pouvaient faire la fortune de leurs amis. Necker constate avec une certaine amertume que les candidats aux divers secrétariats sont trop peu nombreux, qu'on les prend toujours dans le même milieu, en un mot qu'il n'y a pas assez de choix : « Ce qui rend, dit-il, plus difficile en France le choix des hommes propres aux premiers emplois de l'administration, ce sont ces lignes fortement prononcées qui séparent tous les états et la loi d'habitude qui circonscrit la nomination la plus importante dans un cercle infiniment rétréci. C'est entre les magistrats qui suivent la carrière du Conseil qu'on choisit ordinairement les ministres des finances et très souvent encore les secrétaires d'État ; mais en ne comptant point les maîtres de requêtes qui, dénués d'expérience, n'ont pour la plupart aucune idée des affaires. Les concurrents éligibles se bornent à trente-trois intendants et quarante-quatre conseillers. »

La deuxième faute était de leur accorder la fonction, la réalité ou l'apparence du pouvoir sans limiter ou préciser leur responsabilité. Agents du roi, ils traitaient toutes les affaires par délégation du monarque ; ils pouvaient tout et ne répondaient de rien, car le nom respectable, dont il leur était permis de se servir, fermait la bouche à quiconque aurait osé se plaindre. Ils gouvernaient donc sans responsabilité.

Mais le mal capital du gouvernement de l'Ancien Régime, mal qui n'a fait que grandir, et qui trop souvent paralyse les bonnes intentions des ministres et compromet le succès de leurs efforts, c'était la centralisation administrative.

Avant la Révolution, Necker pouvait écrire : « Comme la force morale et physique d'un ministre ne saurait suffire à une tâche si immense et à de si vastes sujets d'attention, il arrive nécessairement que c'est du fond des bureaux que la France est gouvernée : et selon qu'ils sont plus ou moins éclairés, plus ou moins purs, plus ou moins vigilants, les embarras du ministre et les plaintes des provinces s'accroissent ou diminuent. En ramenant à Paris tous les fils de l'administration, il se trouve que c'est dans un lieu, où l'on n'a jamais le temps d'approfondir, qu'on est obligé de diriger et de discuter toutes les parties d'exécution. Les ministres auraient dû sentir qu'en ramenant à eux une multitude d'affaires, au-dessus de l'attention, des forces et de la mesure du temps d'un seul homme, ce ne sont pas eux qui gouvernent, ce sont leurs commis; et ces mêmes commis, ravis de leur influence, ne manquent jamais de persuader au ministre qu'il ne peut se détacher de commander un seul détail, qu'il ne peut laisser une seule volonté libre, sans renoncer à ses prérogatives et diminuer sa consistance. »

Turgot avait déjà appelé l'attention du roi sur les inconvénients de cette centralisation : après avoir constaté les divisions qui ruinent la société, il ajoute : « Dans cette guerre perpétuelle de prétentions et d'entreprises que la raison et la lumière réciproques n'ont jamais réglée,

Votre Majesté est obligée de tout régler par elle-même ou par ses mandataires. On attend vos ordres spéciaux pour contribuer au bien public, pour respecter les droits d'autrui, et quelquefois pour user des siens propres. Vous êtes forcé de statuer sur tout. »

Et ainsi, la volonté non pas du roi, non pas du ministre, mais d'un infime employé de bureau, souvent mal contrôlé, prit la place de la liberté, et se substitua aux discussions, les seules éclairées possibles, des habitants sur leurs propres besoins.

Cette centralisation excessive, tracassière, et surtout despotique trouva dès le dix-huitième siècle d'énergiques adversaires. Elle fut vivement attaquée ; mais elle triompha. Parmi ses ennemis, citons le marquis de Mirabeau qui, parlant de Paris administratif, dit : « Si la tête devient trop grosse, le corps devient apoplectique, et tout périt. Que sera-ce donc si, abandonnant les provinces à une dépendance directe, et en n'en regardant les habitants que comme des regnicoles de second ordre, pour ainsi dire, si en n'y laissant aucun moyen de considération et aucune carrière à l'ambition, on attire tout ce qui a quelque talent dans cette capitale. » On faisait mieux : on accordait des privilèges sans nombre à une foule d'industries parisiennes, et on attirait ainsi à Paris une population ouvrière peu instruite, facile à l'entraînement, et capable de jouer un grand rôle : on recrutait, sans s'en douter, les soldats de l'émeute ; et comme Paris administratif avait gouverné la France sous le règne des derniers Capétiens, Paris insurgé la gouverna encore pendant les journées de la Révolution.

D'autre part, au point de vue provincial : « Cette centralisation grossière, dit Taine, sans contrôle, sans uniformité, installe sur tout le territoire une armée de petits pachas qui décident comme juges les contestations qu'ils ont comme parties, règnent par délégation, et, pour autoriser leur grapillage ou leurs insolences, ont toujours à la bouche le nom du roi qui est obligé de les laisser faire. » C'est à ces rois de la province, intendants, délégués, et subdélégués, que le chapitre suivant est consacré.

En résumé, quatre Conseils politiques : Conseil d'En-Haut, Conseil des dépêches, Conseil des finances et du commerce, Conseil de la guerre. Un Conseil administratif (le Conseil d'État), quatre secrétaires d'État (affaires étrangères, maison du roi, guerre, marine), chancelier ou garde des sceaux, enfin contrôleur général, tels sont les organes du gouvernement central.

La centralisation administrative est la conséquence de cette organisation. Elle poussa dans le sol de la France de si profondes racines que la Révolution, même si elle l'avait tenté, n'aurait pu les arracher. L'institution grandit encore au dix-neuvième siècle. Le pouvoir ministériel en avait assuré la durée. Elle devait pourtant être fatale à la monarchie absolue. Avec des ministres qui travaillent ou font travailler, la Royauté apparaîtra comme peu utile; on pourra restreindre les pouvoirs. Les secrétaires d'Etat, *ces rois subalternes*, comme les appelait déjà le roi de Prusse, Frédéric II, grandiront à côté du vrai roi qu'ils condamneront à l'inertie en le dépouillant; et d'Argenson avait parfaitement prévu et prédit cette évolution du pouvoir royal lorsqu'il écrivait en 1750 : « En élevant le ministère en France, on a diminué la Royauté. »

CHAPITRE DEUXIÈME

L'ADMINISTRATION PROVINCIALE

I. Pays d'États et pays d'Élection. — Gouvernements et généralités.
— Gouverneurs et Intendants.
II. L'*Intendant* ou *Commissaire départi*. — Ses subdélégués, ses bureaux. — Étendue de ses attributions dans la justice, la police et
les finances.
III. Puissante centralisation administrative. — Elle est violemment
attaquée par la Noblesse et par la magistrature.

Le gouvernement centralisateur des derniers Bourbons
n'avait point organisé dans les provinces une administration uniforme. Comme, au point de vue commercial, il
avait laissé subsister l'infinie variété des douanes intérieures et des traites, dont nous avons déjà parlé, ainsi,
au point de vue administratif, il n'avait pu ou voulu établir
les mêmes lois appliquées dans des circonscriptions identiques. Les règlements administratifs variaient suivant
les latitudes ; les provinces portaient divers noms correspondant à leur organisation différente; il n'y avait

pas d'uniformité. Il y avait pourtant une certaine unité ; car la Royauté était parvenue à établir dans toutes les provinces un fonctionnaire puissant, le *commissaire départi* (1) ou l'Intendant, qui avait peu à peu accaparé tous les pouvoirs, et qui savait toujours faire triompher la volonté du roi, son maître. L'Intendant était dans l'administration provinciale, aussi puissant que le contrôleur général, dans le gouvernement central. C'est cette puissance qui donnait à l'ancienne administration son unité. En réalité cette administration était partout à la merci de ces agents du pouvoir central ; mais elle variait d'aspect, de procédé, de méthode, suivant les coutumes, les stipulations des traités d'annexion, le caprice ou les exigences de la Royauté.

Les provinces étaient divisées en deux grandes catégories : 1° Les provinces de *Pays d'États*. 2° Les provinces de *Pays d'Élection*.

Les premières étaient celles qui avaient conservé un certain droit d'ingérence ou de contrôle dans l'administration de leurs propres intérêts ; elles avaient le droit de constituer dans leurs capitales une sorte de représentation provinciale (les États de la Province) composée des députés des trois ordres, et investie surtout d'attributions financières relatives au mode de répartition et de perception de l'impôt.

Les secondes étaient entièrement placées sous la tutelle des agents du pouvoir central. Leur nom de *«pays d'élection»* n'implique donc point pour les habitants le droit

______

(1) Les intendants étaient appelés commissaires départis, parce que, étant presque toujours choisis parmi les maîtres des requêtes du Conseil d'État, ils en étaient détachés momentanément pour être *commis* à l'administration provinciale

d'élire certains fonctionnaires ou certains magistrats; employé primitivement dans ce sens, il avait survécu aux révolutions administratives, qui avaient substitué l'autorité des fonctionnaires royaux à celle des délégués, des élus de la province : pays d'élection signifiait donc pays dans lequel aucun corps politique ou administratif n'était élu par les habitants. Toutes les prérogatires y appartenaient aux représentants du roi.

Ces dernières étaient de beaucoup les plus nombreuses. Les provinces de pays d'États avant la Révolution étaient: la Bretagne, le Languedoc, la Bourgogne, la Provence, l'Artois et le Dauphiné. A ces six grandes provinces on peut ajouter un certain nombre de petits districts qui avaient conservé quelques droits administratifs : c'étaient : la Flandre wallonne, le Cambrésis, le Comté de Foix, le Marsan, le Bigorre, le Béarn. En réalité deux provinces seulement, parmi les pays d'États, jouissaient encore de droits étendus en matière administrative; c'étaient la Bretagne et le Languedoc.

Les États de Bretagne étaient assurément pittoresques. Tous les nobles, prouvant cent ans de noblesse, pouvaient y assister : en moyenne ils étaient au nombre de 1,300. Le Clergé était représenté par ses neuf évêques, quarante-deux abbés et deux délégués de chaque chapitre ; le Tiers État, par quarante-huit bourgeois députés des villes. Cette assemblée, qui siégea quelquefois six mois durant, était livrée au despotisme des ordres privilégiés qui y faisaient seuls la loi, et c'est avec raison que tous les historiens la comparent à une diète polonaise. Mais elle ne pouvait délibérer que sous la surveillance des commissaires du roi. C'étaient : le premier président du parlement de Rennes, deux présidents à mortier, le procureur général, l'Intendant de la province, un commissaire du Conseil du roi; le premier président, un autre président et le procureur général de la Chambre des comptes de Nantes; les trésoriers et les receveurs généraux des finances, le grand-maître des eaux et forêts. Cette commission nombreuse comprenait donc tous les chefs de service des diverses administrations, tous les donneurs d'emploi, tous les distributeurs d'avancement et de contrainte; dans une province où la Noblesse pauvre était avide d'emplois lucratifs et où le Clergé était particulièrement ambitieux, les commissaires du roi avaient toutes les ressources nécessaires pour faire prévaloir les intentions de Sa Majesté.

Si la province « la plus personnelle du Royaume » était surveillée avec tant de vigilance par les administrateurs royaux, on pense bien que les autres pays d'États ne jouissaient pas d'une grande liberté. Le Languedoc, par exemple, qui était réputé libre par les autres provinces, avait des États dont les prérogatives étaient singulièrement restreintes. Ils ne pouvaient se réunir qu'après une convocation individuelle adressée par le roi à tous les commissaires qu'il jugerait convenable d'y députer. Enfin toutes leurs délibérations n'étaient valables qu'après avoir été approuvées par le Conseil du roi. Le droit de convocation entre les mains du roi était une arme dont il pouvait frapper tous ses ennemis; ce qui fit dire à un frondeur méridional : « Des trois corps qui composent nos États, l'un, le Clergé est à la nomination du roi, puisque celui ci nomme aux évêchés et aux bénéfices, et les deux autres sont censés y être, puisqu'un ordre de la Cour peut empêcher tel membre qu'il lui plaît d'y assister, sans que, pour cela, on ait besoin de l'exiler ou

de lui faire son procès. Il suffit de ne **point le convoquer.** »

Malgré toutes ces entraves les pays d'États, **le Languedoc** comme les autres, avaient une situation enviable,
puisqu'ils possédaient une assemblée composée en général
d'hommes considérables et instruits, chargés de veiller
aux intérêts particuliers du pays. Les États pouvaient
faire exécuter aux frais de la province, et sous leur contrôle immédiat, les travaux publics approuvés par le Conseil du roi. Ils faisaient lever eux-mêmes, comme ils
l'entendaient, une partie des impôts royaux et tous les
impôts nécessaires aux divers services de la province.
Aussi le Languedoc est-il relativement prospère : il
creuse le port de Cette, dessèche les marais d'Aigues-
Mortes, améliore ses routes, ce qui fait dire à Arthur
Yung : « Languedoc, pays d'États, bonnes routes, faites
sans corvées. »

L'influence des États pénétrait jusqu'au fond de la
province. Dans les communautés, dans les districts, dans
les sénéchaussées, les fonctionnaires et les Conseils agissent, soit au nom des États, soit au nom du roi, et
maintiennent partout l'ardeur au travail qui produit
l'aisance. « Le roi, disent les Languedociens, fiers justement de la prospérité de leur province, n'a pas besoin
d'établir à ses frais dans le Languedoc des ateliers de
charité, comme il l'a fait dans le reste de la France.
Nous ne réclamons point cette faveur. Les travaux d'u-
tilité, que nous entreprenons nous-mêmes chaque année,
en tiennent lieu et donnent à tout le monde un travail
productif. » Mais, même dans ces provinces de Pays
d'États, les agents du roi restaient les maîtres, moins
absolus que dans les Pays d'Election, aussi craints et

aussi respectés. C'étaient 1° Les Gouverneurs. 2° Les Intendants.

Les Intendants avaient peu à peu accaparé tous les pouvoirs dans les provinces. Ils n'avaient pas supprimé les anciens Gouverneurs militaires ; ils s'étaient placés à côté d'eux, mais pour les dépouiller de la plupart de leurs attributions. En effet, avant la Révolution, les provinces de France étaient réparties suivant deux grandes divisions parallèles : 1° les Gouvernements ; 2° les Généralités ou Intendances (1).

Les premières étaient les circonscriptions à la tête desquelles se trouvaient les Gouverneurs militaires qui avaient été autrefois les uniques représentants de la Royauté dans les provinces.

Les secondes étaient les circonscriptions soumises au pouvoir des Intendants.

Ces divisions ne se correspondaient pas toujours exactement : telle Intendance pouvait comprendre plusieurs Gouvernements ; tel Gouvernement, plusieurs Intendances. L'Intendance de Tours, par exemple, comprenait les Gouvernements de Touraine, d'Anjou, du Maine et même une partie du Gouvernement du Poitou. D'autre part le Gouvernement de Normandie formait les trois Intendances de Rouen, Caen, Alençon ; et le Gouvernement du Languedoc, les trois Intendances de Toulouse, Montauban et Montpellier.

De ces irrégularités, il résultait d'abord que le nombre des Gouverneurs n'était pas égal à celui des Intendants, ensuite que l'Intendant ne résidait pas toujours dans la même ville que le Gouverneur. Comme il y avait peu de

(1) Voir le tableau de la page suivante.

Tableau comparé des Gouvernements et des Intendances

GOUVERNEMENTS	INTENDANCES	GOUVERNEMENTS	INTENDANCES
—	—	—	—
Picardie (Amiens).	Picardie, Hainaut, Cambrésis (Amiens).	Bourgogne (Dijon).	Dijon.
			Trévoux.
Artois (Arras).	Flandre et Artois.	Franche-Comté (Besançon).	Besançon.
Flandre (Lille).		Poitou (Poitiers).	Poitiers.
	Alençon.	Aunis (La Rochelle).	La Rochelle.
Normandie (Rouen).	Caen.	Saintonge et Angoumois	—
	Rouen.	La Marche (Guéret)	—
Ile-de-France (Paris).	Paris.	Bourbonnais (Moulins).	Moulins.
	Soissons.	Limousin (Limoges).	Limoges.
Champagne (Troyes).	Champagne (Châlons).	Auvergne (Clermont).	Auvergne (Riom).
	Les trois évêchés (Metz).	Lyonnais (Lyon).	Lyon.
Lorraine (Nancy).	Lorraine et Barrois (Nancy).	Dauphiné (Grenoble).	Grenoble.
		Guienne (Bordeaux).	Bordeaux.
Alsace (Strasbourg).	Alsace (Strasbourg).	Gascogne (Auch).	Auch.
Bretagne (Rennes).	Bretagne (Rennes).		Pau et Bayonne, réunis en 1783.
Maine (Le Mans).	Alençon.	Béarn (Pau).	
Anjou (Angers).		Comté de Foix.	
Touraine (Tours).	Tours.	Roussillon (Perpignan).	Perpignan.
Orléanais (Orléans).	Orléans.		Toulouse.
Berry (Bourges).	Bourges.	Languedoc (Toulouse).	Montauban.
Nivernais (Nevers).	—		Montpellier.
		Provence (Aix).	Aix.

sympathie entre eux, ils avaient obtenu quelquefois de
résider dans des villes distinctes, même quand le gouvernement se confondait exactement avec la généralité.
En Champagne, par exemple, l'Intendant résidait à Châlons-sur-Marne, le Gouverneur à Troyes ; en Auvergne,
le Gouverneur à Clermont, l'Intendant à Riom.

Or, quoique la division officielle en apparence fût la
division en gouvernements militaires, on peut dire que
ceux-ci ne formaient que des circonscriptions mortes
avec des gouverneurs de parade, tandis que les généralités étaient les divisions administratives, véritablement vivantes, avec des agents puissants et bien ser-
vis. Ce qui contribua à la puissance de ces derniers
dans les provinces, ce fut leur étroite dépendance à
l'égard du pouvoir central. Choisis parmi les membres
de la petite noblesse, parmi les gens de robe du Conseil d'État, nommés par le contrôleur général ou le
secrétaire d'État à la guerre, jugés et récompensés
d'après leurs services, toujours révocables, ils étaient
d'une parfaite docilité à l'égard du gouvernement. Ils
avaient tout à espérer et tout à craindre de lui : c'était
lui qui distribuait l'avancement ou les disgrâces (1).
Telle Intendance de début valait 20,000 francs, telle

(1) **Avis de Necker** sur l'avancement des Intendants. « Un long
usage appelle à la tête des généralités uniquement les maîtres des
requêtes ; et si quelquefois on suit aveuglément l'ordre d'ancienneté, souvent aussi on s'en écarte par des considérations de faveur,
ce qui vaut bien moins encore. L'on a vu des jeunes gens, sans aucune expérience et sans autre préparatif que les bons airs et les
amusements de Paris, aller gouverner une province aussi considérable en population que plus d'un royaume d'Europe... Il n'y
aurait de véritable motif pour s'astreindre en tout temps aux maîtres des requêtes, qu'autant que leur état les formerait particulièrement à l'esprit d'administration. Mais c'est ce qui n'est point. »

autre, 100,000. Par un service vigilant, par une administration bien entendue, l'Intendant pouvait gravir leséchelons successifs des Généralités de province ; quelquefois même il pouvait par son mérite se désigner comme candidat au ministère. L'exemple de Turgot le prouve. Cette sujétion à l'égard du pouvoir central avait un inconvénient que l'on connaît bien de nos jours : l'instabilité des fonctionnaires dans les fonctions, le défilé d'administrateurs nouveaux succédant à des administrateurs qui viennent à peine d'arriver. C'est ce que Necker relève avec autorité : « Un Intendant, dit-il, le plus rempli de zèle et de connaissances, est bientôt suivi par un autre qui dérange et abandonne les projets de son prédécesseur. » Et il ajoute : « Dans l'espace de dix à douze ans on les voit aller de Limoges en Roussillon, du Roussillon en Hainaut, du Hainaut en Lorraine ; et, à chaque variation, ils perdent le fruit des connaissances locales qu'ils peuvent avoir acquises. » Résultat inévitable de la centralisation administrative !

Ainsi l'Intendant est l'homme du gouvernement: c'est la véritable cause de sa puissance et de la religieuse terreur qu'il inspire à ses administrés. Entre ces deux personnages : le Gouverneur d'une part, qui appartient aux grandes familles de la Noblesse et qui, de tradition, est porté à rêver indépendance et guerre civile, et d'autre part l'Intendant, de condition moyenne, et qui attend tout de son zèle et de sa fidélité, le gouvernement préfère le second, étend son autorité, multiplie ses attributions ; l'Intendant devient l'unique intermédiaire entre le gouvernement qu'il représente et les populations qu'il administre. Plus il sera fort, plus l'autorité du gouvernement sera grande dans la nation. Aussi, au reizième siècle, les

Gouverneurs n'ont plus que le titre, les appointements et quelques attributions de représentation ; les Intendants ont tout le pouvoir, c'est ce que dit d'Argenson : « On a abandonné aux Intendants tout le pouvoir des Gouverneurs... On envoie pour un temps des commandants passagers, tandis que les Gouverneurs en titre ne peuvent remplir aucune fonction sans des lettres particulières. » Ainsi le Gouverneur n'avait pas même le droit d'habiter son Gouvernement sans autorisation expresse du roi. Son pouvoir n'avait donc aucune réalité.

L'Intendant, au contraire, est le correspondant nécessaire de tous les ministres, même de celui de la guerre ; il doit toujours être prêt à répondre à chacun d'eux « promptement et disertement sur toutes les questions. » Il est le mandataire du roi, qui étend ou restreint son pouvoir comme il l'entend ; aucune loi ne détermine donc ses attributions, qui dépendent du bon plaisir de la Royauté. Il échappe naturellement au contrôle de tous les autres pouvoirs, même des Parlements ; car, toute puissance administrative dérivant de la Royauté, c'est devant le roi seul qu'il est responsable.

Mais l'étendue de la généralité était quelquefois considérable. Le *Commissaire départi* l'avait reçue découpée en districts qui portaient le nom d'*Elections*. La généralité de Champagne, par exemple, comprenait 12 élections dont les chefs-lieux étaient : Reims, Langres, Troyes, Rethel, Bar-sur-Aube, Sézanne, Châlons, Vitry, Chaumont, Sainte-Menehould, Joinville, Épernay. A la tête de chaque élection se trouvait un *subdélégué d'Intendant.* L'édit d'avril 1704, qui fixe les attributions de ce fonctionnaire subalterne, déclare que : « Les subdélégués recevront chacun dans leur département les requêtes adressées aux Intendants, et Commissaires départis ; ils les enverront avec les éclaircissements nécessaires ; dans les cas qui le requerront, ils dresseront leurs procès-verbaux qu'ils enverront avec leur avis. Ils recevront tous les ordres qui leur seront adressés par les Intendants, tiendront la main à leur exécution, et s'instruiront, le plus exactement que faire se pourra, de l'état de chacune des paroisses de leur département et de toutes les affaires qui les concernent, pour en rendre compte. » Ces sous-administrateurs, dont on n'exigeait que de la docilité et de la vigilance, étaient à la discrétion de l'Intendant. Nommés par lui, ils pouvaient toujours être révoqués ; sans initiative et sans indépendance, ils n'étaient que les agents subalternes de l'Intendant.

D'autre part l'étude de toutes les questions, préparée par le subdélégué dans l'élection, se continue et s'achève, au chef-lieu de la généralité, sous les yeux-mêmes de l'Intendant. Comme il centralise auprès de lui tous les services administratifs de la province, il entretient une correspondance volumineuse, en haut avec les ministres, en bas avec les subdélégués et les chefs des diverses administrations spéciales. Il lui faut des bureaux nombreux, avec une foule d'employés entre lesquels il partage la besogne. C'est lui qui organise et rétribue leur travail, qui nomme aux emplois de ce petit ministère provincial, qui distribue à son tour l'avancement. Chaque capitale de Généralité, — comme de nos jours la Préfecture — a une armée de grands et de petits fonctionnaires, employés aux écritures, à la comptabilité, au contrôle, et répartis en bureaux et divisions. L'Intendance de Paris (et sans doute celles de province l'avaient imitée) comprenait les bureaux suivants :

1° Le bureau du Secrétariat (avec un secrétaire, un sous-secrétaire, et un nombre illimité d'employés).

2° Le bureau du greffe et de la régie (chargé du contrôle des messageries, des cartes, des frais de justice, etc.)

3° Le bureau de la police militaire et ordinaire (s'occupe de la marche des troupes, du service des étapes et des convois, de la milice, des hôpitaux militaires, des vivres, etc.)

4° Le bureau de police extraordinaire (service des ordres du roi, des prisons, de la mendicité, etc.)

5° Le bureau de l'architecture (monuments publics, ponts et chaussées, etc.)

Ainsi dans tout le Royaume, les services administratifs étaient organisés par l'Intendant. Son titre officiel était : « Intendant de justice, police et finances, et commissaire départi dans les généralités du Royaume pour l'exécution des ordres du roi. » Les termes de sa commission lui laissaient la plus grande initiative : « Nous voulons et entendons, dit le roi, que vous puissiez pourvoir à tout ce qui regarde le bien de notre service, l'observation de nos ordonnances touchant la justice, police et finances, et le bien et le devoir de nos sujets dans toute l'étendue de votre généralité. »

Comme officier de justice, l'Intendant a le droit de présider les Présidiaux et autres tribunaux royaux de son ressort, quand il le juge à propos, et quel que soit le procès en délibération. Hors des tribunaux de justice ordinaire, il exerce le pouvoir judiciaire dans toutes les questions administratives : « En toutes matières pour lesquelles nos Rois n'ont pas établi de juges, ils sont censés en avoir réservé la connaissance à Eux et à leur conseil ; et c'est par cette raison qu'il a été sagement établi que,

dans chaque province ou généralité, l'Intendant,
membre du Conseil du Roi en connût. » Telle est l'origine du pouvoir judiciaire délégué par le roi à l'Intendant. Celui-ci n'est donc point un juge nouveau substitué
aux anciens : son autorité est parallèle à celles des tribunaux existants. Sa juridiction est limitée aux cas qui
n'appartiennent pas aux juges déjà en fonction : et,
comme elle n'est que l'exercice d'une prérogative royale,
elle n'est point décisive, tant qu'elle n'a pas obtenu l'approbation immédiate du roi ou de ses ministres.

Le pouvoir judiciaire de l'Intendant s'exerça dans
toutes les branches de l'administration : 1° *Dans les
finances*, il juge toutes les oppositions des contribuables
aux taxes qui paraissent exagérées : tous les procès relatifs à l'impôt de la capitation, et à la plupart des impôts
indirects : « Les droits dont l'origine est récente, tels que
ceux des courtiers-jaugeurs, des inspecteurs aux boissons
et aux boucheries, du contrôle, du centième denier, des
amortissements sont soumis à la juridiction de l'Intendant. » Il y avait beaucoup d'autres droits dont le contentieux relevait de ces fonctionnaires, entre autres le droit
sur les cartes et les tarots, les droits d'octroi, les droits
sur les papiers et amidons ;... droits si nombreux qu'il
est superflu de les énumérer tous ; on peut dire que le
contentieux financier était livré à l'Intendant. 2° *Dans
l'administration militaire*. L'Intendant est juge de tous les
délits commis par les troupes de passage ou en garnison
dans la généralité, « ayant pouvoir de faire et parfaire le
le procès à tous les gens de guerre coupables, et à tous
ceux qui commettront des rébellions, empêcheront ou
s'opposeront à la levée des deniers de Sa Majesté ». L'Intendant statuait aussi sur les exemptions de logement

des gens de guerre, sur les exemptions de la milice, sur les contestations relatives aux charrois et aux réquisitions. 3° *Dans les travaux publics*. La compétence judiciaire de l'Intendant s'étend à toutes les contestations que provoquent ces matières délicates. Les arrêts rendus à ce sujet devaient être exécutés par provision ; les condamnés n'en pouvaient appeler que devant le roi ; car les autres cours et juges du roi n'avaient pas le droit de connaître de tels procès. 4° *Dans diverses juridictions*. Une multitude de contraventions, relevant de diverses administrations, étaient de la compétence de l'Intendant. Il jugeait par exemple les délits relatifs aux règlements sur les épizooties, sur les battues aux loups, sur le commerce des grains, etc. Ainsi les Intendants étaient en réalité les maîtres de la justice administrative dans toute l'étendue de la généralité. D'autre part (et c'était la plus grave de leurs attributions), ils devaient dénoncer tous les abus commis par les tribunaux ordinaires dans l'administration de la justice, soit en matière civile, soit en matière criminelle. « Vous pourrez, dit le roi à l'Intendant, connaître de toutes injustices, foules et oppressions que les sujets du roi pourraient souffrir des officiers et ministres de la Justice par corruption, négligence, ignorance ou autrement, en quelque sorte et manière que ce soit, et de toutes contraventions aux ordonnances. » Ainsi l'Intendant est le juge des juges. On peut donc dire que, dans les provinces, le chef de la justice n'était autre que le chef de l'administration.

Comme officier de police, l'Intendant avait le pouvoir le plus absolu et les attributions les plus diverses. Ce mot police, au dix-huitième siècle, avait un sens très large et mal défini. L'on confondait volontiers *police* avec *administration*. En cette matière, l'Intendant devait s'occuper des affaires religieuses, de la presse, de la santé publique, du commerce des denrées alimentaires, du service des incendies, des postes et messageries, des lettres de cachet, de la répression des crimes et délits, du recrutement du personnel chargé spécialement des opérations de police. En matière ecclésiastique, l'Intendant exerçait une surveillance active sur tous les ministres des cultes, quelquefois il tranchait, de sa seule autorité, les querelles entre curés et paroissiens. En matière de presse, il avait un pouvoir discrétionnaire, faisait des enquêtes, des perquisitions, des saisies chez les imprimeurs, les libraires, les bouquinistes, interdisait l'impression des ouvrages qui pouvaient déplaire au roi, aux ministres, vendait le titre d'Imprimeur du roi. Pour la santé publique, il tenait les communes en tutelle : leur distribuait des boîtes de remèdes, envoyait des médecins et des chirurgiens partout où se déclarait une épidémie, exerçait une surveillance attentive sur les innovations et réclames médicales, sur l'enseignement de la médecine, sur les hôpitaux dont il nommait les administrateurs et contrôlait la comptabilité. Pour les postes et les messageries, il décidait de toutes contestations entre voyageurs et loueurs de voiture. Enfin, chargé de la répression des crimes et délits, il a le droit de faire arrêter et emprisonner les coupables. Il surveille les dépôts de mendicité, les prisons, il donne des ordres à la maréchaussée qui, semblable à notre gendarmerie actuelle, était un corps militaire relevant des autorités judiciaires et administratives.

Enfin, comme officier de finances, l'Intendant est le véritable répartiteur de l'impôt direct. Il peut taxer d'office 'tous ceux qui ont échappé à la taxe ordinaire des collecteurs : Tous les agents financiers de la généralité lui obéissent. « Domaines, aides, finances, droits de fouage et de monéage, amendes, péages, droits de greffe, émoluments du sceau des chancelleries, droits de sceau, contrôle des actes et des exploits, en un mot impositions de toute nature dépendaient des Intendants. » Ces fonctionnaires étaient donc véritablement maîtres de la fortune des sujets du roi. L'ancien axiome des États généraux, qui donnait à la nation le droit de consentir l'impôt, et d'en contrôler l'emploi, était depuis longtemps oublié : le roi et ses ministres ordonnaient souverainement dans toutes les questions de finance. Ces ordres étaient fidèlement exécutés par les Intendants.

Tel était le pouvoir de l'Intendant, dans la justice, dans la police, dans les finances. On se figure aisément la crainte respectueuse qu'il inspirait à la masse de la nation, l'aversion enragée que la Noblesse ressentait pour cet intrus, la jalousie âpre et étroite qui animait tous les magistrats contre celui qui s'était enrichi de leurs dépouilles. Il faut entendre le marquis de Mirabeau juger la fonction et le fonctionnaire : « Les préposés de la Cour, dit-il, sont les Intendants, sorte de magistrature informe et monstrueuse, à laquelle on obéit toujours cependant sans contradiction dans les provinces, et contre laquelle il serait inutile et nuisible de se raidir directement : mais il faut éviter de se laisser éblouir par l'apparence de crédit que *ces espèces-là* semblent avoir.

» Tout leur est égal, pourvu qu'ils brillent et se fassent valoir; ennemis naturels de toute autorité autre que la leur, c'est sans contredit la pire espèce de tous et contre lesquels il faut être le plus en garde. Si je donnais ici des conseils violents, je dirais volontiers comme le Sage :

« Écrasez le scorpion ou n'en approchez pas.

» En général, *toute cette clique* est l'objet de l'aversion du peuple et des notables; mais on en est venu à un tel point d'abaissement, qu'on n'honore plus que ce que l'on craint, et que tous ces gens-là se font faire la cour, comme l'on sacrifiait autrefois au diable, pour qu'il ne fît pas de mal ! »

Qu'aurait donc dit le marquis, s'il s'était permis la violence? La crainte qu'inspirent les fonctionnaires et les magistrats est en proportion de la puissance dont ils sont investis. Ils devaient être bien faits pour inspirer une telle aversion. Les magistrats de la Cour des Aides leur reprochaient cet excès de puissance. Dans leur protestation d'avril 1761, ils écrivaient :

« Les quatre caractères de l'autorité despotique sont:

» 1° De résider dans un seul homme ;

» 2° De n'être pas restreinte par la loi ;

» 3° De n'être sujette à aucun recours ;

» 4° Enfin de n'être contrebalancée par aucune autorité.

» Ces quatre caractères constituent précisément l'autorité accordée aux commissaires-départis. »

Et ils ajoutaient :

« Telle est, Sire, cette autorité énorme et abusive, confiée aux commissaires-départis qu'en supposant à ces magistrats toute l'exactitude et toutes les lumières qui leur sont nécessaires, ils ne peuvent jamais répondre de ce nombre considérable de subdélégués, secrétaires, financiers, préposés au recouvrement, et d'autres subalternes de ces subalternes, dont le ministère leur est nécessaire. »

Ces protestations de la magistrature « frappée à la prunelle de l'œil par les Intendants », n'étaient que l'écho de l'opinion publique. Ainsi la centralisation administrative de l'Ancien Régime avait déjà livré la France *aux subalternes des subalternes.* Les abus de pouvoir de ceux-ci furent tels, qu'avant 89 la nation réclama, avec énergie, sinon la suppression des Intendants, du moins la restriction de leur puissance. De même que dans le gouvernement, l'opinion publique réclamait l'établissement d'un pouvoir national au-dessus ou auprès du pouvoir royal; ainsi dans l'administration, elle appelait de **tous ses vœux** le partage du pouvoir administratif entre **les agents de** l'État et les habitants des provinces. Elle voulait une part dans l'administration comme dans le gouvernement. Ce vœu obtint même un commencement de satisfaction, avant 89, dans le célèbre Essai des *Assemblées provinciales* , auxquelles nous consacrerons notre prochain chapitre.

CHAPITRE TROISIEME

LES ASSEMBLÉES PROVINCIALES

Premiers essais pour associer les représentants de la Nation aux agents du roi pour l'administration provinciale. — Les plans de Turgot, Necker, Calonne.

Les assemblées provinciales de Haute-Guienne et de Berry. — Les assemblées provinciales établies dans tout le royaume par Loménie de Brienne. — Leur organisation, leurs travaux; résultats.

Presque tous les ministres réformateurs du règne de Louis XVI voulurent associer, dans certaines limites, les représentants de la Nation aux agents du pouvoir pour l'administration des provinces. Leurs premiers ennemis, leurs ennemis nécessaires devaient être les Intendants dont ils réduisaient la puissance, et qui se coaliseraient inévitablement pour faire échouer tous les projets de réforme. Habitués au commandement, ces fonctionnaires étaient peu disposés à subir le contrôle de provinciaux, qu'ils avaient jusqu'alors courbés sous leur administration despotique. Ce contrôle eût été pour leur orgueil la plus douloureuse humiliation. C'est ce que prévoyait Necker lorsqu'il déclarait que, parmi tant d'autres vertus, il fallait surtout enseigner aux Intendants la modestie. A cette condition seule, une réforme serait possible. « Alors, dit ce ministre, aucun intendant ne paraîtrait jaloux d'être seul promoteur du bien qu'on peut faire dans son département ; alors il n'envierait point la part que le souverain voudrait confier à des administrations provinciales ; il trouverait que c'est encore un beau rôle de suivre le développement de ces administrations, de seconder leurs travaux, et d'éclairer à cet égard l'opinion du gouvernement... malheureusement il faut une sorte d'élévation dans l'esprit et dans les sentiments pour apercevoir dans l'administration publique quelque chose de plus attrayant que le charme du commandement. » Et, en effet, la plupart des intendants n'eurent point cette élévation ; ils restèrent sous le charme de leur puissance, qu'ils défendirent avec une secrète énergie contre toutes les innovations. Sans doute, ils n'allèrent point jusqu'à la guerre ouverte ; fonctionnaires, ils surent sauver les apparences ; ils parurent même venir en aide aux ministres réformateurs : en réalité, ils ne firent rien pour faire réussir les assemblées provinciales dans leur œuvre ; ils firent tout pour les faire échouer.

Les hommes d'État qui projetèrent de créer, ou qui créèrent des assemblées provinciales sont : Turgot, Necker, Calonne, Loménie de Brienne.

Turgot s'était préoccupé d'introduire dans toutes les provinces du royaume une administration régulière et uniforme. Pour mettre fin aux abus de pouvoir des fonctionnaires, conséquence inévitable d'une centralisation

excessive et mal réglée, il demandait, dans son **Mémoire
sur les municipalités**, que les citoyens fussent associés
aux agents du roi pour la bonne administration des provinces. Il aurait voulu établir :

1° Des assemblées ou municipalités de paroisses et de
villes ;

2° Des municipalités de districts ;

3° Des municipalités de provinces ;

4° Une municipalité du royaume.

A chacune de ces assemblées, il aurait donné les droits
suivants :

1° Répartir les impositions ;

2° S'occuper des ouvrages d'intérêt public, particulièrement des chemins établis sur le territoire de la paroisse, du district, de la province ;

3° Veiller à la police des pauvres, à leur soulagement,
à l'établissement d'ateliers de charité.

En suivant ce plan, on aurait donné, à la Nation représentée par ses élus, la plupart des attributions de l'Intendant. Quant à la composition de ces assemblées, elle
aurait été soumise, d'après le plan de Turgot, aux règles
suivantes :

Chaque citoyen, ayant un revenu annuel de 600 francs,
aurait droit à une voix dans l'assemblée municipale de
sa paroisse. Chaque citoyen, ayant un revenu supérieur
à 600 francs, aurait droit à autant de voix qu'il aurait de
fois 600 francs de revenu. Les citoyens, ayant un revenu
inférieur à 600 francs, auraient droit à une part de voix
proportionnelle à leur revenu ; ils se réuniraient pour
élire entre eux le nombre de délégués auxquels ils auraient droit.

La municipalité de ville serait constituée de la même

façon que la précédente, mais l'unité de rente exigée serait 1,500 francs.

La municipalité de district ou d'arrondissement devait être formée des députés des municipalités de villes et de paroisses, à raison de 1 député par ville ou paroisse, et 2 députés par capitale de province.

La municipalité de province serait formée des députés des municipalités d'arrondissement, et Turgot calculait que les membres de ces municipalités provinciales seraient au nombre de trente environ.

Enfin, la municipalité nationale du royaume tout entier serait composée des députés des municipalités provinciales.

Turgot avait prévu les moindres détails du mécanisme qui devait faire agir successivement toutes ces assemblées. Les municipalités de paroisses et de villes devaient se réunir en septembre ; celles d'arrondissement en octobre; celles de province à la fin du même mois. La municipalité nationale devait tenir ses séances à Paris dès les premiers jours de novembre. Chaque député provincial devait apporter à cette dernière assemblée l'extrait des cahiers de sa province; de tous ces matériaux réunis, on aurait constitué l'*État au vrai* du royaume : de leur comparaison, on aurait déduit avec exactitude les charges fiscales qui devaient peser sur chaque province. A la fin de décembre, les députés à l'assemblée nationale pouvaient rentrer dans leurs provinces. Alors, dans sa deuxième session, l'assemblée provinciale pouvait répartir l'impôt entre les arrondissements, enfin, dans leur deuxième session également, les assemblées d'arrondissement et de paroisse auraient assigné à chaque propriétaire la part d'impôt qu'il avait à payer. Tout ce travail administratif — aller et retour — devait durer environ six mois.

Telle est la première et timide ébauche de l'organisation d'un pouvoir national à côté du pouvoir royal. Il est
sans doute facile de la critiquer. On demanderait à
Turgot pourquoi il excluait les pauvres ; pourquoi il
xcluait les riches qui n'étaient pas propriétaires fonciers.
.Ce disciple des physiocrates aurait répondu : « C'est la
possession de la terre qui, liant indélébilement le possesseur à l'État, constitue le véritable droit de cité. » Erreur
politique et économique, qu'il n'est point utile de réfuter
ici... On lui demanderait encore, pourquoi il donnait à la
Nation, pendant six mois, une partie de la puissance
administrative, pour la condamner ensuite à un repos
obligatoire pendant un an et demi ; pourquoi enfin, il
poussait la timidité jusqu'à refuser le droit de voter
l'impôt à ces assemblées, auxquelles il accordait le droit
de le répartir. — Sans doute, le projet de Turgot n'était
point parfait, et le ministre de Louis XVI aurait promptement, à l'usage, aperçu ses imperfections. Les courtisans, en faisant tomber Turgot, en empêchèrent l'essai.

Necker devait le reprendre. Bien que son plan de réforme
fût moins complet et moins hardi que celui de Turgot, il
comprenait pourtant un projet sérieux d'organisation d'assemblées représentatives. Necker aurait volontiers répété,
après le marquis de Mirabeau : « Une nation, qui n'est pas
représentée, est semblable à un homme privé de la parole ;
il ne lui reste que ses bras pour faire connaître ce qu'il
demande. » Necker pensait qu'il valait mieux écouter ses
vœux et ses plaintes que lui laisser prendre le fusil. Toutefois ce méthodiste prévoyant crut qu'il fallait avancer,
avec la plus grande prudence, dans cette voie de réforme.
Convaincu que toute innovation utile gagne à être expé-

.rimentée, de telle sorte qu'on puisse mettre en pleine
lumière ses bons résultats, il voulut, avant de généraliser
le système des assemblées provinciales, en créer une seule
dans une province déterminée, et, par l'exemple de
celle-ci, démontrer la nécessité d'étendre la réforme à
tout le royaume. Un arrêt du Conseil du roi du 12 juillet 1778 ordonna donc la formation, dans la province de
Berry, d'une assemblée composée de 12 ecclésiastiques,
12 membres de la Noblesse, 24 membres du Tiers-Etat
(dont moitié pour les villes, et moitié pour les campagnes). Cette assemblée serait présidée par l'archevêque
de Bourges ; elle aurait le droit de répartir les impôts de
la province, d'en faire la levée, de diriger la confection
des grands chemins et les ateliers de charité, ainsi que
tous les autres objets que le roi jugerait à propos de lui
confier. Elle siègerait un mois tous les deux ans, en présence d'un commissaire du roi. Dans l'intervalle des
sessions, elle serait représentée par un bureau choisi
dans son sein, et chargé de contrôler tous les détails de
l'administration financière. Le roi permettait à l'assemblée d'émettre des vœux relatifs à l'administration.

Quant à sa composition, elle serait réglée de la manière
suivante : Le roi désignait les seize premiers membres.
Ceux-ci choisissaient eux-mêmes les trente-deux autres.
Un règlement, qui devait être rédigé ultérieurement, éta-
blirait définitivement la loi électorale pour la formation
de l'Assemblée.

Telle fut — en dehors des pays d'États — la première
organisation d'une représentation provinciale en France.
Necker pensait bien étendre cette réforme à tout le
royaume, et il l'étendit à quelques provinces, mais il fut
renversé au milieu de son entreprise.

L'insuccès passager de Necker ne pouvait détruire les
espérances des réformateurs. Les avantages de ces assemblées étaient trop évidents, trop faciles à établir et à
défendre ; ils s'imposaient avec un caractère de si inévitable urgence que, tôt au tard, il faudrait bien achever
l'expérience. Quelle raison sérieuse aurait-on pu opposer
à cet argument de Necker en faveur des Assemblées provinciales ? « Le roi, disait-il, serait bien mal servi par
ceux qui ne compteraient pour rien l'opinion publique.
Les regards publics sont les seuls qui puissent suffire à
l'immensité des observations, dont toutes les parties de
l'administration sont susceptibles. Sans doute, ces regards importunent ceux qui gèrent les affaires avec non-
chalance ; mais ceux qu'un autre esprit anime voudraient
multiplier de toute part la lumière. » On ne pouvait mieux
établir l'utilité du contrôle national sur les actes des
agents du roi. L'association des représentants de la Nation, et des fonctionnaires royaux pour l'administration
des provinces, y devint une nécessité : le roi ne pouvait
longtemps s'y soustraire.

Calonne lui-même la subit. Tout en conduisant gaie-
ment la Monarchie à la ruine financière et à l'abîme politique, il voulut, lui aussi, présenter au roi, son plan de
réforme administrative. Il en expliquait l'importance en
déclarant « qu'il fallait réformer tout ce qui était vicieux
dans la constitution de l'État ». Ce Tabarin politique
voulait jouer les Lycurgue et les Solon. Il disait avec
solennité, « qu'il était indispensable de reprendre en sous-
œuvre l'édifice entier pour en prévenir la ruine ». Ce
n'était certes pas difficile de critiquer les abus de l'administration française, ses inégalités, son incohérence, en
un mot sa confusion. Mais il ne suffisait pas de condam-

ner, il fallait exécuter. Calonne prétendait supprimer toute différence entre pays d'États et pays d'élection, entre pays d'administration provinciale et pays d'administration mixte; entre provinces étrangères, provinces réputées étrangères et provinces des cinq grosses fermes; il voulait substituer, à la diversité des coutumes, l'unité de la loi, en un mot, *uniformiser l'administration* en accordant à toutes les provinces le droit de participer à la gestion de leurs propres intérêts. C'est pourquoi, comme Necker et Turgot, il demandait l'établissement d'assemblées chargées d'aider et de contrôler les agents du pouvoir central. Il se proposait de les établir à trois degrés : l'Assemblée de paroisse; 2° Assemblée de district; 3° Assemblée de province. Chacune aurait eu le droit de procéder à la répartition des impôts directs, aurait pu émettre des vœux sur la nature même des contributions à établir. L'abolition immédiate des corvées, des douanes intérieures, des maîtrises ou du moins de leurs principaux abus, aurait été la première conséquence de cette révolution administrative.

Ce plan, proposé par Calonne, n'était que la reproduction partielle de ceux de Necker et de Turgot. Aussi Louis XVI, lorsque ces projets de réforme lui furent soumis, s'écria-t-il : « Mais c'est du Necker tout pur que vous me donnez-là. » A quoi Calonne répondit : « Sire, dans l'état des choses, on ne peut rien vous donner de mieux. » Ainsi, quel que fût le ministre auquel il accordait sa confiance, le roi était toujours ramené à l'inéluctable problème : réformer l'administration pour sauver l'État.

En 1787, Loménie de Brienne parvint à faire accepter, par Louis XVI, le système des Assemblées provinciales, telles que les avait imaginées Necker. Celle de Berry avait continué ses travaux avec quelques succès. D'autres assemblées avaient été organisées d'après le même plan. En 1779, le Dauphiné en avait obtenu une, et le gouvernement y avait maintenu le principe de la double représentation du Tiers-État et du vote par tête. Mais cette assemblée eut des séances tumultueuses, et perdit son temps en vaines querelles. La même année (11 juillet 1779), la généralité de Montauban ou de Haute-Guienne obtint du Conseil du roi le droit d'organiser une assemblée provinciale. Elle fut composée de 52 membres : 10 membres du Clergé, 16 gentilshommes, 26 membres du Tiers. Le 19 mars 1780, une quatrième assemblée provinciale avait été établie dans les mêmes conditions à Moulins pour le Bourbonnais, le Nivernais et la Marche. Cette assemblée fut si divisée, qu'elle ne put se constituer ; et cet échec, commenté par les ennemis de Necker, avait puissamment contribué à la chute du contrôleur général. Néanmoins, les assemblées provinciales de Guienne et de Berry fonctionnèrent jusqu'en 1789. Aussi, l'édit du 22 juin 1787, qui porte création d'assemblées dans toutes les provinces du royaume, commence-t-il par rendre justice aux innovations de Necker en constatant leurs résultats.

« Les heureux effets, dit cet édit, qu'ont produits les administrations provinciales, établies par forme d'essai dans les provinces de Haute-Guienne et de Berry, ayant rempli les espérances que nous en avions conçues, nous avons jugé qu'il était temps d'étendre le même bienfait aux autres provinces du royaume. Nous avons été confirmé dans nos résolutions par les délibérations unanimes des notables, que nous avons appelés auprès de nous, et qui nous ont supplié, avec instance, de ne pas différer à faire jouir tous nos sujets des avantages sans nombre que ce bienfait a produits. » Ainsi, d'une part, le succès des deux assemblées provinciales créées par Necker, de l'autre, le vœu unanime des notables convoqués par le roi, c'est-à-dire le résultat acquis des réformes tentées, et les espérances conçues des réformes désirées, forcèrent Louis XVI à généraliser l'institution dans tout le royaume par l'édit important dont nous donnons quelques articles :

« ARTICLE Ier. — Il sera dans toutes les provinces de notre royaume, où il n'y a point d'États provinciaux, et suivant la division qui sera par nous déterminée, incessamment établi une ou plusieurs assemblées provinciales... sans que le nombre des personnes, choisies dans les deux premiers ordres, puisse surpasser le nombre des personnes choisies pour le Tiers-État... (Ce même article déclarait qu'il fallait payer les impositions foncières ou personnelles de la province pour avoir le droit de siéger à l'assemblée.)

« ART. V. — Il sera loisible aux dites assemblées provinciales de nous faire toute représentation, et de nous adresser tels projets qu'elles jugeront utiles au bien de nos peuples. »

Cette concession dernière est d'une grande importance, car elle ouvre aux assemblées le domaine politique.

Pour pouvoir travailler utilement, ces assemblées devaient s'appuyer sur d'autres assemblées d'ordre inférieur, établies dans les élections et même dans les paroisses. Celles-ci, en rapport constant et immédiat avec les populations, devaient faire des enquêtes sur des matières déterminées, et prêter un concours absolu à l'Assemblée provinciale. Aussi, le 5 août 1787, le gouvernement publia un règlement « sur les fonctions des assemblées provinciales et de celles qui leur sont subordonnées, ainsi que les relations avec les intendants des provinces. Ce règlement contient cinq chapitres : la seule énumération des titres des chapitres peut faire apprécier l'importance de la création :

I. Fonction des assemblées municipales (répartition de l'impôt par communauté).

II. Fonction des assemblées d'élection (lien entre les assemblées principales et les assemblées provinciales).

III. Fonction des assemblées provinciales.

IV. Fonctions respectives du Commissaire départi et de l'assemblée provinciale.

V. Le cérémonial (il était extraordinairement respectueux à l'égard de M. le Commissaire départi).

L'assemblée provinciale n'eut pas tout d'abord le droit de constituer son bureau. Le président de chaque assemblée fut, en 1787, désigné par le roi qui le choisit soit dans l'ordre de la Noblesse, soit dans celui du Clergé, jamais dans le Tiers-État. Ce président par investiture royale devait rester six ans en charge. Son successeur serait élu par l'assemblée, qui présenterait au roi une liste de sujets dignes de cet honneur et de cette mission. Le roi choisirait parmi ces candidats désignés par l'assemblée celui qui lui conviendrait le mieux. Toutefois, si le président en exercice était de l'ordre du Clergé, son successeur devait être de l'ordre de la Noblesse, et réciproquement. Ainsi la présidence alternerait entre les membres des deux ordres privilégiés.

Ces assemblées, appelées à travailler aux affaires de la

province, devaient faire des frais que la province dut inévitablement couvrir. Les déplacements onéreux pour
beaucoup de membres, les dépenses d'installation et
d'entretien au chef-lieu de la généralité ne pouvaient
rester à la charge des députés. Aussi, lorsque les paysans de l'Orléanais apprirent l'organisation de ces assemblées et les dépenses qu'elles entraîneraient, s'écrièrent-
ils : « Encore de nouvelles mangeries ! » Craintes exagérées ; les dépenses furent restreintes dans les plus étroites
limites. Des assemblées, créées surtout pour rétablir
l'économie dans les services publics, ne pouvaient pas
donner l'exemple de la dilapidation des finances. Ceux-là
mêmes, qui avaient été appelés à l'honneur d'y siéger,
devaient se contenter d'honoraires qui leur permettaient
de vivre simplement, et qui n'étaient que la juste rétribution du travail consacré aux intérêts de leurs concitoyens.
Certaines assemblées, dans un beau mouvement de générosité, refusèrent même toute indemnité ; celles de
Metz et de Caen, entre autres. A Châlons-sur-Marne,
quelques membres ayant offert de siéger gratuitement,
leur proposition fut repoussée, parce que certains députés étaient trop pauvres pour être astreints à ce désintéressement : l'assemblée ne voulut point établir de
distinction entre ses membres qui reçurent tous leurs
honoraires.

Dans le but d'activer les travaux et par conséquent de
restreindre les dépenses, il fut, presque partout, convenu
tacitement que les membres des assemblées éviteraient
autant que possible toute réception, banquets, soirées
et autres occasions de dépense : « Les assemblées provinciales, dit un *Mémoire* de 1788, n'ont point de lois
somptuaires ; mais le roi les a fait exhorter par son

ministre à les établir. Il paraît que les lois somptuaires d'une assemblée provinciale pouvaient se borner à supprimer les tables, et à fixer que chacun des membres qui la composent vivrait à ses dépens. C'est aussi ce que le roi leur a fait recommander... et elles se sont assez généralement rendues au désir de Sa Majesté. — Le luxe des tables a un danger particulier dans les assemblées : c'est de distraire, des affaires publiques, et celui qui représente, lequel est toujours l'homme chargé principalement des affaires, et ceux qui jouissent de la représentation. » Les assemblées provinciales étaient ainsi condamnées à un ascétisme officiel.

En examinant les règlements, en vertu desquels furent constituées ces assemblées, on voit qu'elles étaient l'œuvre de la Royauté plutôt que de la Province; leurs membres devaient être les serviteurs du roi plutôt que les représentants du pays. Uue assemblée provinciale devait comprendre quarante-huit membres : Le roi en nommait vingt-quatre sur la présentation de l'Intendant. Ceux-ci, une fois réunis, choisissaient à leur tour vingt-quatre de leurs concitoyens pour compléter le nombre légal de quarante-huit. Or, bien que cette seconde moitié de l'assemblée dût être nommée en assemblée solennelle et au scrutin, il arriva que cette élection fut arrêtée d'avance par les plus influents personnages de la Province. Il n'y eut pas de candidature posée ou combattue; il n'y eut pas de lutte électorale; les membres à élire étaient si bien désignés d'avance, qu'ils étaient à la porte, « attendant l'instant d'avoir leurs entrées pour faire les révérences d'usage ». L'assemblée, enfin au complet, organisait les assemblées d'élection, d'après les procédés mêmes qu'on avait suivis pour sa propre constitution. Elle nommait douze membres pour l'assemblée d'élection. Ceux-ci, à leur tour, en nommaient douze autres, pour former le nombre légal de vingt-quatre membres pour chaque assemblée d'élection. Enfin les mêmes règles présidaient à la formation des assemblées de paroisse.

Il fut facile aux écrivains politiques d'attaquer ces règles électorales : elles n'étaient certes pas les plus raisonnables pour constituer une véritable représentation de la province, de l'élection, de la commune. La marche absolument contraire eût été beaucoup plus logique. Au lieu d'une première assemblée, imposée à la province par le roi, d'une assemblée d'élection imposée à cette circonspection par l'assemblée provinciale, d'une assemblée de paroisse imposée à la communauté par l'assemblée d'élection, il eût été plus naturel de laisser les municipalités réunies nommer les assemblées d'élection, et celles-ci, les assemblées provinciales. « On a fait, dit un pamphlet de l'époque, tout le rebours de ce qu'il fallait pour avoir une véritable assemblée provinciale, où tous les membres auraient dû être les représentants de la province. *Nous n'avons été ni consultés, ni assemblés; nous n'avons pas voté. Un imprimé nous a appris que nous avions tels ou tels pour représentants, et qu'il fallait croire de par le roi qu'ils nous représentaient, sans observation, sans discussions, et même sans avoir été entendus.* » Cette piquante observation fixe avec précision la nature de ces assemblées : elles dérivent de la Royauté, et ne sortent point des entrailles de la Nation. Elles existent par le roi, le vote national n'étant pas et ne pouvant pas être, dans une monarchie absolue, la source légitime d'un pouvoir quelconque. Turgot avait demandé des assemblées élues par la Nation. Necker et de Brienne constituaient des assemblées nommées par le roi.

Cette réserve faite sur leur origine, il est juste de constater que les assemblées ont pris au sérieux leurs fonctions, et que, par l'ardeur de leurs discussions, la multiplicité de leurs travaux, les études et les enquêtes scrupuleuses de leurs diverses commissions, elles se sont montrées dignes de la confiance que le roi avait placée en elles. La lecture de procès-verbaux de leurs séances et des Mémoires sur les nombreuses questions, qui furent soumises à leurs délibérations, révèle un général désir de faire le bien. Quoique souvent mal secondées par les Intendants, qui craignaient pour eux-mêmes une diminution d'autorité, les assemblées se sont pourtant, dans toute l'étendue de la France, associées avec confiance et dévouement à ce premier essai de décentralisation administrative.

En Champagne, par exemple, l'Intendant Rouillé d'Orfeuil laissa l'assemblée complètement maîtresse de ses travaux. Elle avait la ferme résolution de bien employer son temps, s'il faut ajouter foi à son Président, l'archevêque de Reims, duc de Talleyrand-Périgord, qui prononça, dans la séance solennelle d'ouverture, ce curieux discours :

« Tous les ordres de l'État ne forment plus qu'un même corps par le même désir, la même volonté, le même zèle et la même reconnaissance. La Noblesse aujourd'hui est moins fière de ses titres honorables qu'ambitieuse de considération publique. Le Tiers-État, affranchi par la raison des préjugés que de vaines distinctions voudraient établir parmi les hommes, est plus éclairé dans les justes égards que les distinctions réelles méritent dans une monarchie. Le Clergé, le premier des citoyens par son caractère et le premier des ordres par ses privilèges qu'il tient de l'antique Constitution du royaume, forcé de conserver le maintien de son administration particulière, ne désire rester libre dans ses revenus que pour se montrer libéral dans ses dons.

» L'étude de l'Administration publique a cela de particulier qu'elle élève l'âme en occupant la pensée. En se livant à ce travail on n'est point fatigué de ce vague qui règne dans les autres études, de ce mécontentement de soi qui nous agite au milieu de vos veilles, etc., etc. »

Si le clergé champenois paraissait peu disposé à l'abandon de ses privilèges, il était du moins tout prêt à consacrer ses veilles et ses travaux aux intérêts de la province. Quand l'assemblée eut à discuter l'égalité de tous devant l'impôt, la Noblesse fit comme le Clergé, elle songea à sauver ses privilèges en « faisant des réserves au sujet du maintien de leurs droits spéciaux et de leurs immunités ». Ces réserves furent accueillies par les membres du Tiers. Cela lui fut vivement reproché. « Et nous avions, dit le pamphlet déjà cité, présents à ces réserves les représentants du pauvre Tiers et étique État, et nos représentants ont baissé les yeux, ont acquiescé aux réserves ci-dessus par leur signature à la fin du procès-verbal : il ne s'est pas trouvé parmi eux un seul être qui ait osé faire au moins réserve des réserves. » En matière d'égalité, les esprits n'étaient pas encore préparés aux concessions absolues.

Mais les questions d'affaires furent abordées avec une grande résolution, et traitées avec l'attention la plus scrupuleuse. L'Assemblée se partagea en quatre bureaux de douze membres chacun : 1º Bureau des fonds et de la comptabilité ; 2° Bureau de l'impôt ; 3° Bureau des travaux publics ; 4° Bureau du bien public. D'autres commissions, à peu près indispensables dans les assemblées délibérantes, furent également instituées : entre autres, une commission de rédaction des procès-verbaux, une commission du règlement, une commission des archives.

Bureaux et commissions travaillèrent avec un zèle qui ne se démentit point. Parmi les rapports qu'ils rédigèrent et soumirent à l'approbation de l'assemblée entière, il faut citer :

Le rapport sur la suppression de la corvée, sur la capitation des nobles, sur l'organisation d'ateliers de charité pour le soulagement des malheureux, sur les manufactures de la province, sur la taille, sur le vingtième. Les uns sont de véritables thèses historiques d'une ampleur et d'une science remarquables ; le rapport sur la taille, par exemple, qui reprend la question dès son origine, en 1544. D'autres s'appuient sur des statistiques consciencieuses, comme le rapport sur les manufactures qui renferme de curieuses révélations et qui se termine par ce cri d'alarme : « Le peuple va manquer de subsistance ; une infinité de journaliers depuis le mois de mars sont sans occupation ; les trois quarts des métiers sont démontés... Ces tristes vérités sont prouvées par les requêtes des fabricants de Troyes, les plaintes de ceux de Reims, de Sedan, et la déclaration formelle de l'inspecteur des manufactures. » Presque tous les rapports, après avoir constaté le mal, proposent le remède et, si l'on voulait les dépouiller de tous, on prouverait aisément que cette assemblée, loin d'être timorée, ne reculait point devant les plus énergiques réformes.

Dans les autres provinces du royaume, les assemblées

instituées en 1787 fournirent à peu près la même carrière ; on peut dire que le pays tout entier était dès cette époque en proie à la fièvre des réformes ; il ne se contentait pas de formuler des vœux, il voulait faire entrer les réformes dans la pratique ; de la théorie on descendait à l'application ; la Nation s'intéressait à ces travaux. La Révolution commençait donc pas des tentatives de réforme administrative.

Cet essai d'assemblées provinciales a été diversement jugé et par les contemporains et par les historiens qui les ont étudiées. Aux yeux des défenseurs aveugles des prérogatives royales, c'était une concession funeste aux droits du trône ; aux yeux des théoriciens du droit populaire, c'était un vain simulacre, sans réalité. Les mécontents furent en majorité.

Les premiers écrivirent : « Les assemblées provinciales présentent à l'œil observateur une contradiction évidente avec la Constitution monarchique. Tous les monarques français ont réussi, jusqu'à ce jour, avec des ministres, à gouverner le royaume. Comment se fait-il qu'on reconnaisse maintenant que les divisions de ce même royaume, appelées provinces, ne peuvent être administrées chacune que par trois cent trente-six personnes ; ce qui fait pour trente-deux provinces, dix-sept cent cinquante-deux personnes employées en sus, puisqu'on ne réforme point les commissaires départis ? Cette idée est totalement contradictoire, même disparate, avec la forme de notre gouvernement. *Tout le royaume est une monarchie, et les provinces seront des espèces de Républiques.* C'est inadmissible. En administration, plus le nombre des hommes est grand, plus il y a d'abus. » Il était encore facile, à ces défenseurs du gouvernement absolu, de railler l'importance vaniteuse des membres des diverses assemblées, leurs dispositions à empiéter sur les attributions des fonctionnaires, et à faire naître des conflits, l'humilité des agents du pouvoir, quelquefois obligés à de grandes concessions, pour ne point soulever les susceptibilités des membres de la municipalité et de l'assemblée provinciale. On montrait, dans un avenir rapproché, et comme conséquence de la réforme, la désorganisation des services publics.

Cette désorganisation (pour les ennemis irréconciliables de l'ancien régime) était le but de tous leurs efforts. A leurs yeux, les assemblées créées par Loménie de Brienne étaient trop entravées et avaient trop peu d'initiative, pour précipiter ce mouvement qui devait commencer une ère nouvelle. Ils accusaient le roi de défiance à l'égard de la Nation, le ministre de promesses incomplètes et mal tenues, les assemblées de soumission aveugle aux exigences du roi et de ses agents. En un mot, les ennemis de la Royauté reprochaient au gouvernement d'avoir trop peu donné ; ses mauvais amis, d'avoir donné trop.

Il est certain que ces assemblées, en portant la première atteinte à l'autorité royale, jusqu'alors redoutée dans la personne des plus infimes fonctionnaires, ont donné un exemple qui ne devait pas être perdu. Elles ont véritablement mis en présence, pour l'administration des provinces, deux forces rivales : celle des sujets, celle des agents du roi : car c'est avec vérité que, dans son procès-verbal, l'Assemblée de Lorraine déclarait être : «une participation aux fonctions de l'Intendant, à laquelle l'autorité admet les propriétaires de chaque province.» Le duel entre ces deux forces allait commencer.

Enfin elle ont préparé les esprits aux discussions d'affaires et d'intérêts, aux agitations représentatives, à la vie parlementaire telle qu'on la conçoit de nos jours. Elles ont ainsi créé toute une pléiade de provinciaux dévoués ou ambitieux, trop à l'étroit dans leurs petites villes, et tout disposés à tenter un plus grand rôle à Paris même. Elles ont formé pour les prochaines Assemblées de la Révolution un personnel complet d'écrivains politiques, d'orateurs et de rapporteurs, de révolutionnaires.

CHAPITRE QUATRIÈME

ADMINISTRATION COMMUNALE

I. — La vie municipale en France : Subordination de la commune aux agents du pouvoir central.

II. — *Les villes :* Différentes organisations, villes privilégiées, villes rédimées. Vénalité des officiers municipaux.
La tutelle administrative de l'Intendant ; protestation de la Cour des Aides.

III. — *Les communautés de village :* Le syndic et l'assemblée générale des habitants. — Dans certains cas, création de conseils municipaux à la place de l'assemblée générale.

Un des traits permanents de notre histoire nationale est l'importance du régime municipal dans notre organisation administrative et notre vie politique. Les *pagi* et les *civitates* gauloises, les municipes romains, les villes neuves et les villes franches féodales, les communes capétiennes, en sont la preuve. On peut dire que, dès l'époque où les fonctionnaires romains, accablés des responsabilités les plus diverses, attribuèrent une part du travail administratif au vieux pays gaulois, la vie municipale, maintenue par cette invasion, devint encore plus active, et les peuples de la Gaule, débarrassés de tout souci de gouvernement libre, n'eurent plus qu'une seule préoccupation : administrer leurs cités et leurs bourgs. Dans cette nation, qui n'avait jamais eu une vive passion pour un gouvernement général et unique, les intérêts de chaque localité se précisèrent encore. Chaque groupe d'habitants s'efforça de former un centre d'action, nettement séparé des groupes voisins, et surtout de vivre en bons rapports avec le maître, c'est-à-dire l'empereur de Rome, représenté par ses fonctionnaires; en un mot, d'assurer le développement de sa puissance particulière sous la protection un peu lourde des agents du pouvoir central. Telles nous apparaissent les cités gauloises avec leurs corps municipaux de curiales, protégées par les gouverneurs romains, vicaires ou préfets du prétoire; telles sont, dix-huit cents ans plus tard, les communautés de villes et de villages avec leurs échevins, leurs maires et leurs syndics, protégées par les subdélégués, les délégués, et les Intendants.

Si l'on continuait cette comparaison jusque dans les moindres détails, elle ne serait pas moins exacte. L'administration romaine avait tiré presque toute sa force de sa diversité. Mieux que Louis XI, les Romains avaient pratiqué en Gaule l'art de diviser pour régner. A chaque peuple, à chaque cité gauloise, ils avaient assigné des situations et des droits distincts, des devoirs et des privilèges différents : en semant, ou du moins en entretenant les rivalités entre les divers groupes d'habitants, ils savaient bien qu'ils n'auraient pas à récolter d'insurrections nationales. C'est pourquoi leur administration ne fut point uniforme. Le même procédé fut employé par les rois de la dynastie capétienne. Ils distribuèrent inégalement les privilèges et les faveurs. Chaque communauté s'efforça d'en attirer à elle le plus grand nombre, au détriment de ses voisines ; il n'y avait ni règle générale, ni administration uniforme ; et pourtant, comme l'administration municipale tendait à l'asservissement de tous les groupes d'habitants par des procédés différents, ce but fut atteint. En apparence, dans certaines villes, la vie municipale sembla très active ; elle ne fut jamais libre. On peut dire de toutes ces communes qu'elles s'agitent, mais que le pouvoir central les mène. Elle sont toutes sous la dépendance immédiate du roi et de ses agents. Dans la France du dix-huitième siècle, comme dans la Gaule romaine, la vie municipale existe sans la liberté.

Les villes. — Dans leurs rapports avec la Royauté, les villes avaient les situations les plus diverses, les plus opposées. Au point de vue financier — le plus sensible à tous les citadins — certaines villes étaient assujetties à des impôts royaux particulièrement lourds. D'autres, au contraire, en vertu de privilèges anciens, mais authentiques, étaient complètement exempts de ces charges. Toulouse était de ce dernier groupe. Le *Journal* de Danjeau dit, à la date du 5 février 1769 : « La ville de Toulouse a donné au roi 100,000 écus. Il y a dix ans qu'elle fit encore le même *présent* à Sa Majesté. Cette ville ne paye rien du don gratuit du Languedoc ; elle est taxée à 2,000 francs ; et le roi les tient toujours pour reçus. » Enfin, à côté des villes exemptées de l'impôt par privilèges réguliers ou par munificence un peu intermittente de la Royauté, il y avait les *villes rédimées*. Celles-ci, par une contribution une fois

versée, avaient acheté l'exemption de certains impôts.
A côté des villes, exemptes par privilèges ou par rachat,
se trouvaient celles qui n'avaient pu se soustraire qu'à
certaines parties des redevances, à certaines fractions
de l'impôt. Enfin, au dernier rang, il y avait — et c'é-
taient les plus nombreuses — les communautés qui gémis-
saient sous le droit commun. Ainsi, au seul point de vue
financier — le plus important à coup sûr — nous trouvons les différences les plus accusées : la loi fiscale frappe
inégalement les communes de France.

Cette unité, qui n'existe point entre les diverses communautés, on la chercherait en vain entre les habitants
d'une même ville. La situation légale de ceux-ci varie
suivant l'origine, le rang, la fortune des personnes : les
uns payent, les autres évitent l'impôt. L'exemple de l'impôt municipal par excellence — de l'octroi — met cette
vérité en pleine lumière. En 1775, Turgot s'était aperçu
qu'il n'y avait rien de plus irrégulier que la perception
des droits d'octroi dans les villes et dans les simples
communes. Pour établir la régularité de la perception, il
fallait lutter contre l'avidité des fermiers de l'octroi et la
négligence des officiers municipaux. Les tarifs — établis
à la légère — frappaient de droits insignifiants une foule
de marchandises diverses; de là de grandes minuties
dans la perception qu'il était malaisé de ne pas rendre
vexatoire. « Presque partout, dit Turgot, les bourgeois
des villes avaient trouvé moyen de s'affranchir de la
contribution aux dépenses communes, pour la faire supporter aux moindres habitants, aux petits marchands, et
aux propriétaires ou pauvres des campagnes. » Et, après
avoir indiqué le mal, il donne le remède, en déclarant
que « les Intendants doivent supprimer les privilèges

odieux que les principaux bourgeois s'étaient arrogés, au préjudice des pauvres et des habitants de campagnes ».

Ainsi privilèges de ville à ville, privilèges d'habitants à habitants, en un mot variété de situations et d'intérêts ; on ne pouvait mieux assurer le triomphe de la devise : *Diviser pour régner.*

Quant à l'organisations des magistratures municipales dans les villes, elle présentait autant de variété que celle de l'administration financière. Les lois et ordonnances relatives à cette matière sont innombrables, et se contredisent d'année en année. Un coup d'œil rétrospectif, jeté sur quelques-unes d'entre elles, nous fera mieux comprendre ces irrégularités et ces bouleversements.

Dès la fin du dix-septième siècle, Louis XIV, qui n'avait respecté aucune liberté, mit la main sur les fonctions communales. Par l'édit d'août 1692, il enleva à toutes les villes le droit de nommer leur maire ; en même temps il ajouta à cette fonction certains honneurs et certains privilèges qui devaient la faire rechercher ; puis il la mit à l'encan. Il arriva que certaines provinces rachetèrent l'ensemble de ces charges, afin de conserver leur droit d'élire leurs magistrats municipaux. La Bourgogne et le Languedoc furent les deux plus importantes de celles qui consentirent à ce sacrifice. Le roi les laissa payer. En établissant la vénalité de l'office de maire, le gouvernement n'avait eu en vue que la recette : que l'argent fût versé collectivement par la province, ou séparément par le titulaire de la fonction, il restait indifférent à la question, pourvu qu'il encaissât les écus. En 1707, nouvelle intervention du gouvernement. Les charges ayant été très bien payées aux précédentes enchères, le gouvernement pensa à recommencer l'affaire. Deux ou trois maires par ville ne lui parurent pas superflus. Il créa alors des maires *alternatifs*, qui étaient en fonction trois ou quatre mois de l'année, selon que la ville avait trois ou quatre maires. En augmentant le nombre des magistrats, il n'améliora certes point l'administration municipale : ce n'était du reste pas son but.

En 1717, pendant les premières années de la Régence, — cette époque d'énergique réaction contre les excès du grand règne, — on supprima la vénalité des offices municipaux, et on rétablit les anciennes charges électives : générosité lucrative pour le gouvernement de Louis XV ; car elle lui permit quatre ans plus tard, de créer dans tout le royaume de nouveaux offices vénaux, et de les faire payer fort cher. Après trois ans de vente, — tous les offices ayant été achetés, — le trésor n'avait plus rien à espérer de l'expédient financier : le gouvernement rétablit alors la liberté des élections pour les charges municipales.

En 1764, un nouveau système fut appliqué. Le roi choisit les officiers municipaux sur trois candidats présentés par les villes ; et leurs comptes de gestion, au lieu d'être examinés par la Chambre des comptes, furent assujettis au contrôle des Intendants. Les liens, qui rattachèrent l'administration des villes au gouvernement central, furent donc encore resserrés. — En 1771, le roi revint à la vénalité des offices : il eut le courage d'avouer, dans les considérants de l'édit, qu'en rétablissant cette vénalité, il obéissait à une nécessité financière impérieuse, et que cette mesure n'avait nullement pour objet les intérêts municipaux. Certaines provinces se rachetèrent encore, en bloc, de cet impôt déguisé. La Provence, pendant le dix-huitième siècle, avait payé 12 millions et demi de livres en rachat d'offices.

Comment ces alternatives et ces bouleversements pouvaient-ils se produire, sans provoquer de mécontentement? Depuis longtemps, la Nation avait abdiqué tous ses droits devant la royauté absolue; du reste, une partie de la bourgeoisie trouvait, dans la création de ces charges vénales, l'occasion de satisfaire sa vanité. Elle croyait s'élever par l'acquisition d'offices municipaux qui coûtaient fort cher, et qui distinguaient l'acquéreur du vulgaire; à certains offices même étaient attachés des titres de noblesse : par la noblesse de cloche, par exemple, on pénétrait dans la légion des privilégiés. Le gouvernement a toujours pu et toujours su exploiter cette ambition.

Au-dessous, ou à côté des maires, se trouvaient les corps de ville, assemblées municipales, dont l'organisation varia suivant les villes et suivant les époques. On ne peut citer une règle absolue, applicable à toutes les villes de France. En général, il y avait :

Pour les villes dont la population dépassait 4,500 habitants : Un maire, quatre échevins, six, huit ou dix conseillers, un syndic-receveur, un secrétaire-greffier, un procureur du roi.

Pour les villes dont la population dépassait 2,000 habitants : Un maire, deux échevins, quatre conseillers, un syndic-receveur, un secrétaire.

Pour les villes dont la population n'atteignait pas 2,000 habitants : Il n'y avait pas de maire, mais seulement deux échevins, trois conseillers, un syndic-receveur, un secrétaire-greffier.

Il est juste d'ajouter que ces règles souffraient d'innombrables exceptions : il n'y avait donc point d'uniformité dans la constitution du corps municipal des villes.

Tous ces magistrats municipaux étaient placés sous la dépendance immédiate de l'Intendant. Celui-ci exerçait, — nous l'avons vu, — une véritable tutelle sur les communes. Il établissait leurs recettes : « L'Intendant doit s'attacher à faire en sorte que les revenus légitimes des villes et communautés montent aussi haut qu'il soit possible, et que la plus parfaite économie soit établie dans la perception des droits et autres revenus. Il doit s'attacher aussi à empêcher que la recette ne soit confiée à des gens capables d'en détourner les fonds. Il doit veiller à ce que les comptes de recette et de dépense, de régie et d'administration, soient rendus avec ordre et exactitude ; et c'est pour cela qu'il est particulièrement autorisé, par sa commission, à se faire représenter les comptes de ceux qui ont le maniement des deniers communs ou d'octrois des villes et communautés, avec les pièces justificatives de ces comptes, pour en juger, sauf appel du roi. »

C'était l'Intendant qui surveillait le service des dettes municipales : « En lisant les commissions des Intendants, nous trouvons qu'il leur est attribué de vérifier les dettes des communautés, de juger de leur validité ou invalidité, de juger sur tous les différends mus ou à mouvoir pour raison de ces dettes. »

C'était l'Intendant qui autorisait les villes à plaider. C'était lui enfin qui tranchait les contestations entre les villes et les entrepreneurs. La déclaration du 20 juin 1736 dit à ce sujet : « Lorsque, à l'occasion des ouvrages qui seront à la charge des villes et communautés, et dont le fonds aura été fait par imposition ou emprunt, il surviendra des contestations entre les villes d'une part et les entrepreneurs d'autre part, nous voulons qu'il ne puisse y être pourvu que par Nous (Roi et Intendants), sans que les parties puissent faire ailleurs aucunes poursuites à cet égard. »

Ainsi, les magistrats et les corps de ville, l'*administration municipale* en un mot, n'a aucune initiative. Surveillée dans tous ses actes, elle ne peut qu'exécuter les volontés de l'Intendant. Le corps de ville, tout orné de prérogatives honorifiques, n'a aucun pouvoir : il est en tutelle sous les agents du roi. C'est ce que la Cour des Aides affirmait avec une grande force d'expressions, dans ses remontrances du 6 mai 1775.

« On est venu, disait-elle, jusqu'à déclarer nulles les délibérations des habitants d'un village (pour les villes, c'est la même chose), quand elles ne sont pas autorisées par l'Intendant ; en sorte que, si cette communauté a une dépense à faire, quelque légère qu'elle soit, il faut prendre l'attache d'un subdélégué d'Intendant, par conséquent suivre le plan qu'il a adopté, employer les ouvriers qu'il favorise, les payer suivant son arbitrage, et si la communauté a un procès à soutenir, il faut aussi qu'elle se fasse autoriser par l'Intendant. Il faut que la cause de la communauté soit plaidée à ce premier tribunal, avant d'être portée à la justice, et, si l'avis de l'Intendant est contraire aux habitants, ou si l'adversaire a du crédit à l'Intendance, la communauté est déchue de la faculté de défendre ses droits. Voilà, Sire, par quel moyen on a travaillé à étouffer en France tout esprit municipal, à éteindre, si on le pouvait, jusqu'aux sentiments du citoyen ; on a pour ainsi dire interdit la nation entière ; et on lui a donné des tuteurs. » Les plaintes et les remontrances étaient vives. Elles ne furent pas entendues. Le mal subsista. Il ne fut point arraché par la Révolution. Bien au contraire, on le connaît et on le subit cent ans après 1789.

Villages. — Pendant la féodalité, et même longtemps après, les communautés rurales avaient, pour seuls magistrats, les officiers de justice nommés par leurs seigneurs. Ceux-ci administraient les intérêts de la communauté, mais sous le contrôle général des habitants. Il arriva souvent que les officiers de justice, absorbés par leurs fonctions et le souci de leurs propres intérêts, abandonnèrent l'administration communale, et autorisèrent l'assemblée générale des habitants à nommer un *syndic* qui exerça le pouvoir exécutif, et remplit les fonctions de comptable pour toutes les recettes et les dépenses particulières à la commune. Le syndic était responsable de sa gestion devant ses concitoyens et devant les représentants du seigneur. Ceux-ci s'étaient donc déchargés d'un lourd fardeau et d'une grande responsabilité : mais ils avaient gardé la réalité du pouvoir. En effet, l'assemblée générale des habitants ne pouvait avoir lieu qu'avec leur consentement ; les procès-verbaux de leurs assemblées devaient être revêtus de leur approbation ; enfin, les contestations entre les syndics et les habitants devaient être déférées à leur tribunal. Le syndic n'était donc que le factotum du seigneur et de la communauté : accablé de travail et responsable, il n'était qu'un infime subalterne sans initiative, sans autorité.

Cette organisation primitive de l'administration communale subit au dix-septième et au dix-huitième siècle d'importantes atteintes. Elle laissait en réalité au seigneur une autorité souveraine sur les communes. Cette autorité seigneuriale, pouvait-elle être respectée par la monarchie absolue? Celle-ci s'était fondée et solidement établie sur les ruines de l'aristocratie féodale. Pouvait-elle permettre au gentilhomme campagnard de continuer à exercer une autorité aussi essentielle, aussi souveraine dans toutes les communes de son fief? Le Commissaire-départi, agent du roi, devait-il s'incliner devant les exigences d'un petit hobereau, indépendant dans ses terres? L'absolutisme royal ne pouvait s'associer à ces traditions. Dans l'administration de la dernière commune rurale, comme dans celle de la province tout entière, nous retrouvons donc toujours cette hostilité inévitable entre les agents du roi, qui veulent s'imposer partout, et les provinciaux, nobles ou manants, qui essaient de défendre les dernières parcelles de leur indépendance. Cette lutte a encore la même issue : l'établissement de la toute-puissance des Intendants dans l'administration des villages.

Cette lutte fut longue et souvent fort vive; elle présenta de fréquents accidents qu'il est inutile de retracer ici : on la comprendra, si l'on veut bien généraliser, pour toute la France, les quelques épisodes de l'histoire de la Champagne que nous allons raconter à ce sujet.

Dans cette province, le duel dura plus de 150 ans. Commencé pendant les premières années du règne de Louis XIV, il était à peine terminé en 1789.

On ne peut — sans commettre une injustice — s'insurger contre les usurpations du pouvoir royal en cette matière. Elles devaient du moins établir l'ordre, la régularité, le contrôle dans la gestion des syndics. Les agents des seigneurs n'étaient plus capables d'assurer à leurs administrés de tels bienfaits. Leur surveillance était devenue sans effet. A Neuville-sur-Seine (arrondissement de Bar-sur-Aube), en 1745, les juges seigneuriaux n'avaient pas encore pu obtenir les comptes des syndics pour l'année 1725. Un syndic pouvait mourir, ainsi que ses héritiers, avant qu'on ait pu contrôler ses comptes. Il est vraisemblable que, dans la plupart des communautés rurales, la même insouciance avait produit les mêmes résultats. On voit le subdélégué de Bar-sur-Seine accorder aux comptables des villages un délai de trois années, pour préparer les pièces justificatives de leur gestion. A vrai dire, on croirait qu'il s'agit de plusieurs budgets nationaux à mettre en équilibre! L'intervention des agents du roi dans l'administration des communes rurales était donc inévitable. Elle n'était pas inutile. Pour indiquer les principales étapes de cette invasion, restons dans l'histoire de la Champagne au dix-huitième siècle.

Le 20 février 1721, l'Intendant Lepelletier de Beaupré engage l'affaire. Il prescrit aux syndics de rendre compte de leur gestion par devant les subdélégués. Mais son ordonnance est, dans toute la province, considérée comme non avenue. Aucun syndic ne l'observe.

Le 26 mai 1750, l'Intendant Caze de la Bove renouvelle cette prescription, et déclare que tous les comptes des syndics seront rendus au mois de janvier de chaque année. Il fixe, pour les contrevenants, une amende de 20 livres. Or, cette ordonnance n'était pas encore appliquée, 26 ans plus tard, dans toutes les élections de la généralité de Champagne, lorsque fut rendu l'arrêt du Conseil d'État (31 juillet 1776), qui établissait avec précision les droits de l'Intendant en cette matière. Cet arrêt, d'une importance capitale dans l'histoire de l'administration communale, établit pour l'Intendant les droits suivants :

I. — Surveiller l'élection des syndics, et même, dans certains cas déterminés, le nommer d'office.

II. — Exercer une tutelle ininterrompue dans toutes les affaires financières de la communauté.

III. — Contrôler la gestion des syndics.

En réalité, la communauté était livrée au bon plaisir de l'Intendant.

En exécution de cet arrêt (1), l'Intendant Rouillé d'Orfeuil publia son ordonnance du 10 novembre 1778, qui déclarait que les syndics seraient nommés tous les ans, le premier dimanche du mois de décembre, pour entrer en fonctions le 1er janvier, et que les subdélégués tiendraient la main à la régularité des élections.

Les subdélégués avaient le droit d'approuver et de

---

(1) « Sa Majesté attribue au sieur Intendant et Commissaire-départi en Champagne toute autorité, pouvoir et compétence pour connaître de tout ce qui est relatif à la nomination et élection des syndics et chefs de communautés, même pour nommer d'office ceux qu'il trouvera le plus convenable...

Sa Majesté veut que toutes les adjudications, baux, loyers et partage de biens, deniers, produits, terres, prés, pâture, marais, regains ou réserve de prés, et enfin de tout revenu quelconque..., soient faits et passés devant l'Intendant de Champagne ou ceux de ses subdélégués qu'il commettra à cet effet, et que toutes les difficultés qui pourront survenir à l'occasion desdites adjudications soient jugées par l'Intendant de Champagne, sauf l'appel au Conseil...

Sa Majesté donne tout pouvoir, autorité et juridiction à l'Intendant pour faire rendre par-devant lui ou ses subdélégués tous les comptes desdits biens et revenus communs, et être les difficultés et contestations relatives auxdits comptes, jugées par l'Intendant sauf appel au Conseil...

(*Extraits de l'arrêt du Conseil d'État*, 31 juillet 1770).

casser les élections. En cas d'approbation, ils adressaient
à l'élu une *commission de syndic*, dans laquelle ils retra-
çaient les principales obligations de la charge. Seul, le
syndic a le droit de convoquer et de présider les assemblées générales des habitants de la commune ; il doit
rendre ses comptes, un mois, au plus tard, après son
année d'exercice finie. Il ne doit permettre aucune contribution, commencer aucun procès, entreprendre aucune dépense, sans l'autorisation de l'Intendant. Le syndic, pouvoir exécutif de la communauté, devenait donc
l'humble agent des subdélégués et de l'Intendant. Bien
souvent, il était malmené par ses supérieurs administratifs. On trouve de fréquents cas de révocation de syndics.
Tantôt elle est demandée par le seigneur voisin ; tantôt
elle est exigée par le subdélégué. Un jour, par exemple,
un syndic est révoqué, pour avoir insulté un médecin
chargé par l'Intendant de soigner les malades dans une
épidémie.

Du reste les syndics ne furent pas seuls exposés à la
mauvaise humeur et aux mauvais traitements des Intendants. Les habitants eurent aussi quelquefois à les subir.
Il paraît qu'avant 1789 ils se souciaient peu des intérêts
de la commune ; les élections de syndic n'avaient pour
eux aucun charme ; souvent ils négligeaient de voter.
D'autre part, dans certaines circonstances, ils étaient
trop ardents dans la discussion ; et l'assemblée générale
aboutissait au désordre, au tumulte. Un jour (26 mai 1750)
l'Intendant Caze de la Bove prend un arrêté, qui condamne à 6 livres d'amende tout habitant d'une communauté qui, ayant droit d'assister à une assemblée générale, aura négligé de s'y rendre. Le même arrêté menace
d'une amende de 6 livres, et même de la prison ceux qui,

au lieu de donner leurs voix sans confusion, auront occasionné des troubles dans l'assemblée. Ces menaces sévères nous révèlent une des imperfections de ces assemblées générales qui devaient être, le plus souvent, tenues en plein air, sur la place de l'Église, à l'issue de la messe du dimanche. Les habitants les plus raisonnables négligeaient souvent de s'y rendre et laissaient la place aux plus turbulents. L'absence habituelle des premiers fut une des causes qui poussèrent les agents du roi à substituer, à l'assemblée générale des habitants, un conseil composé seulement de quelques-uns d'entre eux. C'est pourquoi, à la suite de l'arrêt de 1776, l'Intendant conféra, dans un grand nombre de communautés, et sur la demande des habitants, à un corps, composé de quelques notables seulement, le droit de prendre la plupart des décisions jadis exigées de l'assemblée générale. Dans la seule élection de Bar-sur-Aube, 149 communes eurent ces conseils, tout à fait semblables à nos conseils municipaux actuels. Les considérants par lesquels l'Intendant motivait cette innovation sont à noter (16 mars 1787).

« Les assemblées, que le syndic convoque pour les affaires communes des habitants, sont souvent infructueuses; en ce que la plupart desdits habitants, et ceux surtout les plus intelligents, négligent de s'y trouver, ou ne peuvent se faire entendre, et donner librement leurs avis par le tumulte et les intrigues de certains particuliers, plus attachés à leurs intérêts personnels qu'au bien de la communauté. Lesdits habitants nous ont supplié de permettre et même d'ordonner l'établissement d'un conseil composé de différents habitants pour, sous le nom de notables, assister aux assemblées et délibérer avec le syndic sur les affaires qui seront par lui proposées. » A la suite de ces considérants, l'Intendant établit que 16 notables seront élus pour six ans, et formeront un conseil renouvelable par moitié tous les trois ans.

Ainsi les syndics et les conseils des communautés rurales sous l'Ancien Régime ont une grande analogie avec les maires et les conseils municipaux de nos jours. La tutelle administrative des Intendants pesait sur les paroisses, comme celle de nos préfets, sur les moindres communes ; et ainsi nous voyons pénétrer au fond des villages les plus reculés la volonté royale représentée par l'Intendant. Pour les villes, la sujétion n'était pas moindre.

Il devait arriver que cette tutelle trop lourde finirait par être mal accueillie, qu'elle soulèverait des mécontentements et arracherait des vœux de réforme. On lui reprochait moins son absolutisme que sa fantaisie. La volonté royale, interprétée par les fonctionnaires, trop mobile et trop changeante, transformait l'administration communale en un champ d'expériences et d'innovations. On demandait plus de stabilité. Une loi unique à la place des caprices.

Ainsi l'étude de l'administration communale nous conduit à la même conclusion que celle de l'administration provinciale ; et ce n'est pas à tort que d'Arbois de Jubainville a dit : *C'est l'étude de l'administration monarchique du dix-huitième siècle qui explique la Révolution : car la Révolution française a été avant tout un phénomène administratif.*

TROISIÈME PARTIE

Administration spéciale de la Justice, de l'Armée et des Finances.
Convocation des États Généraux.

CHAPITRE PREMIER

L'ADMINISTRATION JUDICIAIRE

I. Chaos des institutions judiciaires dans l'Ancien Régime.
II. Les justices seigneuriales. — La justice royale (ordinaire, administrative, privilégiée, féodale). — La justice consulaire.
III. Barbarie de la procédure et des peines. — Vénalité des offices de judicature. — Incohérence des lois et coutumes.
IV. Le rapport de Thouret à la Constituante sur les réformes judiciaires.

De toutes les administrations de l'Ancien Régime, il n'en est pas une qui présente autant de confusion et d'obscurité que celle de la justice. Dans toutes les sociétés, les accidents les plus imprévus, les conditions les plus multiples modifient les moindres cas judiciaires ; et, s'il est relativement facile à un jurisconsulte de dire le droit, il est plus malaisé aux tribunaux de rendre la justice. Sans doute, de nos jours, l'égalité des citoyens devant la loi a introduit des modifications qui ont singulièrement simplifié l'œuvre des cours de justice. Mais, dans l'ancienne société française il fallait accommoder le droit avec les privilèges des individus et des castes, avec les diverses coutumes. L'œuvre judiciaire apparaissait hérissée de difficultés de toute sorte. De là, surabondance des cours de justice, variabilité de la procédure, inégalité des ressorts judiciaires.

Pour le nombre des tribunaux, un seul exemple peut nous en faire connaître l'excès. La ville de Reims (1), qui avait à peine la moitié de sa population actuelle, avait vingt tribunaux. Quant à l'autorité si différente de ces tribunaux, elle est ainsi résumée par P. Boiteau : « Il y avait, avant 1789, différentes sortes de justices qui n'émanaient pas d'une même autorité, qui n'appliquaient pas les mêmes lois, qui n'atteignaient pas tout le monde, et qui ne frappaient pas de la même manière tous ceux qu'elles atteignaient. »

Enfin, pour l'étendue des ressorts judiciaires, le Parle-

---

(1) Liste des anciennes juridictions de la ville de Reims : « Bailliage ducal, bailliage royal et présidial, justice consulaire, maîtrise des eaux et forêts, maréchaussée, tribunal de l'élection et rôle des tailles; juridiction du grenier à sel, juridiction de la monnaie, juridiction des traites foraines, justice du chapitre de Notre-Dame, du vidame et du trésorier du chapitre, justice de l'abbaye de Reims, de l'aumônier de Saint-Remi, de l'abbaye de Saint-Denis, de l'abbaye de Saint-Pierre-les-Dames, du prieuré de Saint-Maurice, de la collégiale de Saint-Timothée, du Temple, de Muire, officialité métropolitaine et diocésaine.

(*Archives de la Marne — Bailliage de Reims*).

ment de Paris étendait sa juridiction sur dix millions de sujets; celui de Pau, sur deux cent cinquante mille. Les caprices les plus inexplicables semblaient avoir présidé à la délimitation des différents ressorts, même pour la justice ordinaire. Il y a, par exemple, aux portes de Châlons-sur-Marne, immédiatement au delà du mur d'enceinte, le village de Saint-Memmie, dont les habitants, au point de vue judiciaire, étaient divisés en deux groupes. Les uns plaidaient à Vitry-le-François, les autres, à Épernay : aucun, à Châlons-sur-Marne.

Dans ce chapitre, il nous sera impossible d'étudier tous les moindres détails de l'organisation judiciaire de l'ancienne France ; après avoir défini les différents degrés de justice et établi la hiérarchie des cours judiciaires, il nous faudra surtout indiquer les principaux griefs que l'opinion publique dirigeait contre cette organisation. Pour l'administration de la justice comme pour l'administration générale, il fallait des modifications radicales : de plus, elles étaient tellement urgentes que Louis XVI les avait commencées dès l'année 1788 (1). Ici, comme ailleurs, la Monarchie avait été forcée de commencer la Révolution.

Il y avait deux grandes catégories de tribunaux : les tribunaux des seigneurs ou justices féodales, les tribunaux du roi ou justices royales.

« Tout seigneur haut-justicier, dit le feudiste Renauldon, a le droit et le devoir d'instituer dans le ressort de sa seigneurie un juge, un lieutenant de juge, un procu-

(1) Voir notamment l'édit de 1780, qui abolissait la question préparatoire; l'édit de 1788 (1er mai), qui abolissait la question préalable; l'édit de 1788 (8 mai), qui créait une cour plénière et 47 bailliages d'appel pour décharger le Parlement de Paris trop occupé, etc.

re ur fiscal, un greffier, des huissiers et des sergents. »
Ainsi les justices féodales étaient répandues sur tout le
territoire, dans les villages les plus reculés, dans les plus
grandes villes : elles étaient la propriété des possesseurs
de fief, depuis le roi, premier seigneur féodal, jusqu'au
dernier gentilhomme campagnard. Toutefois ces justices
étaient loin d'être souveraines. Elles étaient toujours
subordonnées aux agents du roi. Le juge seigneurial ne
pouvait exercer ses fonctions qu'après avoir été installé
par le juge royal du ressort. Il restait toujours juge subalterne : toutes ses sentences pouvaient être frappées
d'appel devant le bailliage ou la sénéchaussée.

Depuis longtemps, ces justices étaient condamnées par
les meilleurs juges. Dès le dix-septième siècle, Loyseau,
dans son discours sur l'abus des justices de village, fait
le procès à ces officiers de justices subalternes asservis
au seigneur maître du fief... « Si le seigneur veut mal à
quelque homme de bien, quel est l'officier qui, pour faire
le bon valet, ne fera contre lui du pis qu'il pourra, *même
s'il est accusé à tort?* » et plus loin : « Voyez ces pauvres
juges seigneuriaux, contraints de tourner à tout vent, et
d'être les valets des valets, et se souvenir à toute occasion
du commun dire qui a été sans doute inventé pour eux :
« Ne le piquez pas — *il est à Madame* » s'ils ne veulent se
résoudre d'avoir continuellement un pied en l'air et se
tenir toujours prêts à déloger. » Quant à leurs mœurs :
« Nous voyons aujourd'hui qu'il n'y a presque si petit
gentilhomme qui ne prétende avoir en propriété la justice de son village ou hameau. Tel même qui n'a ni village ni hameau, mais un moulin ou une basse-cour près
de sa maison, veut avoir justice sur son meunier ou sur
son fermier. Tel autre, qui n'a ni basse-cour, ni moulin,

mais le seul enclos de sa maison, veut avoir justice sur
sa femme ou sur son valet... Il ne faut point dire que
c'est le soulagement du peuple, de lui rendre la justice
sur les lieux. Car, à bien prendre, les frais sont plus
grands en ces petites mangeries du village qu'aux amples
justices des villes... Au village, pour avoir un méchant
appointement d'audience, il faut saouler le juge, le greffier et les procureurs de la cause, en belle taverne qu'est
le lieu d'honneur « *locus majorum* » où les actes sont
composés, et où bien souvent les causes sont vuydées à
l'avantage de celui qui paie l'écot. » — Le président Hainaut appuie ces récriminations : « La justice des villages,
dit-il, ne peut qu'elle ne soit mauvaise, parce que ces
petits juges dépendent entièrement du pouvoir de leur
gentilhomme qui les peut destituer à volonté, et en fait
ordinairement comme de ses valets, n'osant manquer à
ce qu'il commande. »

Mais on reprochait aux justices seigneuriales, outre
leur dépendance et leur moralité, l'inextricable confusion dans laquelle elles étaient obligées de se mouvoir.
Les justiciables ne comprenaient rien à toutes ces justices
dénommées, organisées, et occupées diversement. Le
besoin de simplification, d'uniformité était partout proclamé. Les réformes si méthodiques de la Constituante
en matière judiciaire devaient être la conséquence de ce
chaos, déjà si vivement attaqué avant 1789. « Une difficulté à lever, dit un publiciste avant les élections, ce
serait d'annihiler les justices de campagne, parce que,
pour la plupart, elles appartiennent aux seigneurs. *Rien
de plus discordant que toutes ces justices éparses et sous des
dénominations différentes...* il n'est pas étonnant qu'il
existe tant de confusion et qu'on ne doive regarder la

magistrature que comme un véritable dédale... L'arbitraire règne partout. Pourquoi, toutes ces justices n'ayant qu'un même but, ne pouvant avoir qu'une même intention, pourquoi cette différence entre elles ? Voilà par où il faudrait commencer. *Ce serait que toutes ces justices n'eussent qu'une même dénomination, qu'un même plan, un même point de vue.* Le roi est le suzerain-né de tous les seigneurs. Il a la suprématie ; et, à ce titre, la justice devrait être rendue dans son royaume en son nom seul. La bigarrure, qui existe dans toutes ces différentes justices, devrait faire prendre un parti de réforme, que le grand nombre d'abus rend de la plus grande nécessité (1). »

Enfin on reprochait surtout aux justices seigneuriales d'abandonner leur principal devoir : celui d'assurer la sécurité des habitants du ressort ; en cas de crime, elles étaient lentes à agir : les coupables pouvaient facilement se mettre à l'abri, parce que leur arrestation eût coûté trop cher à la justice du village. « L'impunité, dit le feudiste Renauldon, n'est nulle part plus grande que dans les justices seigneuriales : Les seigneurs, dans la crainte de fournir aux frais d'un procès criminel, les juges, dans celle de faire des procédures, dont ils ne sont pas payés, ne font aucune recherche des crimes les plus atroces ; et, si les coupables sont amenés dans leurs prisons, ils trouvent bientôt moyen de s'en sauver, soit par connivence des officiers du seigneur, soit parce que les prisons ne sont pas sûres. » Et un autre témoin ajoute : « Nous pouvons dire, à la honte des procureurs fiscaux, que, sur cent seigneuries, il ne s'en trouvera jamais

---

(1) *Essai sur les Assemblées provincial s* (Dédié à Monsieur, frère du roi, par un anonyme ; 1789).

deux où il y ait des prisons qui soient conformes à ce qui est prescrit : *dans les unes, il n'y en a pas du tout, et c'est le plus grand nombre.* »

Ainsi, sujétion absolue du juge à l'égard du seigneur; confusion et chaos des diverses procédures, immoralité des officiers de justice, impunité des coupables, tels sont les principaux reproches adressés aux justices seigneuriales, et il faut avouer qu'ils sont assez fondés et assez importants pour expliquer l'unanimité avec laquelle, dès les premiers jours de la Révolution, elles furent condamnées par la Constituante.

Quant à la justice royale, elle comprenait les tribunaux suivants :

Tribunaux ordinaires ;

Tribunaux administratifs ;

Tribunaux privilégiés ;

La justice ordinaire avait trois degrés de juridiction : les bailliages, les présidiaux, les parlements.

La division de la France judiciaire en bailliages et sénéchaussées, établie par les Capétiens directs, à la fin du douzième siècle, existait encore au dix-huitième : mais les magistrats, placés à la tête de ces circonscriptions, avaient perdu toute autorité judiciaire. Ils avaient conservé quelques charges honorifiques et quelques privilèges.

Par exemple, en leur qualité de chefs de la Noblesse, ils convoquaient le ban et l'arrière-ban, correspondaient avec les ministres, contresignaient les actes publics; mais ils avaient été détrônés du siège de la justice par *les lieutenants du bailliage* ou de la *sénéchaussée*. Ceux-ci achetaient leurs charges, justifiaient de leurs connaissances juridiques par les grades qu'ils avaient obtenus, et étaient seuls investis du pouvoir judiciaire.

Ils jugeaient tous les cas ordinaires et tous les cas royaux : ils étaient maîtres de la justice civile et de la justice criminelle dans tout leur ressort. Mais toutes leurs sentences pouvaient être frappées d'appel devant les présidiaux et les parlements.

Les présidiaux étaient des tribunaux d'un degré supérieur aux cours de bailliage et de sénéchaussée. Créés par Henri II en 1551, ils devaient venir en aide aux Parlements et les débarrasser des affaires de moindre importance : ils avaient d'abord été établis dans trente-deux bailliages ; plus tard le nombre de ces tribunaux avait été porté à cent. Chacun d'eux devait compter neuf magistrats : il en fallait sept en séance pour *juger présidialement*. A l'égard des justices seigneuriales et des lieutenants de bailliage ou de sénéchaussée, les présidiaux étaient justices souveraines, puisqu'ils pouvaient juger en dernier ressort les appels de ces justices inférieures, quand la somme en litige n'excédait pas deux cent cinquante livres en capital. A l'égard des Parlements, les présidiaux étaient justices de première instance, puisque la plupart de leurs sentences pouvaient être déférées en appel à ces cours souveraines. Dans notre organisation judiciaire actuelle, aucune cour ne peut être comparée aux présidiaux de l'Ancien Régime ; ils seraient comme les intermédiaires entre nos tribunaux de première instance et nos Cours d'appel.

Quant aux Parlements, c'étaient les *Cours souveraines* par excellence. Avant la Révolution, ils étaient au nombre de dix-sept, dont treize Parlements et quatre Conseils souverains :

Parlement de Paris, fondé en 1302 — Toulouse 1448 — Grenoble 1451 — Bordeaux 1462 — Dijon 1477 —

Aix, 1501 — Rouen, 1515 — Pau, 1620 — Rennes, 1553 — Metz, 1634 — Besançon, 1674 — Douai, 1686 — Nancy, 1775. Les quatre conseils souverains étaient : 1° le conseil de Colmar pour l'Alsace ; 2° le conseil souverain de Perpignan pour le Roussillon ; 3° le conseil souverain d'Arras pour l'Artois ; 4° le conseil souverain de Bastia pour la Corse.

L'organisation des Parlements variait peu. Celui de Paris avait servi de modèle. Il se décomposait en quatre chambres ou groupes de conseillers : 1° la *grand-chambre* qui ne jugeait que toutes les causes majeures ; 2° *la Tournelle*, ou chambre criminelle ; 3° *les trois chambres des enquêtes*, qui n'étaient pas seulement chargées de l'instruction, mais qui jugeaient aussi de nombreuses causes d'appel ; 4° *la chambre des Requêtes*, qui jugeait, en première instance, les causes des privilégiés.

Justice administrative. — L'étude de l'administration provinciale a fait connaître les attributions judiciaires si étendues de l'Intendant. A côté de ce magistrat-fonctionnaire, étaient établis divers tribunaux, chargés de juger les délits et procès spéciaux à chaque branche d'administration. Il y avait dans les provinces :

49 *hôtels des monnaies*, statuant sur tous les délits en cette matière, mais en première instance, avec appel à la Cour supérieure des monnaies de Paris.

178 *tribunaux d'élection*, jugeant, en première instance, toutes contestations relatives à la taille et aux autres impôts qui en dépendaient, avec appel aux tribunaux de finance.

154 *greniers à sel*, jugeant, en première instance, toutes les affaires relatives à la gabelle, avec appel à la Cour des Aides.

Les cours souveraines de justice administrative étaient :

Les chambres des comptes (Paris, Rouen, Grenoble, Mantes, Aix, Dôle, Blois, Pau, Metz, Dijon, Montpellier).

Les cours des aides (Paris, Montpellier).

Les bureaux de finance, et chambres du Domaine (en certains cas, soumis aux appels devant les deux cours précédentes).

Ainsi « chaque administration finit par avoir en France sa juridiction à elle, s'étendant à toutes les contestations sur les matières qui étaient du ressort de son service, rendant en première instance des sentences dont l'appel était porté à une cour supérieure... La France s'était donc couverte d'une multitude de tribunaux, dans le ressort desquels se distribuaient toutes les causes, qui, dans notre organisation moderne, relèvent, selon leur importance et leur nature, de nos divers tribunaux ordinaires. Chaque genre d'affaires, chaque délit, chaque litige avait pour ainsi dire ses juges particuliers qui, dans bien des cas, étaient ceux-là mêmes auxquels appartenait l'autorité ; ils surveillaient alors l'exécution de leurs propres ordres et punissaient ceux qui les avaient enfreints (1). »

Justice privilégiée ou d'exception. — Elle était la conséquence de la monarchie absolue. Le Conseil d'État et le Grand-Conseil en étaient les deux principales institutions.

Enfin, il faut ajouter que le roi en sa qualité de seigneur féodal et propriétaire avait, lui aussi, ses justices seigneuriales parmi lesquelles il faut citer par ordre d'importance :

Les capitaineries ou tribunaux chargés de la police des chasses royales.

(1) Maury, *l'Administration en France.*

La table de marbre des eaux et forêts, ou tribunal supérieur jugeant en appel toutes les affaires relatives aux eaux, forêts, landes, marais, chasses, etc., appartenant au roi.

L'Amirauté de France, connaissant de tous les procès relatifs au commerce maritime.

La Connétablie et maréchaussée de France, ou juridiction de police exercée par les maréchaux de France sur les hommes de guerre et les nobles, pour la question du point d'honneur.

La Prévôté de l'hôtel du roi, juridiction spéciale, chargée de juger les crimes et délits commis dans les résidences royales.

Justice consulaire. — Pour terminer cette énumération déjà trop longue, ajoutons les tribunaux consulaires ou de commerce, établis à Paris, Marseille, Dunkerque, Lyon, Rouen, Toulouse, Montpellier, Bordeaux, La Rochelle, Lille, Nantes, Saint-Malo, Bayonne. L'organisation du tribunal consulaire de Paris était fixée par la déclaration du 18 mars 1728. Ce tribunal devait comprendre un juge et quatre consuls. Le juge était élu par un collège électoral d'au moins soixante bourgeois, composé ainsi qu'il suit :

Cinq électeurs par chaque corps de métier (drapiers, apothicaires, merciers, pelletiers, bonnetiers, orfèvres) . . . . . . 30 électeurs

Dix électeurs (pour représenter les libraires, imprimeurs, marchands de vin) . 10 —

Vingt électeurs (pour représenter les bourgeois de Paris, versés au fait de commerce) . . . . 20 —

Total. . . 60 —

Le juge devait toujours être choisi parmi les anciens consuls ; et chaque consul devait représenter une corporation différente. En règle générale, pour les autres villes, la juridiction consulaire était donnée à un tribunal de trois membres (un juge des marchands et deux assesseurs ou consuls) nommés par l'Intendant de la province, assistés d'un greffier nommé aussi par l'Intendant, et maintenus en fonctions pour une année seulement. En réalité ces tribunaux n'exerçaient que par délégation une partie du pouvoir judiciaire que l'Intendant voulait bien leur confier.

Telle était, résumée dans le tableau ci-contre, l'organisation judiciaire de la France en 1789.

Tableau de l'organisation judiciaire de la France en 1789

	JUSTICE SEIGNEURIALE	JUSTICE ROYALE				JUSTICE CONSULAIRE
		JUSTICE ORDINAIRE	ADMINISTRATION	PRIVILÉGIER	FÉODALE	
Première instance.	Justices seigneuriales de tous les possesseurs de fiefs. hauts justiciers et justices ecclésiastiques.	Tribunaux des lieutenants de bailliages et de sénéchaussées.	Tribunaux de l'Intendant, des hôtels de monnaie, de l'élection, des greniers à sel, etc., etc.		(Le roi considéré comme seigneur.) Capitaineries. Table de marbre des eaux et forêts. Amirauté de France et amirautés spéciales à quelques grands ports. Prévôtés provinciales des maréchaux de France. Prévôté de l'hôtel du Roi.	Tribunaux de commerce des grandes villes. (Peuvent être classés dans la justice royale administrative, vu leur dépendance à l'égard des Intendants.)
Intermédiaire entre 1re instance et appel.	. . . . .	Présidiaux.				
Appel.	Parlements.	Parlements et Cours souveraines.	Bureaux des finances, chambre des comptes, Cour des Aides.	Conseil d'Etat, et Grand-Conseil.	Amirauté de France. | Connétablie et maréchaussée de France. | Grand-Conseil.	

Parmi les reproches adressés à la justice de l'Ancien Régime, nous indiquerons surtout la barbarie de la procédure et des peines en matière criminelle, la vénalité des charges judiciaires, la confusion et l'incohérence des lois et coutumes.

Pour la barbarie de la procédure et des peines, elle est devenue un lieu commun pour les écrivains. Malgré les protestations de Montesquieu, de Beccaria, de Voltaire, la justice criminelle en France avait encore recours aux procédés d'instruction les plus atroces, aux expiations les plus sauvages. La question continua d'être appliquée au condamné qu'on voulait contraindre à désigner ses complices, comme à l'accusé auquel on prétendait arracher des aveux Et l'on sait quelle raffinerie de cruautés, quels abus de l'eau froide et des brodequins étaient autorisés, pour la question ordinaire, la question extraordinaire et la question préalable ! Ces monstrueux usages étaient tolérés par tous les tribunaux jugeant au criminel, chaque fois que l'accusation pouvait entraîner peine de mort, et malgré les restrictions de la déclaration royale du 15 février 1788, ils subsistèrent dans toute la France jusqu'à la Révolution. Quant aux peines infligées aux coupables, il faut rappeler entre autres :

La marque, au fer chaud, qui imprimait la fleur de lis et les lettres infamantes sur l'épaule du condamné.

Le carcan, spécialement réservé aux banqueroutiers, qu'on exposait au pilori des halles, avec inscription des méfaits et de la condamnation.

La *peine de mort. 1° Par écartèlement :* Le patient était tiré à quatre chevaux en sens contraire, jusqu'à ce que les membres se fussent séparés du corps.

> 2° *Par la roue :* Le patient était étendu
> sur les rayons d'une grosse roue
> de voiture, et le bourreau lui cas-
> sait les membres.
> 3° *Par la potence :* Avec exposition
> plus ou moins longue du cadavre
> de la victime.
> 4° *Par la décapitation :* Supplice ré-
> .servé aux nobles.

Les exécutions étaient toujours faites avec grand appareil. Le jour et l'heure du supplice étaient annoncés d'avance, dans les villes, par les crieurs publics ; et, pour la multitude, longtemps avant l'époque de la guillotine révolutionnaire, les exécutions judiciaires étaient une représentation sanglante, où elle pouvait satisfaire sa soif d'odieuses émotions. Le peuple de Paris avait battu des mains au supplice de Lally-Tollendal : ce qui arracha à l'Anglais Walpole cette virulente apostrophe aux Français : « Vous êtes des sauvages, des Iroquois ! A-t-on jamais vu battre des mains, tandis qu'on mettait à mort un malheureux ? » En vain Montesquieu avait écrit : « Les supplices arrêteront bien quelques conséquences du mal général, mais ne corrigeront pas ce mal. » Les tribunaux de l'Ancien Régime croyaient corriger le mal en multipliant et en vulgarisant les exécutions sanglantes. Ce même peuple qui avait pris plaisir à voir tenailler Damiens, devait danser autour des *aristocrates* pendus aux lanternes : et les barbaries *judiciaires* de la place publique furent, pour lui, avant comme pendant la Révolution, plutôt des leçons de crimes que de moralité.

Cette cruauté de la justice n'était pas réservée seulement aux grands criminels. Les délits les plus inoffensifs, ceux qu'on punit à peine de nos jours de 25 francs d'amende, provoquaient les plus terribles sévérités. Croirait-on que la seule contrebande du sel et du tabac fournissait annuellement quinze cents individus aux prisons, et trois cents aux galères? Croirait-on que la peine de mort par la roue pouvait être entraînée par un délit de contribution indirecte? La Cour des Aides avait adressé au roi, en 1770, les remontrances suivantes :

« Il existe, dans le château de Bicêtre, des souterrains creusés autrefois pour y enfermer quelques fameux criminels qui, après avoir été condamnés au dernier supplice, n'avaient obtenu leur grâce qu'en dénonçant leurs complices... et il semble qu'on s'étudiât à ne leur laisser qu'un genre de vie qui leur fît regretter la mort... On voulut qu'une obscurité entière régnât dans ce séjour. Il fallait cependant y laisser entrer l'air absolument nécessaire pour la vie : on imagina de creuser sous terre des piliers percés obliquement dans leur longueur, et répondant à des tuyaux qui descendent dans le souterrain. C'est par ce moyen qu'on a établi quelque communication avec l'air extérieur sans laisser aucun accès à la lumière...

» Les malheureux, qu'on enferme en ces lieux humides et infects, sont attachés à la muraille par une lourde chaîne, et on leur donne de la paille, de l'eau et du pain.

» Votre Majesté aura peine à croire qu'on ait eu la barbarie de tenir plus d'un mois, dans ce séjour d'horreurs, un homme qu'on soupçonnait de fraude. »

Ces victimes du cachot préventif n'avaient, même dans le cas d'innocence, aucun recours contre leurs bourreaux. Quand Monneval, détenu à Bicêtre vingt mois sous inculpation de fraude, fut rendu à la liberté, il voulut poursuivre la Ferme générale. La Cour des Aides admit bien sa requête ; mais la Ferme fit évoquer l'affaire au Grand-Conseil, et le détenu innocent en fut pour ses frais.

Après les procédés d'odieuse sévérité, mentionnons la vénalité des offices judiciaires.

Dans *le Mariage de Figaro*, Marceline dit, en soupirant, à Bridoison qui a acheté sa charge de juge : « C'est un grand abus que de les vendre ! » à quoi il répond : « Oui ! l'on ferait mieux de nous les donner pour rien. » Le vœu de Bridoison n'était pas encore satisfait en 1789. Toutes les charges judiciaires étaient vénales. Sur la vénalité on avait même greffé l'hérédité. Le propriétaire d'une charge de judicature pouvait la transmettre à son héritier, en payant à l'État le tiers de la valeur de la charge, c'est-à-dire le tiers-denier. De plus l'hérédité était soumise au droit novennal de la Paulette. Il est bien évident que des précautions assez minutieuses étaient prises contre l'incapacité ou l'immoralité des acquéreurs. Pour être président de chambre au Parlement il fallait 40 ans d'âge et 10 années de service, comme conseiller ou avocat. Pour être président de présidial, il fallait trente ans d'âge et l'autorisation du Parlement. Des examens et des grades étaient nécessaires, comme garanties des connaissances des candidats.

Cette vénalité a été très diversement jugée sous l'Ancien Régime. Ses défenseurs déclarent qu'elle constituait le meilleur mode d'inamovibilité ; et ce dernier principe paraissait être, depuis longtemps, la condition essentielle d'une bonne justice. Dès le quinzième siècle on attribuait à Charles VIII ces paroles : « Si le magistrat n'était inamovible, il ne serait si vertueux ni si hardi de garder et bien défendre les lois du Royaume, il serait plus argus et plus inventif de trouver exaction et pratique, parce qu'il serait tous les jours en doute de perdre son office. »

D'autre part on est porté à croire que la vénalité des charges judiciaires avait pour résultat de développer l'esprit de corps, en maintenant les fonctions dans les mêmes familles, et par conséquent de créer, dans une classe de la Nation, des traditions de vertu, de travail, d'intégrité ; en un mot d'assurer aux sujets du roi une bonne justice sans qu'elle fût trop onéreuse à l'État.

S'il est vrai que la vénalité des charges de justice produisait ces heureux résultats, il est bien plus vrai qu'elle avait les plus graves inconvénients.

D'abord, la justice coûta fort cher, sinon à l'État, du moins aux justiciables. La magistrature gagna ses *épices*. On appelait ainsi les appointements que les plaideurs devaient à leurs propres juges. Pour éviter les abus, les épices étaient taxés par le président, mentionnés dans le jugement, perçus par le receveur des épices attaché à la Cour, et partagés entre les membres du tribunal qui avaient siégé pendant le procès. Dans certains cas, les *gens du roi*, remplissant les fonctions de ministère public, c'est-à-dire les procureurs généraux, les procureurs du roi, les substituts avaient, eux aussi, droit aux épices. Or, les épices s'élevaient chaque année, à 60 millions suivant les uns, à 80 millions suivant d'autres, — A côté des épices, il y avait les *sollicitations*. Dans la langue judiciaire du dix-huitième siècle, solliciter son juge, c'était employer tous les moyens, souvent les moins avouables, pour obtenir une audience de faveur qui permît au plaideur d'expliquer lui-même son affaire. Les explications étaient appuyées de cadeaux, quelquefois de sommes débattues froidement

entre le juge et l'intéressé. On sait à quel prix Beaumarchais avait sollicité la femme du juge Gœdzmann. Une
montre enrichie de diamants, cent louis pour madame,
quinze louis pour le secrétaire de monsieur le juge, tels
étaient les arguments les plus irrésistibles de ce spirituel
plaideur. Et encore, Beaumarchais perdit son procès ! Son
adversaire avait peut-être été plus généreux dans ses sollicitations ! Cette singulière femme de juge, si âpre aux
bénéfices de la charge, disait avec un certain cynisme :
« Nous avons l'art de plumer la poule sans la faire crier. »
— Cette fois elle cria, et très fort. Ses révélations ne furent
certes point des découvertes : on connaissait en France
les mœurs de la magistrature.

Aux épices et aux sollicitations il faut encore ajouter
tous les moyens employés pour traîner les procès en
longueur, faire naître de nouveaux incidents, augmenter
les frais de procédure, nourrir la poule aux œufs d'or,
c'est-à-dire alimenter la chicane. C'est ce qui faisait dire
à Dufresny : « Certains ministres de la chicane s'appliquent à la perpétuer, et se font entre eux une religion
d'entretenir l'ardeur des plaideurs, comme les Vestales
s'en faisaient une, entre elles, d'entrenir le feu sacré. »
Les magistrats, qui avaient payé leur charge fort cher,
étaient bien obligés de recourir à ces moyens pour rentrer dans leurs déboursés. D'une part, l'État se plaisait à
répéter qu'il ne pouvait augmenter les gages des officiers
de justice. D'autre part, les seigneurs, contraints à sa-
larier leurs juges, leur donnaient des gages trop mo-
diques. Les plaideurs payaient et pour le seigneur et
pour l'État. C'est pourquoi Maupeou, lorsqu'il voulut
briser les Parlements, qui lui faisaient une grave opposition politique, déclarait qu'il abolirait la vénalité des

charges pour pouvoir abolir en même temps les épices et établir la distribution gratuite de la justice. Promesses de la veille, qui ne devaient pas être tenues le lendemain! Elles n'en révèlent pas moins les vœux de l'opinion publique au sujet de la réforme judiciaire.

La vénalité avait un autre inconvénient, plus grave encore que le précédent : celui de mettre aux prises, dans une rivalité nécessaire, les juges et l'État. Les contribuables pouvaient-ils tirer profit de ce conflit? Les charges étant vendues, les ennemis du gouvernement pouvaient les acheter. Les acquéreurs, même indifférents en politique au moment de l'achat, pouvaient subir l'entraînement de leurs collègues et se jeter dans l'opposition. Le gouvernement courait le risque d'être entouré d'une multitude d'agents inamovibles et indépendants, qui rendaient la justice en son nom, mais dont il n'avait pas la nomination, et qui, au lieu de lui apporter leur concours, pouvaient être un obstacle à sa légitime action. On explique ainsi la mauvaise humeur des rois et l'hostilité des secrétaires d'État à l'égard des Parlements. Louis XV disait des magistrats de ces Cours : « Vous ne savez pas ce qu'il font, ce qu'ils pensent... *C'est une assemblée de Républicains.* » Louis XVI, qui crut devoir les subir, s'en repentit bientôt; et, en 1787, il exila le Parlement de Paris à Troyes : Mais « lorsque les membres du Parlement arrivèrent à Troyes, l'évêque Mgr du Barral revint exprès de son château de Saint-Lye pour les recevoir, et il présida tous les soirs à un dîner de quarante couverts. C'étaient, dans toute la ville, des fêtes et des repas sans fin; les présidents tenaient table ouverte. La consommation des traiteurs en fut triplée; et l'on brûla tant de bois dans les cuisines que la ville fut sur le point d'en manquer ». Ainsi l'opinion publique est avec les juges contre le gouvernement. Elle est heureuse des difficultés que celui-ci rencontre. Elle fronde le roi, comme, dans certaines autres crises, elle avait frondé le Parlement. L'idée de justice pouvait-elle gagner quelque chose à ces querelles envenimées, à ces représailles?

Mais ce qui donnait à ces conflits une gravité extrême, c'est que ces charges judiciaires achetées donnaient aux acquéreurs le droit de contrôle dans les actes politiques du gouvernement. Par le droit de remontrances, les Parlements pouvaient usurper le rôle de défenseurs du peuple que personne ne leur avait confié; et en refusant d'enregistrer les édits royaux — ce qui leur arriva souvent — ils pouvaient pendant quelques mois tenir en échec la Royauté, jusqu'à ce qu'un lit de justice très impérieux ait eu raison de leur opposition. « Les Parlements, dit l'abbé Dubois, ne manquent pas de faire entendre qu'ils représentent les peuples, qu'ils sont les soutiens de l'État, les gardiens des lois, les défenseurs de la patrie avec bien d'autres raisons de cette espèce. A quoi l'autorité répond par un ordre d'enregistrer, ajoutant que les officiers du Parlement ne sont que des officiers du roi, et non des officiers de la France » : querelles et récriminations qui agitèrent continuellement l'opinion au dix-huitième siècle, et qui remplirent de leur bruit les tribunaux, les églises, les ministères, la vie privée et publique! La France était condamnée à être défendue par ceux auxquels elle n'avait point confié cette mission. Les parlementaires devenaient les protecteurs de la Nation, non en vertu du droit populaire, mais par la toute-puissance de leurs écus.

Que dirons-nous de la confusion et de l'incohérence

des lois et des coutumes? Vérité en deçà, erreur au delà de telle ou telle frontière provinciale. En matière civile, il y avait véritablement deux Frances : celle du Nord, celle du Midi. La première était régie par le droit germanique, par la coutume; la seconde, par le droit dérivé de la loi romaine. Les pays de droit coutumier ou germanique étaient : Flandre, Hainaut, Artois, Picardie, Ile-de-France, Vermandois, Champagne, Orléanais, Berry, Anjou, Maine, Normandie, Bretagne, Poitou, **Touraine,** Angoumois, Marche, Bourbonnais, Nivernais, **Bourgogne,** Lorraine. Les pays de droit romain ou écrit étaient : **Provence, Dauphiné, Languedoc, Béarn, Guienne, Lyonnais, Forez, Bresse, Beaujolais, Mâconnais, Auvergne.**

D'autre part, « il existait entre le droit civil et le droit commercial une anomalie complète. Les lois sur les contrats, sur les successions, sur l'état des personnes, en un mot tous les rapports que règle le droit civil portaient l'empreinte de la féodalité, tandis que c'étaient des institutions modernes qui gouvernaient la nation commerçante, nation moderne. De là, dans les profondeurs mêmes de l'ordre social, une lutte perpétuelle et funeste entre les éléments contraires ». De là aussi l'inégalité des traitements à l'égard des personnes : ce qui a fait écrire à Voltaire : « A Paris, un homme qui a été domicilié dans la ville pendant un an et un jour devient bourgeois. En Franche-Comté, un homme libre qui a demeuré un an et un jour dans une maison mainmortable devient esclave. On a vu cent fois des officiers, décorés de l'ordre militaire de Saint-Louis, mourir serfs-mainmortables d'un moine aussi insolent qu'inutile au monde. » Ce témoignage de Voltaire ne nous fait-il pas exactement comprendre le chaos des lois et des coutumes, et par suite le désordre inévitable des institutions judiciaires.

Il serait trop long de poursuivre, dans ses moindres détails, cette enquête sur l'organisation judiciaire de la France avant la Révolution. Il est bien évident que des réformes nécessaires s'imposaient, et qu'elles auraient surtout pour objet de faire disparaître la barbarie de la procédure, la vénalité des charges, l'incohérence souvent contradictoire des lois.

Lorsque Thouret lut à la Constituante son rapport sur les réformes judiciaires, il énuméra ainsi les trois principaux abus qu'il fallait arracher de l'organisation de la justice en France :

« Le plus malfaisant et le plus bizarre de tous les abus, qui ont corrompu l'exercice du pouvoir judiciaire, était que les corps et les simples particuliers possédassent patrimonialement le droit de faire rendre la justice en leur nom ; que d'autres particuliers pussent acquérir, à titre d'hérédité ou d'achat, le droit de juger leurs concitoyens, et que les justiciables fussent obligés de payer les juges pour obtenir un acte de justice.

» Le second abus était la confusion, établie entre les mains des dépositaires du pouvoir judiciaire, des fonctions qui lui sont propres avec les fonctions incompatibles et incommunicables des autres pouvoirs publics. Émule de la puissance législative, le pouvoir judiciaire revisait, modifiait ou rejetait les lois ; rival du pouvoir administratif, il en troublait les opérations, en arrêtait le mouvement et en inquiétait les agents.

» Le troisième abus, qui déshonorait la justice en France, était la souillure des privilèges dont l'invasion s'était étendue jusque dans son sanctuaire. Il y avait des

tribunaux privilégiés et des formes de procédure privilégiées. On distinguait en matière criminelle un délit privilégié d'un délit commun. Des défenseurs privilégiés
possédaient le droit exclusif de plaider pour ceux-mêmes
qui pouvaient se passer de leur secours. Enfin le droit
égal pour tous les justiciables d'être jugés à leur tour,
sans préférences personnelles, était violé par l'arbitraire
le plus désolant : un président qui ne pouvait pas être
forcé d'accorder une audience, un rapporteur qu'on ne
pouvait pas contraindre à rapporter, étaient les maîtres
de faire que vous ne fussiez pas jugé, ou que vous ne le
fussiez que lorsque l'intérêt d'obtenir le jugement avait
péri par un trop long retardement. »

Faut-il ajouter enfin que les charges judiciaires — dans
les cours souveraines du moins — étaient enrichies des
privilèges les plus variés : comme la noblesse transmis-
sible au premier degré, l'exemption du ban et de l'arrière-ban, la dispense du logement des gens de guerre,
l'exemption de l'impôt de la gabelle, que l'on appelait
le *franc-salé*, l'exemption des droits seigneuriaux, enfin
des privilèges exorbitants en toute matière judiciaire?

La Royauté de droit divin avait tout fait pour réduire à
l'impuissance cette oligarchie judiciaire. Les arrêts de
surséance, les évocations au Grand-Conseil, les lettres de
cachet étaient des armes dans la main du roi, contre un
pouvoir judiciaire dont il se défiait. L'emploi et l'abus de
ces armes avait provoqué entre la Royauté et la Magistrature un duel dont l'une et l'autre devaient subir les
fatales conséquences : car, si la Royauté y gagna un
renom d'absolutisme qui lui fut funeste, la Magistrature
y reçut des blessures que les coups populaires devaient
rendre mortelles.

CHAPITRE DEUXIÈME

L'ADMINISTRATION MILITAIRE

RECRUTEMENT

Les hommes de troupe. — Infanterie nationale. — Infanterie étran
gère. — Milice provinciale. — Les officiers. — Les écoles militaires et les bas officiers. — Les officiers généraux. — Surabondance d'officiers à tous les degrés.
Les vœux de réforme. — Le principe nouveau du recrutement
et du service obligatoire proclamé par la Constituante.

Il serait long et peu utile d'exposer les détails complets de l'organisation de l'armée avant 1789. L'étude
d'une seule question, de laquelle dépendent toutes les
autres, le recrutement des hommes de troupe et des
officiers, nous fera saisir tous les principaux défauts, les
vices essentiels de cette administration qui a pour objet
la défense de l'honneur et de la sécurité nationale.

Prenons pour exemple l'arme de l'infanterie. Elle comprenait :

1° L'infanterie régulière, composée de régiments français et de régiments étrangers;

2° L'infanterie de réserve, composée seulement des régiments de milice nationale.

La première, recrutée par engagement volontaire, avait soixante-dix-neuf régiments d'infanterie française, et vingt-trois régiments d'infanterie étrangère (onze suisses, huit allemands, trois irlandais, un liégeois).

La seconde, recrutée par conscription forcée et tirage au sort, avait quatorze régiments de grenadiers royaux et un nombre illimité de bataillons de garnison.

La première était de beaucoup la plus importante par le nombre et la solidité des troupes; elle formait l'armée presque tout entière. Pour la recruter, on ne faisait appel ni au devoir national, ni au dévouement à la patrie. L'intérêt était l'unique mobile des enrôlements. Ces soldats ne coûtaient pas fort cher à l'État : Un fantassin, qui s'engageait pour huit ans, touchait 50 livres comme prime d'engagement, 30 livres comme pourboire, et l'État accordait 12 livres à celui qui l'avait recruté. Ces chiffres étaient un peu plus forts pour les recrues d'infanterie étrangère et de cavalerie. La prime du recruteur pouvait s'élever jusqu'à 20 livres par homme. Ces bénéfices donnèrent naissance, dans l'ancienne société, à une classe de commerçants, moitié soldats, moitié civils, que l'on ne connaît plus de nos jours, et qui scandalisèrent souvent leurs contemporains par les procédés immoraux ou violents, auxquels ils avaient recours pour acheter des hommes. C'étaient les racoleurs. Ils sont ainsi dépeints dans le *Tableau de Paris :*

« **Au bas du Pont-Neuf** sont les racoleurs, qu'on appelle **vendeurs de chair humaine**. Ils font des hommes pour les colonels qui les revendent au roi. Autrefois ils avaient des **fours où ils battaient**, violentaient les jeunes gens qu'ils avaient surpris de force ou par adresse, afin de leur arracher un engagement. On a supprimé enfin cet abus monstrueux : mais on leur permet d'user de ruse et de supercherie pour enrôler la canaille.

» Ils se servent d'étranges moyens... ils poussent les jeunes gens au libertinage. — Ils ont des cabarets où ils enivrent ceux qui aiment le vin ; puis ils promènent, les veilles du mardi-gras et de la Saint-Martin, de longues perches, surchargées de dindons, de poulets, de cailles, de levrauts, afin d'exciter l'appétit de ceux qui ont échappé à la luxure.

» **Les pauvres dupes**, qui sont à considérer la Samaritaine et son carillon, qui n'ont jamais fait un bon repas dans toute leur vie, sont tentés d'en faire un, et troquent leur liberté pour un jour heureux. On fait résonner à leurs oreilles un sac d'écus et on crie : Qui en veut ! qui en veut ! C'est de cette manière qu'on vient à bout de compléter une armée de héros qui feront la gloire de l'État et du monarque. Ces héros coûtent au bas du Pont-Neuf trente livres pièce ; quand ils sont beaux hommes, on leur donne quelque chose de plus.

» **Les fils d'artisans** croient affliger beaucoup leurs pères et mères en s'engageant ; les parents les dégagent quelquefois et rachètent 100 écus l'homme qui n'en a coûté que 10. Cet argent retourne au profit du colonel et des officiers recruteurs.

» Ces recruteurs se promènent la tête haute, l'épée sur la hanche, appelant tout haut les jeunes gens qui passent, leur frappant sur l'épaule, les prenant sous le bras, les invitant à venir avec eux, d'une voix qu'ils tâchent de rendre mignarde.

» Le jeune homme se défend, les yeux baissés, la rougeur sur le front, et avec une espèce de crainte et de pudeur : ce qui commande l'attention, la première fois qu'on est témoin de ce jeu singulier.

» Ces recruteurs ont leur boutique dans les environs, avec un drapeau armorié qui flotte et qui sert d'enseigne. Là, ceux qui sont de bonne volonté viennent donner leur signature. Un de ces recruteurs avait mis sous son enseigne, ce vers de Voltaire, sans en sentir la force, ni la conséquence :

« Le premier qui fut roi, fut un soldat heureux. »

Les villes de province avaient aussi leurs racoleurs. Ils s'efforçaient de s'élever au niveau de leurs confrères parisiens, par leur réclame ingénieuse et leurs irrésistibles séductions. Ils répandaient dans les cabarets des cartes à jouer sur le dos desquelles ils avaient fait imprimer leur adresse, avec les plus alléchantes promesses. Voici un exemple fourni par les *Archives de Troyes*.

« Régiment de Rouergue (en garnison à Saint-Pol
» de Léon).

» Colonel commandant : M. le vicomte de Custine ;

» Colonel en second : M. le comte de Toulongeon.

» Brillante jeunesse, qui brûlez de servir votre Roi,
» venez satisfaire vos louables inclinations, et adressez-
» vous à cet effet au sieur Vénot, sergent audit régiment,
» logé chez M. Hardi, rue Thibaudoré... Il les prend de
» cinq pieds deux pouces. Ceux qui lui procureront de
» beaux hommes seront bien récompensés. »

Si les belles promesses étaient insuffisantes, les recruteurs avaient recours à l'ivresse ou à la violence pour arracher une signature. Il est vrai que, dans ce cas, les victimes pouvaient s'adresser à l'Intendant de la province, qui seul pouvait annuler l'engagement. En temps de paix, pour être admis à prendre du service, il fallait être âgé de seize à quarante ans ; en temps de guerre, de dix-huit à quarante-cinq : mais ceux de ce dernier âge ne peuvent être admis, dit le règlement, qu'autant qu'ils ont précédemment servi et qu'ils se trouvent en état de reprendre du service.

Mais il pouvait arriver que les engagements volontaires fussent inférieurs au déficit des régiments. Pour combler les vides, on était bien réduit à n'être point difficile sur l'origine et la moralité des recrues; on allait les chercher jusque dans les dépôts de correction et dans les maisons de force. L'Intendant de Bretagne, Bertrand, écrit, en 1785, que « lorsqu'on a fait évacuer des dépôts tous ceux qui trouvent des répondants, il n'y a plus que des gens absolument inconnus ou dangereux : dans ce nombre on prend ceux qu'on regarde comme les moins vicieux, et l'on cherche à les faire passer dans les troupes. » On ne demandait aux recrues que de n'avoir pas été flétries publiquement. Peu importait leur origine! peu importait leur passé! si on parvenait à le dissimuler aux agents recruteurs. On pouvait leur inventer des surnoms, si leur nom véritable était une cause d'exclusion. C'est pourquoi l'on trouve dans les états des compagnies des soldats qui s'apellent Lafleur, Champagne, Sans-Regrets, Dur-à-Cuir, Bel-Amour. Ces jolis noms cachaient peut-être d'affreux chenapans.

Il est aisé de prévoir les conséquences d'un tel recrutement. Il fallait que la discipline tînt tous ces gens-là sous une main de fer. On les traitait avec la dernière violence. Pour leur développer la poitrine, on leur tirait fortement les épaules en arrière avec des courroies ; pour leur donner l'habitude de l'aplomb, on les collait au mur; pour leur apprendre l'obéissance, si on reculait devant la bastonnade, on leur appliquait du moins les coups de plat de sabre ; ce qui faisait dire à un vieux grenadier humilié : « Du sabre, nous n'aimons que le tranchant. » Malgré tous ces efforts, le soldat français n'est pas toujours en règle avec la discipline. Un officier général écrit, en 1753 : « Le soldat français manque des qualités les plus essentielles au soldat, qui sont l'obéissance et la soumission. »

La désertion était la conséquence de cette méthode d'enrôlement. Dans la deuxième guerre de Sept ans, on comptait, dans les armées du grand Frédéric, plus de vingt mille déserteurs, ayant quitté les régiments français. M. de Noailles évaluait, dans l'Assemblée constituante, le nombre des déserteurs à trois mille par an en pleine paix. Aussi la pénalité à l'égard des déserteurs était-elle de la dernière rigueur. De 1771 à 1773, deux mille déserteurs sont condamnés à mort. Louis XV leur fait grâce et les envoie dans les colonies. Mais il ne peut faire disparaître du code militaire la peine de mort pour désertion, malgré les efforts de Choiseul et des hommes de lettres, de Sedaine, par exemple, qui essayait au théâtre d'apitoyer les spectateurs sur le sort d'un déserteur sentimental. Saint-Germain obtint pourtant l'abolition de la peine de mort pour désertion, sous Louis XVI. La désertion était d'ailleurs la vraie maladie de toutes les armées recrutées à prix d'argent. Dans celle de Frédéric II, trois officiers et trois sous-officiers veillaient dans chaque régiment, prêts à partir, les premiers à cheval, les deuxièmes à pied, à la poursuite du déserteur signalé; dès qu'une fuite était ainsi connue, le canon d'alarme tonnait, et les paysans battaient aussitôt la campagne. Une prime importante était donnée à celui qui arrêtait le déserteur; une peine sévère, à celui qui lui donnait asile; une forte punition, à l'officier qui commandait la compagnie à laquelle appartenait le déserteur.

Tous ces efforts étaient vains. L'hygiène qui prévient la maladie vaut mieux que les moyens curatifs qui sont destinés à la combattre, lorsqu'elle est née. Dans l'armée, ces maladies terribles, l'indiscipline et la désertion, ne pouvaient être guéries que si l'on renouvelait le corps tout entier, et si l'on faisait disparaître les causes trop évidentes du mal. En choisissant les recrues dans la partie la plus vile, la plus abjecte de la population, en faisant appel à son goût pour l'immoralité, à ses passions honteuses, on condamnait les régiments à être viciés et infectés par les soldats. A la vénalité du soldat mercenaire, il fallait substituer le devoir militaire pour tous les Français; au pourboire, le patriotisme. La Révolution seule devait oser cette admirable tentative.

Elle n'était point possible sous l'Ancien Régime. L'État préférait alors s'adresser aux appétits des étrangers.

Pour les Suisses, le recrutement était presque toujours le résultat d'une alliance politique. Outre le prix des hommes enrôlés, le roi s'engageait à rendre aux cantons suisses qui les fournissaient divers services comme indemnités pécuniaires, fourniture de sel au rabais, etc.— Pour les Allemands et autres étrangers, ils étaient simplement achetés. Leur prime d'engagement était de 63 livres, leur pourboire de 37, l'indemnité au recruteur de 20. On était en général content de leurs services : « Elles servaient très bien, parce que l'esprit de corps y était fort prononcé, que les vieux soldats y étaient nombreux, et que les officiers naissaient et mouraient dans le régiment. » Cette infanterie étrangère devait nous fournir d'illustres généraux pendant la Révolution et l'Empire : entre autres Kellermann, Clarke, Macdonald.

En 1788, l'effectif de ces troupes dépassait 40,000 hommes. En entrant au service du roi, ces soldats ne perdaient pas leur nationalité. Les Suisses, par exemple, ne cessaient pas d'être Suisses et d'appartenir politiquement à leur canton. Ils avaient leur justice particulière qui appartenait aux seuls officiers de leur corps; ceux-ci prononçaient des jugements sans appel. Les commandements étaient faits dans la langue nationale, et lorsqu'un prince ou le roi passait la revue, le colonel lui remettait une note indiquant en français les commandements et les manœuvres.

Les régiments étrangers pouvaient quelquefois être donnés par le roi en récompense de services distingués. Les hulans de Maurice de Saxe, par exemple, étaient dans ce cas : ils furent longtemps célèbres dans l'armée française. Ils appartenaient à toutes les nations connues : Alsaciens, Polonais, Allemands, Turcs, Valaques, Tartares et même « des nègres de la Guinée, du Congo, de Cayenne, du Sénégal, Madagascar, Arabie, Saint-Domingue et Pondichéry ».

Enfin, il arriva quelquefois aux étrangers, habitant la France, d'être incorporés malgré eux dans notre armée. En 1744, nous étions en guerre avec l'Angleterre.

Louis XV signa alors l'ordonnance suivante : « Sa Majesté étant informée qu'il se trouve un nombre considérable d'Anglais, Écossais, Irlandais, tant dans sa bonne ville de Paris que dans les autres villes et lieux des provinces de son royaume, dont la plupart ont servi dans les troupes, même dans les régiments qui sont à sa solde, et ne voulant point souffrir dans ses États des gens qui y sont comme vagabonds et sans aveu, pendant qu'ils peuvent être employés utilement dans lesdits régiments, Sa Majesté enjoint très expressément à tous les Anglais, Irlandais, Écossais, qui sont dans sa bonne ville de Paris et dans les autres villes et lieux de son royaume, sans vacation et sans emploi, âgés depuis 18 ans environ et jusqu'à 50, et en état de porter les armes, soit qu'ils aient été ci-devant ou non dans les régiments irlandais qui sont au service de Sa Majesté, de se rendre incessamment dans les provinces et armées, marquées dans l'état qui est à la fin de la présente, pour y joindre les dits régiments et y prendre parti, à peine à ceux qui ont déjà servi, d'être traités comme déserteurs et aux autres, d'être punis comme vagabonds et condamnés aux galères. »

Ainsi un recrutement cosmopolite et des razzias d'étrangers, voilà à quels excès aboutissait l'emploi des mercenaires dans l'armée française.

L'infanterie de réserve était formée par les *miliciens* ou *soldats provinciaux*. Incrits dans leurs compagnies et leurs bataillons respectifs, immatriculés et encadrés, ces soldats ne devaient servir que dans les graves circonstances. En temps de paix, ils étaient libres, ils avaient le droit d'aller travailler où bon leur semblait, et de vaquer aux travaux de la campagne, sans qu'il puisse là-dessus leur être imposée aucune espèce de contrainte. S'ils voulaient s'éloigner de leur paroisse, ils avertissaient le maire ou syndic, et déclaraient le lieu où ils avaient l'intention d'aller. Instituée en 1688, la milice rendit quelques services. Elle fut plusieurs fois supprimée et rétablie. Louis XVI, par exemple, l'abolit en 1775 par une ordonnance ainsi motivée : « Sa Majesté, occupée du soulagement de ses peuples dans toutes les circonstances où le bien de son service et la sûreté de son royaume peuvent le permettre, a été informée que la forme de la levée des hommes, destinés aux régiments provinciaux, non seulement continuait à troubler la tranquillité des peuples de ses provinces, mais leur occasionnait encore une dépense assez considérable pour l'équipement de ces hommes, sans une utilité reconnue pour le bien du service, etc... » La milice fut pourtant rétablie en 1778.

Quelquefois, pendant la paix, on assemblait pour les manœuvres, les bataillons de miliciens. Chaque homme touchait alors 6 sous 4 deniers par jour, plus 2 sous par lieue pour frais de route. En temps de guerre, ils avaient une solde analogue à celle des autres fantassins. Leur effectif pouvait être porté jusqu'à 75,000 hommes. Ils étaient fournis par le tirage au sort annuel. Les privilèges les plus surprenants s'étaient peu à peu introduits dans ces levées; on peut les juger en lisant la liste des personnes qui étaient exemptes du tirage au sort pour la milice :

1. Les hommes mariés, pourvu qu'ils justifient de la célébration du mariage, antérieurement au moment du tirage.

2. Les desservants des églises, tonsurés trois mois

avant la publication de l'ordonnance relative au tirage au sort.

3. Les fils des officiers de troupes de Sa Majesté, retirés avec la commission de capitaine.

4. Les officiers et gardes des maréchaux de France, de gouverneurs et lieutenants généraux de province.

5. Les commensaux de Sa Majesté et ceux des princes et princesses du sang.

6. Les officiers des présidiaux, bailliages, sénéchaussées royales et des élections, eux et leurs enfants.

7. Les juges des autres justices royales, les procureurs et avocats, eux et leurs enfants.

8. Les greffiers des justices royales, les avocats et procureurs postulants dans lesdites justices, les huissiers qui y seront reçus et les notaires royaux.

9. Les maîtres clercs des avocats, procureurs, notaires, greffiers de sénéchaussées et bailliages royaux, étant dans l'état de clerc depuis trois ans.

10. Les juges, avocats et procureurs fiscaux des pairies et le premier officier gradué des justices seigneuriales.

11. Les maires, échevins, procureurs et avocats de Sa Majesté et le principal greffier de l'hôtel de ville.

12. Les fils des pourvus d'offices de justice et de finance, dont la finance pour les premiers sera de 12,000 livres et de 20,000 livres pour les seconds.

13. Les employés des fermes, reçus dans les tribunaux et ayant serment en justice; les fils des directeurs des fermes et ceux des employés payant 10,000 livres de cautionnement.

14. Le collecteur de la taille ou du sel, chargé des deniers, et les préposés chargés de la levée des vingtièmes.

15. Les commis employés dans les bureaux des trésoriers de troupes, officiers de finance, employés aux fermes, travaillant depuis 2 ans.

16. Les subdélégués et leurs enfants, les commis employés dans les bureaux de l'Intendant.

17. Les gardes-magasins des effets du roi.

18. Les employés des ponts et chaussées.

19. Les commis à la distribution de l'étape.

20. Les monnayeurs et ajusteurs pourvus de commission et travaillant dans les hôtels des monnaies.

21. Les directeurs des postes aux lettres, leur principal commis, les facteurs, les postillons des postes, faisant le service depuis deux ans, à raison de un par six chevaux.

22. Les salpétriers en titre et leurs principaux commis travaillant depuis trois ans dans leurs ateliers.

23. Les principaux employés dans les fermes des messageries, les courriers de malle, les conducteurs ordinaires des voitures publiques.

24. Les gardes-haras

25. Les élèves de l'École royale vétérinaire, brevetés.

26. Les hommes classés et les ouvriers employés au service de la marine, tels que charpentiers, calfats, voiliers...

27. Les médecins et les chirurgiens étant en titre, et exerçant publiquement leur profession.

28. Les élèves maîtres ès arts, ayant fréquenté trois ans les écoles de chirurgie.

29. Les maîtres d'école ayant trente ans accomplis, étant d'ancien établissement et approuvés par l'évêque diocésain.

30. Le fermier principal d'une commanderie de l'ordre

de Malte, un de ses enfants, son principal valet, pourvu qu'ils ne fassent aucun commerce étranger à leur profession.

31. Les soldats, cavaliers, dragons, ayant rempli dans les troupes deux engagements de suite (ayant par conséquent seize ans consécutifs de service).

. . . .

36. Les gardes-chasses et les gardes-bois des seigneurs haut-justiciers, ayant vingt ans et ne faisant pas autre profession.

37. Les domestiques et valets à gage des ecclésiastiques, des communautés, des maisons religieuses, des gentilshommes, des nobles, des personnes revêtues des charges qui confèrent la noblesse.

38. Tout chef de famille qui aura reçu chez lui un enfant trouvé, à la décharge des hôpitaux, pourra le présenter à la place d'un de ses fils.

39. Les exemptions à accorder à l'agriculture, aux manufactures et au commerce, ne peuvent être déterminées par une règle uniforme et détaillée; le roi les fixera par des décisions particulières, après avis des Intendants.

Ainsi la liste des soumis au tirage serait moins longue que celle des exempts : elle ne comprend que les pauvres diables qui vivent du travail des champs ou de l'atelier.

Il faut ajouter que tous les habitants de la bonne ville de Paris jouissaient d'une exemption absolue. On devait bien cette faveur à la première des résidences royales! Ce privilège inspira à Mercier, l'auteur du *Tableau de Paris*, la curieuse page suivante :

« On ne tire plus la milice à Paris, et on fait sagement. C'eût été donner lieu à des émotions populaires. Mais dans les environs, à la seule distance d'une lieue, cette contrainte reprend ses droits.

» Que penserait le Spartiate, s'il revenait au monde, en voyant un *Parisiensis*, le visage pâle, saisir d'une main tremblante le billet fatal qui l'envoie à la guerre? Ne dirait-on pas qu'il tire au supplice? Il aimera mieux sacrifier le peu d'argent qui lui reste, ce dernier gage de sa subsistance, que de s'exposer à porter les armes pour sa patrie.

» Considérez la joie emportée de ceux qui sont dispensés de la servir... Les mères les serrent contre leur sein, en leur disant à haute voix : « Pour cette fois, nous n'aurons pas à maudire le jour de notre enfantement. Dieu » t'accorde la même grâce l'année prochaine, mon fils ! »

» Le délégué semble un exécuteur des vengeances publiques, tant il est craint, redouté, odieux ! Sont-ce là les hommes qui vont combattre pour l'État ? s'écrierait le Spartiate. — « Tu t'étonnes, fier républicain... mais le » mot de patrie n'a aucun sens pour eux. Tu devais te » sacrifier, toi; et leur premier devoir est de se conser- » ver. Leur cabane étroite, voilà leur empire. »

Est-il étonnant que cet impôt du sang, si inégalement réparti, inconnu des grands, odieux aux petits, ait inspiré des sentiments si peu français? On se représente facilement le spectable d'un tirage au sort : « Cette effrayante loterie, comme disait Necker, à laquelle participent tous les roturiers du royaume au-dessus de cinq pieds, et depuis seize ans jusqu'à quarante. » Turgot nous décrit ainsi la scène : « Chaque tirage est le signal des plus grands désordres dans les campagnes, et d'une espèce de guerre civile entre les paysans, dont les uns se réfugient dans les bois où les autres vont les poursuivre à main armée, pour enlever les fuyards et se soustraire au sort, que les premiers avaient cherché à éviter... Les meurtres, les procédures criminelles se multiplient; la dépopulation des paroisses et l'abandon de la culture en sont la suite. Lorsqu'il est question d'assembler les bataillons, il faut que les syndics de paroisse fassent amener leurs miliciens escortés par la maréchaussée et quelquefois garrottés. »

Ces textes sont assez précis pour qu'il ne soit plus question de la célèbre légende de l'impôt du sang payé par les nobles seulement. Cet impôt pesait lourdement sur la roture. Le recrutement des hommes de troupe ne s'inspirait donc d'aucun principe élevé, d'aucun sentiment généreux. L'or appelait sous les drapeaux les vauriens; et le tirage au sort, les pauvres. Dans aucun cas, il n'est question de devoir, de patriotisme. Il n'y a pas d'armée nationale.

Passons aux officiers :

Ils sortaient des écoles militaires établies à Auxerre, Beaumont, Brienne, Dôle, Effiat, Pont-à-Mousson, Pont-levoy, Rebais, Sorrèze, Tournon, Vendôme. Les professeurs de ces écoles étaient des bénédictins ou des minimes. En quittant l'école, les élèves devenaient cadets-gentilshommes dans les régiments. Ici, pour les places de sous-lieutenants, ils avaient à subir la concurrence de jeunes soldats, qui avaient préféré débuter dans les grades inférieurs du régiment lui-même, et qui y avaient patiemment appris leur métier. Les candidats sortis des rangs, comme ceux qui sortaient des écoles, devaient faire preuve de quatre quartiers de noblesse.

« Sa Majesté exceptait de cette règle les petits-fils et les arrière-petits-fils de ses officiers généraux, les fils des chevaliers de Saint-Louis qui avaient été capitaines titulaires et ceux des capitaines titulaires qui avaient été tués à la guerre sans avoir été chevaliers de Saint-Louis.

Outre les preuves de noblesse, il fallait donner les preuves de bonne éducation militaire. « Un cadet-gentilhomme, dit le règlement, n'aura rang d'officier qu'après avoir été reçu à une sous-lieutenance ; et il ne sera reçu qu'après avoir subi l'examen de l'inspecteur sur tout ce qui concerne la discipline, l'exercice, le service et les devoirs de tout grade jusqu'à celui de capitaine. »

Les nominations n'étaient pas toutes à la merci du roi. Les princes et les colonels-propriétaires avaient conservé le droit de nomination dans leurs régiments. Or, il y avait encore, en 1787, 27 régiments (16 d'infanterie, — 2 de cavalerie, — 5 de hussards, — 4 de dragons) qui étaient la propriété de leurs colonels et dans lesquels le roi n'avait que le droit de contrôle sur les nominations au grade d'officier. Le gouvernement s'était pourtant réservé la prépondérance dans le choix des officiers supérieurs : « Pour la nomination aux emplois de major et de lieutenant-colonel, dit le règlement, il ne sera nommé aucun que d'après une liste dressée par le conseil de la guerre, sur la proposition des lieutenants-généraux et inspecteurs-divisionnaires. Cette liste sera présentée à tous ceux auxquels Sa Majesté a conservé le droit de nommer aux emplois supérieurs, pour y choisir les sujets qu'ils voudraient proposer. » Quant à la promotion au grade de capitaine, elle est ainsi réglée : « Le sous-lieutenant, devenu par ancienneté lieutenant en premier, sera nommé capitaine en second, à moins que des preuves bien constatées d'inapplication, d'insubordination et

d'inconduite ne soient un motif d'exclusion. » Et, aussitôt
après la règle, vient l'exception formulée dans un para-
graphe spécial relatif aux officiers dits de fortune : «Quoique plus anciens lieutenants, il ne monteront point à
la place de capitaine en second ; ils auront la commission
de cápitaine du jour que le lieutenant en premier, leur
cadet, aura été nommé capitaine en second ; mais ils ne
pourront faire fonction de capitaine. Une action distin-
guée à la guerre mettant ces officiers au-dessus des règles,
Sa Majesté se réserve de nommer à un emploi de capitaine en second celui qui aura mérité cette exception :
mais les actions, qui lui méritent cette considération,
doivent être distinguées et personnelles. »

Ainsi, nomination et avancement, tout appartient de
droit aux *nobles avec preuves*. Les non-nobles n'entrent
dans le corps des officiers que par des actions d'éclat. Le
colonel de la Barre-Duparcq, dans son beau livre de l'Art
de la guerre, critique justement cette mesure : « Expulser
les officiers qui ne possédaient pas la noblesee, dit-il,
était une décision cruelle. N'admettre à la sous-lieutenance que des nobles, c'était détruire la coutume de
toute.la monarchie, celle de neuf siècles pendant lesquels l'état militaire avait servi à recruter la Noblesse, et
les hauts faits avaient valu les plus célèbres blasons. Un
Français roturier avait toujours pu par les armes arriver
au premier rang. Qu'était donc naguère encore un officier
célèbre, Fischer, plus tard le marquis de Fischer ? qu'é-
tait-il au début? Un palefrenier. Ce principe détruit,
l'émulation cesse, *et la justification de la noblesse, avec elle.*
Le règlement de 1781 était donc une faute grave, au moment où les principes d'égalité bruissaient, prêchés par
les philosophes, et qui indisposa contre le gouvernement

la masse nombreuse, utile et digne d'intérêt des bas-officiers.

Or, cette Noblesse qui envahissait, grâce à ses aïeux, la plupart des emplois dans les régiments, était poussée au métier des armes, plus par la nécessité que par la vocation. Cela ne saurait nous étonner. Il lui était interdit d'améliorer son sort par le travail qui l'aurait déshonorée. Elle se condamnait donc à la caserne où elle ne s'enrichissait point, mais où, du moins, elle pouvait vivre. Lorsque Louis XV crée l'École militaire, il déclare « avoir voulu faire de cette fondation un secours pour la Noblesse du royaume, qui est hors d'état de procurer une éducation convenable à ses enfants ». Chérin, essayant de justifier l'ordonnance qui exige les quatre degrés de noblesse, dit : « Elle facilite, à ceux de la Noblesse qui sont nés sans biens, les moyens de se placer et de soutenir leur état avec décence. » Les places au régiment n'étaient donc qu'une aumône pour la Noblesse nécessiteuse. Aussi Turgot, discutant avec Miromesnil qui parlait sans cesse du désintéressement de la Noblesse française, pouvait-il dire dans une verte réponse : « Le désintéressement de la Noblesse coûte à la France les 5/6 de la dépense que la Prusse et l'Autriche réunies consacrent à leurs forces militaires. Des grâces de toute sorte sont accordées à ces mêmes officiers et grossissent d'autant, en réalité, le budget de la guerre. Dans la Noblesse militaire française, tout le monde se fait un titre de sa ruine pour en être dédommagé par l'État. » Et Turgot concluait avec indignation : « Au surplus, les roturiers ne sont pas des poltrons ! »

La plupart de ces officiers, nobles ruinés, munis d'une place qui les faisait vivre, végétaient dans cet emploi.

Jeunes, ils se livraient à la coquetterie ; vieux, à la récrimination. Voici, d'après Mercier, le portrait du jeune officier :

« On ne dirait pas à voir un officier si leste, si pimpant, frisé, adonisé, paré, qui s'occupe devant le miroir à redresser une boucle indocile, que c'est là le successeur de Bayard, de Duguesclin, de Crillon, de ces guerriers dont on disait :

> « Ils s'arment tout à cru : et le fer seulement
> De leur forte valeur est le riche ornement.
> Leur berceau fut de fer, etc. »

» Ce qu'un officier de nos jours ambitionne le plus, c'est une blessure de goût, c'est-à-dire une jolie cicatrice qui contribue à sa réputation, sans endommager les grâces de sa figure. En général les officiers, — les exceptions à part, — sont fort désœuvrés et très peu instruits. Comme ils s'ennuient et ne savent que devenir, leur conversation est sèche, dès qu'elle ne roule pas sur l'histoire du régiment. Plusieurs, qui dédaignent les sciences utiles, gagneraient cependant à s'y appliquer davantage ; et le métier des armes aurait besoin de l'étude de l'histoire et d'une connaissance plus approfondie des hommes. »

Après avoir vieilli dans les emplois subalternes, ces beaux officiers de jadis, deviennent, selon Montesquieu, des gens « dont l'esprit s'est rétréci dans les détails et qui, par l'habitude des petites choses, sont devenus incapables des plus grandes ». Les grades de général et de colonel ne sont point pour eux.

Voltaire a dit avec esprit : « Un régiment n'est point le prix des services, c'est le prix de la somme que les parents d'un jeune homme ont déposée pour qu'il aille, trois mois de l'année, tenir table ouverte dans une ville de province » : fonction aussi agréable à remplir que peu pénible à mériter. Tous les régiments n'étaient pourtant pas à vendre. Le plus grand nombre, en 1789, avait cessé d'appartenir aux colonels-propriétaires. D'autre part, on avait fait des efforts constants pour écarter des régiments les colonels-propriétaires incapables.

Autrefois, il suffisait d'avoir acheté et commandé une compagnie pendant un an pour être autorisé à acheter et commander un régiment. A partir de 1758 le règlement établit qu'il fallait avoir servi sept ans, dont deux comme sous-lieutenant et cinq comme capitaine, pour avoir droit au rang de colonel. Il n'en est pas moins vrai que, sur quinze maréchaux en service en 1789, un, le duc de Broglie, avait été colonel à seize ans ; deux, le duc de Noailles et le duc de Castries, avaient été colonels à dix-sept ans ; trois, le duc de Mouchy, le duc de Duras, le duc de Ségur, à dix-neuf ans ;... de Contades, le moins favorisé de tous, n'avait été colonel qu'à trente ans.

Cette vénalité de certaines charges militaires, qui n'avait été qu'un expédient financier, avait eu le déplorable résultat de multiplier le nombre des officiers inutiles et des officiers peu capables. L'armée française renfermait une variété vraiment étonnante de colonels. Il y avait : le colonel-propriétaire, le colonel-commandant, le colonel en second, le colonel en troisième, le colonel par commission, le colonel à la suite (il y en avait deux cents en 1789), le colonel attaché au service de l'armée (service d'état-major), le lieutenant-colonel, le major-colonel, le capitaine-colonel, le sous-lieutenant-colonel ! Sans doute, on ne les trouvait pas tous dans le même régiment. Pourtant, l'annuaire militaire de 1788 compte, à la tête du 23e régiment d'infanterie, deux colonels, deux lieutenants-colonels ayant rang de colonel, et un major ayant aussi rang de colonel : total, cinq colonels pour un régiment.

Si nous jetons un coup d'œil sur la cavalerie, nous y voyons une abondance encore plus extraordinaire d'officiers de tout grade. Le règlement du 17 avril 1772 établit qu'un régiment de cavalerie devait comprendre : 482 hommes et 146 officiers ou bas-officiers ; ce qui donne à peu près un chef pour trois soldats ! Est-il étonnant que le poète Dancourt, dans une scène de recrutement de l'une de ses comédies, nous représente une recrue naïve demandant, avec obstination, d'être enrôlée dans le régiment des capitaines ?

Cette surabondance d'officiers dans nos régiments était un des traits distinctifs de notre organisation militaire. En comparant notre armée à celle des autres puissances, on trouve pour l'année 1789 :

Armée prussienne — 255,000 hommes.

Armée française — 252,189 hommes (y compris les soldats provinciaux).

Armée autrichienne — 221,000 hommes.

Or, l'armée française comprenait : 1,044 officiers généraux.

L'armée autrichienne, 351.

L'armée prussienne, 87.

Il y avait en France, de 1774 à 1788, un total de 1,243 maréchaux, lieutenants-généraux, et brigadiers pour une population de 25 millions d'habitants. Pendant le second Empire, en 1864, nous avions 260 maréchaux ou officiers généraux pour une population de 37 millions d'habitants. Ce qui donne :

Un général pour 20,000 habitants avant 1789.

Un général pour 140,000 habitants en 1864.

La différence est sensible : et l'on ne peut pas dire qu'à l'armée du second Empire le nombre des généraux ait fait défaut.

Le roi Louis XVI et les ministres auraient été heureux de réduire le nombre de ces officiers. « Sa Majesté, dit une ordonnance royale, considérant que des promotions trop nombreuses *telles qu'elles se sont faites jusqu'à présent,* sans motif raisonné qui les détermine, sont plutôt pour l'état militaire des secousses que des époques de justice et d'émulation, déclare qu'elle ne fera à l'avenir que des promotions partielles, soumises à des règles fixes et calculées. » Pour les charges qui avaient été vendues il était plus malaisé de les faire disparaître; car il fallait les rembourser. Or, en 1783, la somme totale de la finance, fournie par les fonctions militaires achetées, était de 900 millions. Ce n'était pas la monarchie de Louis XVI, conduite par un déficit régulier à l'inévitable banqueroute, qui était capable d'éteindre ces charges. Et pourtant l'ordonnance du 17 mai 1788 établissait « la suppression éventuelle de toutes les charges de colonels-généraux et autres dénommées d'état-major ». Elles devaient être remboursées au prix d'achat, au fur et à mesure des extinctions. Le roi avait donc d'excellentes intentions : mais il fallait bien longtemps en attendre les effets. La Révolution n'eut pas cette longanimité.

En résumé, cette armée, avec ses hommes de troupe racolés à prix d'argent, ses miliciens condamnés au service par la plus injuste conscription, les officiers privilégiés et propriétaires, était, à tous les degrés, mercenaire et nullement nationale. En 1789, les réformes militaires étaient aussi impérieusement réclamées que les autres. Dans le cahier du Tiers-État de Reims, par exemple, on trouve ce vœu : « L'Assemblée demande que les membres du Tiers qui, par leurs services ou quelque action d'éclat, parviendront au grade d'officier, puissent ensuite être promus à tous les grades supérieurs selon leur mérite, et qu'il soit dérogé, à cet égard, à la dernière ordonnance. » De son côté, la noblesse de Reims émet aussi un vœu qui mérite d'être rappelé. Elle demande : « Que tous les gentilshommes du royaume aient un droit égal aux grades militaires, et que l'on abolisse cette distinction destructive de l'émulation et affligeante pour la noblesse de province de n'accorder les premiers grades qu'aux militaires qui ont des parents à la Cour. » Ceux-ci demandaient l'abolition des faveurs ; ceux-là, des privilèges ; il est facile de prévoir l'époque peu éloignée du triomphe de l'égalité.

A côté de ceux qui demandaient l'égalité des droits au régiment , d'autres allaient bientôt parler d'une autre égalité : celle du devoir militaire pour tous les citoyens français. Lorsque la Constituante se réunit, elle forma une commission, spécialement chargée de l'étude des questions militaires. Elle y fit entrer Dubois-Crancé, Mirabeau, le marquis de Liancourt, etc. ; et pour la première fois on vit apparaître dans les travaux de cette commission, ce principe en toutes lettres :

« Tout citoyen doit être soldat. »

CHAPITRE TROISIÈME

IMPOTS

Impôts directs et impôts indirects.

La Taille. Les exemptions dans les pays de taille réelle, et dans les pays de taille personnelle. — La répartition. — La perception. — Trésoriers et collecteurs.

La Gabelle. Les divisions de la France relatives à l'impôt de la gabelle. — Les droits de la Ferme. — Approvisionnement des greniers. — Vente. — Les faux-sauniers. — Misère des campagnes.

Conclusion. Les privilèges et les gabelous.

Dans les dernières années du dix-huitième siècle, un inspecteur général du contrôle, Moreau de Beaumont, a rédigé, sur les Impositions du Royaume, cinq volumes de mémoires très étendus, qui constituent le document le plus complet et le plus méthodique qu'on puisse consulter sur l'administration financière. Or, dans le mémoire relatif aux *Aides,* c'est-à-dire à certains impôts indirects, l'auteur laisse échapper cet aveu : « La multitude excessive de tant de droits peut sans doute prêter matière à plus d'une réflexion. Ici nous ne nous en permettrons qu'une : c'est que nous ne pouvons pas nous flatter d'en avoir donné la nomenclature complète. » Cet aveu nous indique notre tâche : nous n'avons pas à épuiser un sujet, qui n'était pas tout entier connu par les plus compétents économistes du dix-huitième siècle, contemporains eux-mêmes de cette organisation qu'il faut faire connaître. Il nous suffira de prendre un ou deux impôts-types, la taille pour les impôts directs, la gabelle pour les impôts indirects, d'analyser les procédés de répartition et de perception de chacun d'eux, d'en signaler les abus et les injustices. Ce travail nous conduira à une conclusion facile à prévoir : l'urgence d'impérieuses et inévitables réformes.

Les principaux impôts directs étaient :

1o *La Taille*, qui produisait annuellement 91 millions ;

2° *La Capitation*, impôt personnel, qui épargnait les membres du Clergé, n'atteignait que très peu de membres de la Noblesse, frappait presque exclusivement le Tiers-Etat. Il produisait annuellement 41 millions ;

3° *Les Vingtièmes*, impôt sur les revenus de toute sorte, fonciers, mobiliers, industriels, laissait exempts beaucoup de privilégiés, ce qui faisait dire à Calonne que, si l'on eût supprimé les concessions et les privilèges, les deux vingtièmes auraient rapporté 95 millions au lieu de 55.

Les principaux impôts indirects étaient :

1° *Les Aides*, ou droits sur la circulation ou la vente des vins et eaux-de-vie, sur les péages de diverses rivières, sur les octrois municipaux, sur la marque des fers, sur le contrôle des ouvrages d'or et d'argent, sur les cartes, le papier, l'amidon, la poudre, etc., etc., rapportaient, en l'année 1787, 83 millions ;

2° *La Gabelle*, ou impôt sur la consommation forcée du sel, rapportait, en 1787, 58 millions ;

3° L'impôt sur le tabac rapportait 30 millions ;

4° L'impôt des traites ou douanes intérieures, 22 millions ;

5° La loterie, 11 millions.

Etc., etc. (1).

(1) Récapitulation des impôts et de leur produit (d'après Necker). *Administ. des Finances*, t. I, p. 35.

Vingtièmes.	55,000,000
Troisième vingtième	21,500,000
Taille	91,000,000
Capitation	41,500,000
Impositions totales.	2,000,000
Fermes générales.	166,000,000
Régie générale.	51,000,000
Administration des domaines.	41,000,000
Fermes de Sceaux et Poissy.	1,100,000
Administration des Postes.	10,300,000
Ferme des messageries.	1,100,000
Monnaies.	0,500,000
Régie des Poudres	0,800,000
Loterie royale	11,500,000
Revenus casuels	5,700,000
Droits de marc d'or.	1,700,000
Droits perçus par pays d'États. . . .	10,500,000
Clergé.	11,000,000
Octrois des villes	27,000,000
Aides de Versailles.	0,900,000
Imposition de la Corse	0,600,000
Taxe des gardes françaises et suisses.	0,300,000
Objets divers.	2,500,000
Droits recouvrés par les Princes. . .	2,500,000
Corvée, ou impositions qui en tiennent lieu.	20,000,000
Contraintes.	7,500,000
Total.	585,000,000

Necker cite, sans chiffres et pour mémoire, les impôts suivants :

    I. Milice.

    II. Logement des gens de guerre.

    III. Impôt indirect par la contrebande.

La *Taille*.

En principe la taille était un impôt payé exclusivement par les roturiers, en proportion de leurs biens et de leurs revenus. Elle fut répartie et perçue de façons très différentes, selon les époques et selon les provinces. Il arriva que, les procédés employés pour la perception et la répartition étant très variables, les exemptions ne furent ni immuables, ni identiques. Suivant les cas, elles furent attachées soit aux terres, soit aux personnes. Dans certaines provinces, par exemple, la taille frappa directement la propriété ; elle prit ainsi le caractère d'imposition réelle et prédiale. Alors l'exemption fut accordée seulement aux terres destinées au culte et à l'entretien des ecclésiastiques, ainsi qu'aux domaines qui étaient la propriété des défenseurs armés du pays. Dans d'autres provinces, au contraire, la taille atteignit les individus selon l'ensemble de leur avoir ; elle prit alors le caractère d'une imposition personnelle. Dans ce cas, l'exemption fut attachée à toutes les personnes employées au culte ou au service militaire ; elle appartint de droit aux membres du Clergé et de la Noblesse. Il arriva encore que certaines communes rendirent au roi les plus éclatants services militaires, et qu'elles furent exemptées de la taille au même titre que la Noblesse. L'exemption, dont elles bénéficièrent, engagea naturellement d'autres communes à solliciter la même faveur. La plupart des capitales de provinces l'obtinrent ; il n'y eut plus de borne légale aux privilèges. La taille devint l'impôt humiliant par excellence. Être mis à la taille fut synonyme d'être dégradé de noblesse. « L'un des motifs, dit Necker, qui font tenir avec le plus d'ardeur aux exemptions, c'est la tache imprimée sur certaines impositions, telles par exemple que la taille et la corvée... C'est ainsi *que la taille est une humiliation dans la partie du royaume où elle indique infériorité d'état ;* tandis que le même impôt ne rabaisse personne dans les provinces, où ce tribut désigne uniquement une différence dans la nature des biens-fonds. »

Le caractère principal de la taille est donc d'être un impôt roturier, vicié par les privilèges et par les exemptions. Les cas d'exemption se multiplient surtout dans les pays de taille personnelle. Dans ceux-ci, outre tous les membres du Clergé et de la Noblesse, étaient exempts de la taille :

1° Les commensaux, officiers d'élection, prévôts, lieutenants et exempts des compagnies de maréchaussée ;

2° Les officiers de toute classe qui avaient droit de jouir de l'exemption avant l'édit de 1766 (termes très vagues qui permettaient toutes sortes d'abus) ;

3° Les docteurs, maîtres-régents, bacheliers et écoliers, messagers jurés et autres suppôts et officiers de l'Université ;

4° Les invalides à solde entière ou demi-solde, et autres pensionnés du roi (en vertu de l'édit de mars 1778) ;

5° Les officiers monnayeurs, ajusteurs, et officiers des monnaies (en vertu des lettres patentes d'octobre 1782) ;

6° Les commissaires des guerres (édit d'avril 1788) ;

7° Les officiers de grenier-à-sel avaient le privilège d'être taxés d'office (en vertu des lettres patentes de février 1789).

Dans les pays de taille réelle, au contraire, on ne permit point aux exemptions de s'étendre à tous les domaines possédés par les privilégiés ; mais on les limita à la seule partie du domaine qu'ils exploitaient eux-mêmes. Ainsi, à la taille réelle fut substituée la taille d'exploitation. Il fut alors admis en principe que les biens et héritages des ecclésiastiques et gentilshommes seraient assujettis aux tailles, lorsqu'ils seraient donnés à ferme. En effet, l'exploitation étant faite par une personne taillable, les fruits qu'elle récolte sont naturellement sujets à l'impôt. Ces fruits sont au contraire exempts, s'ils sont récoltés par les privilégiés eux-mêmes ou leurs gens à gages.

Aussi la loi défendait-elle aux privilégiés de faire passer pour domestiques ceux qui étaient véritablement fermiers. De plus, il fut établi qu'un privilégié exploitant ne pourrait résider en deux endroits, ni surveiller l'exploitation de plusieurs terres à la fois. L'exemption ne fut accordée qu'à l'exploitation d'une seule terre et des domaines adjacents. L'édit de mars 1667 avait limité l'étendue du domaine privilégié à la partie exploitée par trois ou quatre charrues. Ces restrictions étaient donc de la plus haute importance : dans les pays de taille d'exploitation elles affaiblissaient, sans les détruire, il est vrai, les privilèges de la Noblesse et de l'Église. Elles étaient inspirées par le sentiment de la justice, et surtout par la nécessité d'augmenter le nombre des taillables ; aussi, le chiffre de l'impôt augmentait chaque année. Elles permettent enfin de rectifier l'erreur, encore trop commune de nos jours, en vertu de laquelle on affirme à tort que la Noblesse était, dans toute l'ancienne France, exempte de l'impôt foncier.

La Nation subissait cet impôt sans discussion. Elle devait le payer, sans l'avoir voté. C'était le roi en son conseil qui arrêtait, chaque année et six mois à l'avance, le *brevet général de la taille*, qui établissait la quote-part de chaque province dans le produit de l'impôt. Or ce brevet

quoique qualifié de général, n'atteignait point la France
tout entière. La plupart des pays d'États, plus libres
dans l'administration de leurs propres finances étaient
hors du brevet général. Celui-ci ne s'appliquait donc
qu'aux pays d'élection, et aux provinces récemment an-
nexées, comme la Flandre, le Hainaut, les Trois-Évêchés,
l'Alsace, la Franche-Comté, le Roussillon, le duché de Lorraine et de Bar. Le brevet général, ainsi réduit à une partie
de la France, était envoyé à chacun des quarante-huit receveurs généraux de France, à qui l'on adressait en même
temps un *brevet particulier*, contenant la part d'imposition
attribuée à la généralité qu'il administrait. Au chef-lieu de
la généralité, par les soins de l'Intendant et de ses agents,
le brevet particulier était décomposé en *commissions*, contenant la part d'imposition attribuée à chaque élection
de la généralité. Au chef-lieu de l'élection, par les soins
du subdélégué, la commission était décomposée en *mandements*, contenant la part d'imposition attribuée à chaque paroisse de l'élection. Enfin les *rôles* contenaient la
dernière répartition : celle de la somme à verser par
chaque habitant de la paroisse. Les rôles étaient dressés
par les *commissaires aux rôles nommés par l'Intendant* et par
les *collecteurs choisis par les communes*. Si les habitants négligeaient de nommer des collecteurs, ou s'ils les nommaient insolvables, les Intendants devaient désigner les
collecteurs d'office et les choisir parmi les plus fort imposés de la paroisse. Enfin si la commune et l'Intendant
ne nommaient point de collecteurs, le receveur des finances de l'élection était responsable, et devait pourvoir
lui-même à cette nomination.

Ainsi, brevet général du royaume, brevet particulier de
la province, commission de l'élection, mandement de la

paroisse, rôle de l'individu, telles sont, pour ainsi dire, les étapes que franchit la répartition de la taille depuis le conseil du roi, jusqu'à l'assemblée des commissaires aux rôles et des collecteurs de paroisse.

Pour assurer à cette répartition une base équitable, il fallait, dans les pays de taille réelle ou d'exploitation, un bon cadastre ; dans les pays de taille personnelle, des enquêtes consciencieuses sur la fortune de tous les contribuables. Dans ce dernier cas, l'enquête était toujours précédée de la déclaration de l'intéressé. Dans la généralité de Paris, les choses se passaient ainsi : les commissaires aux tailles se transportaient dans chaque paroisse de la généralité. Là, en présence de tous les habitants convoqués en assemblée, ils dressaient procès-verbal de la situation de la paroisse, de sa population, de sa culture. A cette pièce ils ajoutaient :

1º La déclaration générale des habitants sur les noms, qualités et demeures des ecclésiastiques, des nobles et des officiers, et sur la nature des fonds possédés par eux dans la paroisse ;

2° La déclaration particulière de chaque habitant contenant : 1º Le détail de ses biens-fonds qu'il exploite ou qu'il occupe ; 2° De ses revenus en loyers de maisons et de terres et en rentes de toute espèce.

Le procès-verbal, ainsi complété par les déclarations, procurait donc la connaissance exacte :

1º Des fonds de la paroisse ;

2° Des exploitations et des propriétés de chaque habitant ;

3º Des facultés personnelles de chaque contribuable.

En prenant bonne note des changements survenus chaque année, on pouvait toujours se procurer un état rigoureusement exact de la paroisse. C'était la principale mission des commissaires aux rôles, qui devaient parcourir toutes les paroisses de leur circonscription, et prendre le relevé de toutes les mutations de propriété.

Le seul point délicat, et pourtant essentiel, était d'assurer la vérité des déclarations individuelles.

La loi prenait, à cet effet, toutes les précautions possibles :

Elle prononçait le doublement de la cote contre ceux qui faisaient des déclarations fausses.

Elle ordonnait que, si un propriétaire se refusait à faire sa déclaration, il serait imposé sur la déclaration des autres habitants.

Elle stipulait que toute déclaration particulière serait lue devant l'assemblée générale des habitants, et que, si elle n'était pas appuyée de pièces justificatives, la contradiction de la paroisse devait l'emporter sur l'assertion du déclarant.

Si un certain nombre de déclarations étaient soupçonnées fausses, l'Intendant pouvait ordonner un arpentage général, dont les frais étaient supportés par ceux qui y avaient donné lieu par leurs fausses déclarations.

Et pourtant, malgré toute la sévérité de ces règlements, les déclarations n'étaient pas toujours exactes. Les contribuables, sachant la mobilité de la taille, étaient convaincus que, plus ils déclareraient, plus ils seraient imposés, et déclaraient le moins possible. Si le gouvernement avait établi la fixité de cet impôt, les habitants auraient été portés à faire des déclarations plus exactes, qui auraient assuré l'équitable répartition de l'impôt.

Après la répartition, venait le recouvrement. Le rôle, une fois dressé, était signifié à tous les imposables qui pouvaient faire opposition devant l'Intendant. Celui-ci jugeait souverainement de la légitimité de ces réclamations. Les collecteurs, le délai d'opposition expiré, se mettaient en campagne. Désignés par les habitants de la paroisse, ils étaient responsables de l'impôt et recevaient ordinairement six deniers par livre du montant de la taille, comme indemnité des soins et peines qu'ils se donnaient pour faire la collecte. En Champagne ils ne touchaient que quatre deniers : les deux autres étaient retenus pour les frais du rôle. Ce service de la collecte était très onéreux pour les habitants des paroisses. Aussi Moreau de Beaumont dit-il : « On s'est souvent occupé, à différentes époques, des moyens propres à décharger les contribuables aux tailles de la collecte, *l'une des plus lourdes charges pour la campagne.* Il faut convenir que ce serait un grand bien, si l'on pouvait y parvenir. » On n'y parvint point, « malgré les plaintes des collecteurs qui avouaient toute leur incapacité de faire la recette ».

Si la loi tolérait les collecteurs incapables, elle était d'une grande sévérité pour les collecteurs infidèles :

La Cour des Aides avait, par arrêt du 7 septembre 1781, porté contre ceux-ci les peines suivantes :

1° La peine du carcan et du fouet, lorsqu'ils ont détourné une somme inférieure à 150 livres ;

2° La peine des galères, lorsqu'ils ont détourné une somme supérieure à 150 livres.

Les collecteurs versaient l'argent de la taille aux receveurs particuliers de l'élection. Ceux-ci n'étaient que les intermédiaires entre les collecteurs et le trésorier de la province, qui centralisait l'impôt dans ses caisses et le tenait à la disposition du contrôleur général.

L'impôt de la taille, bien moins injuste et bien moins

lourd qu'on se plaît à le dire, avait pourtant de graves défauts.

Il décourageait le travail agricole par sa mobilité. « Une expérience constante, dit Necker, a démontré que la taille nuisait à la perception des autres impôts, et que les campagnes avaient toujours dépéri, à mesure qu'elle s'était accrue, parce que le cultivateur, *privé de l'espérance de recueillir le juste prix de son travail, se décourageait et négligeait sa culture.* »

Il frappait inégalement ceux-là mêmes qui y étaient assujettis. Les chiffres suivants, fournis par Moreau de Beaumont, nous révèlent cette inégalité :

La généralité de Riom payait une moyenne de 9 livres par habitant.
    —   Rouen et Montauban   — 8 —   —
    —   Alençon, Caen, Poitiers — 7 —   —
    —   Bourges   — 3 —   —

La même disproportion existe, si l'on considère l'impôt par rapport à l'étendue du sol :

La généralité de Bourges paye   667 livres par quart de lieue carrée.
    —   Grenoble —   802 —   —
    —   Alençon   — 2,183 —   —
    —   Rouen   — 2,697 —   —
etc., etc.

Enfin, malgré les très réelles améliorations de la taille d'exploitation et de la taille proportionnelle, cet impôt restait l'asile des privilèges de la naissance ou de la situation sociale ; il frappait tous les petits, sans frapper tous les grands. Il soulevait donc des récriminations légitimes, et nécessitait d'inévitables réformes.

GABELLE

Dans son célèbre compte rendu, Necker dit : « Ce n'est pas toujours par son étendue qu'un impôt inquiète ou devient à charge, c'est encore par la difficulté de l'asseoir ou par l'arbitraire qui l'accompagne. » Il voulait assurément parler de la gabelle. Cet impôt sur le sel, relativement peu lourd, puisqu'il ne représentait que le douzième de toutes les contributions, est celui qui a soulevé contre lui les plaintes les mieux méritées et les plus justes colères. Sa répartition, très embrouillée, aboutit à de véritables chinoiseries. Son inégalité nous étonne encore aujourd'hui. La quantité de sel qui dans l'Aunis coûtait 1 livre dix sous, en coûtait 7 dans le Périgord, 13 en Normandie, 25 dans les Trois-Évêchés, 28 dans le Languedoc, 58 dans l'Ile-de-France. Il est indispensable de pénétrer dans les détails de cette organisation fiscale, pour comprendre l'origine et les causes de toutes ces injustices.

Pour la répartition et la perception de cet impôt, les provinces de France étaient divisées en 6 groupes :

1° Les grandes gabelles ;

2° Les petites gabelles ;

3• Les gabelles de salines ;

4° Les pays de quart-bouillon ;

5° Les pays rédimés ;

6° Les pays francs.

Tandis que ces derniers étaient hors de la Ferme des gabelles, et ne payaient aucun impôt pour le sel, les autres étaient exposés aux tarifs les plus variables. Le tableau suivant donne la répartition des provinces du royaume dans les 6 groupes énumérés ci-dessus.

Tableau de la Gabelle

GRANDES GABELLES		PETITES GABELLES	GABELLES DES SALINES	QUART-BOUILLON	PROVINCES RÉDIMÉES	PROVINCES FRANCHES.
PAYS ORDINAIRES	PAYS PRIVILÉGIÉS					
Iie-de-France.	Quelques districts de la généralité de Rouen.	Maconnais.	Lorraine.	Quelques districts de la Normandie.	Poitou.	Bretagne.
Maine.		Bresse et Bugey.	Clermontois.		Aunis.	Bourbonnais.
Anjou.	Quelques districts de la généralité d'Amiens.	Lyonnais.	Trois-Évêchés.		Saintonge.	Artois.
Touraine.		Forez.	Alsace.		Angoumois.	Gex.
Orléanais.		Beaujolais.	Franche-Comté.		Limousin.	Avignon.
Berry	Principauté de Vaucouleurs.	Dauphiné.			Auvergne (en partie).	Arles.
Bourbonnais.		Briançonnais.			Périgord.	Etc., etc.
Bourgogne.	Quelques districts de la généralité de Dijon.	Provence.			Sénéchaussée de Bordeaux.	
Champagne.		Velay et Vivarais.			Bigorre.	
Picardie.		Auvergne (en partie.)				
Normandie.		Gévaudan.				
Perche,		Languedoc.				
		Roussillon.				
Il n'y a pas de prix identique.		Il n'y a pas de prix identique.	Prix très irréguliers.			

On est porté à croire que chaque groupe de provinces avait du moins un tarif commun et invariable. Il n'en était rien. Les grandes gabelles, par exemple, se subdivisaient en pays ordinaires et pays privilégiés. La portion de sel, que les premiers payaient cinquante livres, coûtait sept livres aux seconds. Enfin, même pour les pays ordinaires des grandes gabelles, il n'y avait pas de taxe identique.

Un exemple servira à préciser toutes ces différences. Une partie de la généralité de Dijon était privilégiée de grande gabelle, et payait le sel environ sept livres. A quelques lieues, à l'est, on entrait dans la Franche-Comté, soumise à la gabelle des salines, et l'on y payait le sel vingt-cinq livres. A quelques lieues au nord, on entrait dans la Bourgogne, pays non privilégié, et l'on y payait le sel cinquante-huit livres. A quelques lieues au sud, on entrait dans le Mâconnais, pays de petite gabelle, et l'on y payait le sel vingt-huit livres ; enfin, un peu plus loin, dans le pays de Gex, on entrait dans une province franche, exempte de la gabelle. On comprend les difficultés sans nombre que présentait la perception d'un tel impôt !

Le gouvernement ne le percevait pas lui-même Il l'affermait à une vaste association de financiers, celle des fermiers généraux, qui, dans ses rapports avec lui, était représentée par des prête-noms. Ceux-ci souscrivaient le bail. Les derniers souscripteurs furent :

Julien Alaterre (bail expirant le dernier sept. 1774.
Laurent David — — 1780.
Nicolas Salzard — — 1786.
Jean-Baptiste Moger (bail interrompu par la Révolution).

Une fois le bail consenti et signé, la ferme des gabelles était chargée de l'approvisionnement, de la vente
du sel, et de la répression de la fraude.

Pour l'approvisionnement des provinces de grandes
gabelles, les sels devaient être pris aux marais salants de
l'Océan. La ferme faisait directement ses achats. Elle ne
pouvait acquérir de sels étrangers ; car elle devait assurer aux propriétaires de marais salants le débit de la
production de leurs fonds. Les sels étaient portés dans
les dépôts et magasins voisins, d'où ils pouvaient être
répartis entre les différents greniers. Là ils pouvaient
acquérir le repos qui les rendait aptes à la consommation.

Les règlements exigeaient que ce repos fût de deux années, parce que, après ce temps, les sels ont acquis le
degré de siccité et de maturité qui les rend salubres.

Pour l'approvisionnement des provinces de petite gabelle, la Ferme faisait ses achats chez les propriétaires
des salins de la Méditerranée. Ceux-ci ne pouvaient
vendre leurs produits qu'à la Ferme. Aussi, pour empêcher celle-ci d'abuser de ce monopole, l'État devait fixer
les prix, toutes les fois que vendeurs et acquéreurs ne
tombaient pas d'accord à l'amiable. D'autre part pour
assurer la vente de tous les salins, l'État avait déterminé
de quels salins proviendraient les sels destinés à telle ou
telle province. Cette obligation avait du reste un avantage réel pour la Ferme, car, la nature et la couleur du
sel variant selon les salins, il était plus facile d'empêcher
la contrebande.

Pour l'approvisionnement des pays de salines et de gabelles locales, il était fait au moyen du feu dans les
salines autorisées par l'État, c'est-à-dire à Dieuze et Châ-

teau-Salins pour la Lorraine, Moyenvic pour les Trois-Évêchés, Salins, Montmorot et Chaux pour la Franche-Comté. Mais cette fabrication était constamment placée sous le contrôle de la Ferme. Certains règlements fixaient les coupes de bois réservées au service des salines, et les propriétaires de ces forêts ne pouvaient en disposer pour une autre destination. Ils subissaient les prix fixés par les règlements, sans pouvoir les discuter utilement.

Pour l'approvisionnement des pays de quart-bouillon, c'est-à-dire de quelques districts de Normandie, la Ferme conservait un droit de contrôle absolu. Les règlements avaient surtout pour but de borner l'usage de ce sel dans les cantons mêmes qui le produisaient, et d'empêcher qu'il ne fût versé sur le pays des gabelles. La Ferme pouvait, à son gré, y réduire le nombre des salines et des jours pendant lesquels il était permis de fabriquer du sel (en moyenne quatre-vingts jours par an).

Les pays rédimés étaient également approvisionnés par la Ferme.

Pour le transport du lieu de production au lieu de consommation, les sels étaient placés dans des sacs ficelés et plombés et soumis à des péages spéciaux. En cas d'accident, de *naufrage*, comme disaient les règlements, le voiturier devait appeler les commis des Fermes et les juges voisins pour faire constater l'accident. Arrivés au lieu de leur destination les sels étaient reçus par les officiers du grenier du lieu et par les préposés de la Ferme. On dressait procès-verbal du volume et de l'emplacement du sel déposé, et le receveur du grenier, ainsi que les officiers chargés des clefs, étaient déclarés responsables.

Dans tout le travail d'approvisionnement et de circulation, la Ferme n'avait qu'un but, éviter la fraude, et par conséquent assurer et faire augmenter la vente. Tous les règlements protégeaient la consommation des sels de la Ferme, et interdisaient l'usage de tout autre sel. Toutefois ces règlements variaient suivant les groupes de provinces. Dans les pays de grande gabelle, c'est-à-dire où le sel était le plus cher, tous les habitants étaient astreints au devoir de gabelle, c'est-à-dire à l'acquisition d'une quantité de sel déterminée : un minot pour quatorze personnes.

Pour vérifier si chaque contribuable d'un grenier satisfaisait au devoir de gabelle, le receveur tenait un registre des habitants, paroisse par paroisse, dans lequel il inscrivait ceux qui venaient lever leur sel. Du reste, on n'obligeait point les paysans à se déplacer pour aller chercher leur sel au grenier de la ville ; ils le recevaient, contre argent comptant, des mains de leurs collecteurs.

Ainsi, dans les pays où l'impôt du sel était lourd, la Ferme forçait les habitants à la plus forte consommation possible; mais dans les pays de petite gabelle, dans les pays privilégiés ou rédimés, c'est-à-dire partout où le sel était vendu comme marchandise indemne d'impôt, la Ferme faisait aux habitants la portion congrue. Les bénéfices étant moindres, elle réduisait autant que possible la part assignée à chaque habitant. Celui-ci trouvait souvent cette part inférieure à ses besoins ; il était obligé d'acheter un supplément souvent très important. Il ne pouvait l'acheter qu'à la Ferme, qui le lui vendait d'après les tarifs les plus élevés. Dans ces pays donc, la Ferme réduisait la consommation légale pour augmenter la consommation facultative.

En un mot pour le sel obligatoire, le gouvernement accordait trop dans les grandes gabelles, et trop peu dans les petites. La Ferme bénéficiait de ces deux excès : c'est ce que Moreau de Beaumont explique ainsi : « Sur le pays sujet, l'impôt a été porté à sa possibilité, c'est-à-dire chacun est forcé de prendre le plus de sel qu'il est possible. Au contraire, sur le pays rédimé, il en est délivré à chacun le moins qu'il se peut faire. » Et il ajoute avec autant de vérité que de résignation : « Tant que l'impôt subsistera, il n'est pas possible de rien changer à cette loi qui force ici la consommation, et là, la réduit autant qu'il est raisonnablement possible. »

Avec des divisions de pays si bizarres, des différences de prix si importantes, la contrebande devait merveilleusement réussir. Le *faux-saunage* devint le délit ou le crime le plus fréquent de l'ancien régime.

Les règlements désignaient sous le nom de faux sel :

1° Le sel étranger, dont l'introduction en France était défendue même à la Ferme générale ;

2° Le sel français, qui ne sortait pas de la Ferme;

3° Le sel de la Ferme, qui avait été pris dans un grenier ordinaire, mais différent de celui du ressort. Ainsi ce sel trouvé chez un particulier, s'il n'était pas complètement semblable à celui de la masse du grenier de son ressort, était déclaré faux-sel.

La loi distingua quatre catégories de faux-sauniers auxquels elle appliqua des peines différentes :

1° *Les faux-sauniers à col ou porte-à-col*, c'est-à-dire transportant sur leurs épaules le sel de contrebande. Ils étaient punis de deux cents livres d'amende pour le premier délit, de six ans de galère et de la flétrissure simple, en cas de récidive;

2° *Les faux-sauniers à cheval*. Ils étaient punis de trois cents livres d'amende pour le premier délit, de neuf ans de galère et de la flétrissure avec les trois lettres G A L, en cas de récidive ;

3° *Les faux-sauniers en attroupement sans armes*. Ils étaient exposés aux mêmes peines que ceux de la catégorie précédente ;

4° *Les faux-sauniers en attroupement et en armes*. Ils étaient condamnés à neuf ans de galère pour le premier délit ; en cas de récidive, à la mort.

Ces peines, quoique d'une excessive sévérité, étaient un adoucissement, si on les compare à celles qui étaient infligées dans les siècles précédents pour le même délit. En principe, tout ce qui avait servi au faux-saunage était réputé chose infâme, sacrilège, indigne du jour. Les chevaux et autres bêtes, qui y avaient été employés, devaient être taillés et mis en pièces, sans pouvoir être vendus au profit du roi, ni au profit de la Ferme. En 1789, on ne commettait plus ces barbaries.

D'autres singularités de ce code pénal sont encore à citer :

Les dénonciateurs étaient bien récompensés : on leur donnait le tiers des amendes et confiscations. Il était ordonné aux habitants, qui voyaient passer des faux-sauniers, de faire sonner le tocsin, d'avertir les capitaines et les gardes des brigades. S'ils s'abstenaient de délation, ils étaient condamnés à 500 livres d'amende. Et Moreau de Beaumont ajoute : « Ces peines ne sont pas comminatoires et de pur style. Elles ont été prononcées souvent et très souvent. »

Les nobles assez lâches pour se livrer au faux-saunage, étaient déchus de noblesse, eux et leur postérité. Leurs maisons et châteaux, qui avaient servi de retraite aux faux-sauniers, étaient rasés.

Enfin les commis et préposés de la Ferme, qui faisaient le faux-saunage, étaient condamnés à mort.

Pour tous ces services d'approvisionnement, de vente, de répression de la contrebande, la Ferme disposait d'une véritable armée de fonctionnaires, juges et gardes divisés en deux groupes :

Les commis supérieurs, c'est-à-dire : directeurs, receveurs, contrôleurs généraux, etc.

Les commis inférieurs, c'est-à-dire : receveurs des greniers, capitaines, gardes, archers et commis de toute espèce.

Malgré leur nombre et leur âpreté au gain, ils n'étaient pas toujours assez forts ou assez vigilants pour déjouer les efforts des faux-sauniers. C'était sur les frontières communes de la Bretagne, province franche et de la Normandie, province de grande gabelle, que la contrebande était permanente. Les faux-sauniers imaginaient des pains de seigle, sarrasin, ou autre menu grain, qui, sous une pâte très mince, renfermait plus ou moins de sel; ou bien ils dressaient leurs chiens à la contrebande. Ceux-ci, conduits en Bretagne, après y avoir été retenus quelques heures, y étaient chargés de sel, puis relâchés; ils revenaient promptement avec leur charge chez leur maître domicilié en pays d'impôt, où ils trouvaient bon accueil. Les gardes et les commis de la Ferme élevèrent à leur tour des chiens qui firent la chasse à ceux des faux-sauniers. Divers accidents provoquèrent des règlements, qui interdirent aux agents de la Ferme l'emploi de ces chiens, et les mâtins faux-sauniers continuèrent à faire la contrebande, et à gâter les blés et autres récoltes, en évitant les routes fréquentées.

La contrebande donna souvent lieu à des engagements à main armée, à de véritables faits de guerre. Les faux-sauniers se montraient par pelotons et par troupes. Femmes, enfants, pères et mères, tous risquaient la vie pour faire passer du sel. De là, des combats fréquents qu'on appelait les *heurtements*, et le champ de bataille se couvrait de morts et de blessés.

Dans le pamphlet sur les Assemblées provinciales que nous avons déjà cité plus haut, l'auteur consacre les pages suivantes à l'impôt de la gabelle, qu'il définit ainsi : « La gabelle, hydre effroyable et qui fait le malheur toujours renaissant des êtres qui se trouvent compris dans son arrondissement. » Parlant de la gabelle en pays rédimé, il dit :

« Un seigneur puissant a obtenu jadis, avec un numéraire comptant donné au gouvernement, que le sel serait vendu à ses vassaux, à un prix très modique, et, pour représenter et remplacer la rente que ce numéraire aurait dû lui produire, il perçoit par ménage une somme de treize sols. Il a par conséquent été, depuis le contrat, remboursé plusieurs fois de son avance. Le menu bétail n'a point calculé le souci et embarras que cette faveur allait lui coûter. Il n'a vu qu'une chose : c'est qu'il paierait trois sols ce que les voisins paieraient quatorze.

» Or ce prix de trois sols est onéreux pour l'État. On a taxé le pays rédimé, et fixé le nombre de livres de sel auquel aurait droit chaque individu. Au moyen des rôles et des chiffres, on est parvenu aisément à savoir ce qu'il fallait faire passer de sel dans chaque grenier. On a fait un tarif qui prétend que chaque être doit consommer

14 livres de sel, mais pas plus, tel besoin ou accident qui vous arrive. On conçoit qu'au moyen de ces rôles on doit savoir à quoi doit se monter la consommation. Chaque receveur de grenier a donc tant de livres de sel en masse à distribuer partiellement à chaque habitant. S'il économise, il trouvera à la fin de l'année un bon de masse que l'on partage entre tous les économiseurs...

» Ce que nous révoquerions en doute, si nous trouvions le fait qui va suivre cité dans le récit de nos voyageurs chez les Hottentots, c'est que tous les enfants, qui n'ont pas huit ans et un jour, ne doivent pas manger de sel, puisqu'on ne leur accorde pas une once. Ainsi l'ont décidé les traitants et fermiers qui ont rédigé les arrêts des règlements sur cette partie... et encore aujourd'hui, ces enfants ne mangeraient pas de sel, si l'économie du ménage ne donnait la faculté au père et à la mère de partager leur taxe avec leurs petits innocents intaxés...

» La livre de sel se vendant ici trois sols et là quatorze sols, la contrebande est inévitable. Un homme quelconque, quand il a payé une marchandise, qu'elle est en sa possession, qu'elle est devenue sienne, s'est toujours cru en possession d'en faire ce que bon lui semblait. Mais ici, il n'est pas possible à l'individu possesseur de se défaire de sa marchandise. Pour l'en empêcher, on a établi des gardes formant des cordons sur les lignes de circonvallation; et quand on trouve quelqu'un nanti de quelques livres de sel, on le saisit, on dresse procès-verbal et, pour la première fois, on le condamne à une forte amende; s'il veut se défendre et faire rébellion il est pendu ou, par grâce, condamné aux galères, sans tirer à conséquence pour l'avenir.

» Les abus et inconvénients sont tellement considérables, que ma plume, pour les décrire, bondit et pétille.

» La campagne surtout offre à nos yeux un tableau de misère. Elle a le même tarif que les villes. Chaque individu est taxé à quatorze livres. Cependant le ménage, les salaisons particulières, tels que porcs, fromages, beurre, les moissons à faire qui nécessitent de rassembler plus de monde, tout occasionne plus de consommation, et met dans le cas de faire la contrebande... Chaque communauté villageoise a aussi son dépositaire de sel qu'on appelle saunier, et qui reçoit du grenier, à divers époques, le sel de ses concitoyens sur un rôle contenant le nombre effectif des consommateurs de la communauté. Ce qui est naturel, c'est que monsieur le Saunier veut singer monsieur le Receveur du grenier : bon gré, mal gré, il veut avoir un bon de masse avec sa petite masse. D'autre part les gardes vérificateurs viennent faire leur visite ; en cas d'abus ils rendent responsable la communauté tout entière. Mais ces sortes de procès s'arrangent ordinairement par des orgies de cabaret, et, en donnant de l'argent à ces vampires, on assoupit le procès, et très souvent monsieur le Receveur du grenier n'en a pas connaissance. La nécessité d'avoir du sel est tellement grande chez les habitants des campagnes qu'ils préfèrent être vexés et mutilés par les gardes que de faire des rôles exacts...

» ... Certains industriels, tanneurs, corroyeurs, selliers, ont absolument besoin de sel pour leur travail. Mais pour faire la chose avec sûreté, en conscience, avec tranquillité d'âme, et avec grande certitude que ce sel arraché ne servira précisément que pour les cuirs par eux employés, on a trouvé un moyen aisé et doux, c'est de l'empoisonner. En sorte que, si une main maladroite va prendre le sel à cuir pour le sel ordinaire, il ne s'en suivra qu'une bagatelle. C'est que le père, la mère, les enfants, les convives et les domestiques seront empoisonnés !... C'est une misère...

» Je ne veux pas pousser plus loin les descriptions que j'aurais à faire des abus, dont je n'ai donné qu'une faible esquisse ; mais je dois représenter que rien ne foule plus les habitants de la campagne, comme ce maudit sel à trois sous. Presque tous les laboureurs perdent plus de moitié de leur beurre et fromage par le défaut de ce minéral, qui est cependant répandu en si grande abondance dans nos salines ! »

Les notables avaient dit en 1787 : « La gabelle est jugée. Son régime est décidé de nature si défectueuse qu'il n'est pas susceptible de réforme. » Ce jugement devait être ratifié par la Révolution. Celle-ci ne réforma point la gabelle, elle la supprima.

Il faut remarquer, pour finir, que le produit des impôts indirects allait croissant chaque année. En 1787, les aides devaient rapporter 83 millions. « L'augmentation en 14 années avait été de 44 millions, augmentation prodigieuse ! Elle provenait *de l'addition de nouveaux sols pour livre*, de récoltes abondantes, d'une forte consommation, d'un accroissement de population, et *de l'activité d'une régie intéressée à la bonification des droits !* » On voit par quelles extorsions étaient obtenues les plus-values des impôts indirects. Quant à la gabelle, elle suivait, elle aussi, sa marche ascendante. Pour l'année 1768, le bail de la gabelle était de 36,500,000 livres. Pour l'année 1788, il était de 58,560,000 livres. Cette branche des revenus les plus odieux au peuple s'était donc accrue de 22 millions en vingt ans !

En résumé, les impôts directs étaient viciés par les privilèges de tout genre, qui en faisaient retomber presque tout le poids sur les pauvres. Les impôts indirects donnaient lieu aux vexations les plus étranges, dont les pauvres encore étaient surtout accablés. Partout l'injustice, partout la persécution. Les plaintes furent unanimes.

Un petit village de l'élection de Langres, dans des doléances saisissantes, résumait ainsi les vœux du commun peuple :

« Ce qui nous fait bien de la peine, c'est que ceux qui ont le plus de biens paient le moins. Pourquoi donc est-ce que ce sont les riches qui paient le moins et les pauvres qui paient le plus ? *Est-ce que chacun ne doit pas payer selon son pouvoir ? Sire, nous vous demandons que cela soit ainsi, parce que cela est juste...*

» ... Nous sommes si maltraités par les commis aux aides que nous pensons à arracher nos vignes. Tout le vin que nous ferions serait pour eux, et il ne nous resterait que la peine. *Débarrassez-nous d'abord des maltôtiers et des gabelous ; nous souffrons beaucoup de toutes ces inventions-là* (1)! »

Les privilèges, les gabelous, voilà les deux mots qui résument toute la question fiscale sous l'ancien Régime.

____

(1) Il serait trop long de relever les vœux ayant le même objet. Les cahiers de 1789 en contiennent beaucoup d'analogues. Citons celui du Tiers-État de Reims « *Que tous les citoyens de tout ordre, de tout rang et dignité, sans exceptions, supportent, proportionnellement à leurs biens et facultés, la totalité des charges, impôts et contributions de toute nature, et que tout privilège relatif à cet objet soit aboli à jamais.* »

CHAPITRE QUATRIÈME

L'ADMINISTRATION FINANCIÈRE (suite).

La Ferme générale et les places de fermier. — Croupes et pensions.
— La Régie opposée à la Ferme.
Opinion de Montesquieu. — Réformes de Necker. — Les derniers
fermiers généraux.
Les prodigalités royales. — Les pensions. — Le livre Rouge.
Le Déficit.

Après avoir étudié les deux principaux impôts de
l'Ancien Régime, les plus connus par les haines qu'ils
ont soulevées, il convient d'insister sur quelques-uns des
vices et des abus de l'administration financière, qui provoquèrent également la fureur populaire. Dans ce chapitre encore, nous éviterons de traiter la question complètement, afin de nous efforcer seulement d'être exact
dans les développements qui vont suivre. Ce que l'opinion
publique critiquait surtout, c'était *l'organisation de la
Ferme générale*, et les *complaisances royales*. Il faut d'abord
les bien faire connaître.

Sous l'ancienne monarchie, les impôts indirects sur le

tabac, le sel, les droits de traites ou de douanes intérieures, les aides, etc., etc., n'étaient point perçus par l'État. Une compagnie de *traitants* ou de *fermiers* louait par bail le droit de les lever, et avançait à l'État, année par année, le prix de cette location. Les traitants sont donc, suivant l'*Encyclopédie :* « Des gens d'affaires qui se chargent du recouvrement des impôts, et qui traitent avec le souverain de toutes sortes de taxes, revenus et projets de finances, moyennant des avances en deniers qu'ils fournissent sur-le-champ. Ils reçoivent 10 ou 15 0/0 de leurs avances, et ensuite gagnent un quart ou un tiers sur leurs traites. Ces hommes avides et en petit nombre ne sont distingués du peuple que par leurs richesses. « Les richesses qu'ils possèdent, dit l'édit de 1716, sont les dépouilles de nos provinces, la subsistance de nos peuples, le patrimoine de l'État. » Et l'auteur de l'article ajoute : « Je répète ces choses, d'après plusieurs citoyens, sans aucune passion, sans aucun intérêt particulier, et surtout sans l'esprit d'humeur et de satire qui fait perdre à la vérité même le crédit qu'elle mérite. »

Les fermiers rendaient donc à l'État de grands services, en lui avançant les sommes indispensables au gouvernement, mais ils s'indemnisaient toujours sur la Nation. On raconte que le cardinal Fleury présentant au roi les fermiers généraux, qui venaient de signer un bail avec le contrôleur général, dit : « Voilà, Sire, les quarante colonnes de l'État ! » Le marquis de Souvré se serait alors permis d'ajouter, dit-on : « Oui, Sire, ils soutiennent l'État, comme la corde soutient le pendu. » Le cardinal Fleury n'avait pas tout à fait tort ; le marquis de Souvré avait un peu raison : c'est ce que démontrera la suite de ce chapitre.

La Ferme générale, dont la constitution intérieure varia beaucoup au dix-huitième siècle, grâce aux réformes de Turgot et de Necker, comprenait, au commencement du règne de Louis XVI *des places de fermiers, des croupes, des pensions.*

Pour obtenir une place de fermier, il fallait verser un cautionnement fixé par le bail, être agréé par la Ferme et par le Gouvernement, avoir déjà rempli les fonctions de fermier-adjoint. On voulait ainsi écarter les candidats pauvres, peu honorables, inexpérimentés, le corps des fermiers généraux ayant à diriger et à surveiller le plus délicat parmi les services publics. Il faut pourtant croire que les intérêts eux-mêmes de la Ferme n'étaient pas assez puissants pour imposer toujours le respect du règlement : car Turgot dit au sujet du recrutement des fermiers : « Les places de fermiers généraux, qui devraient être accordées aux seules personnes qui pourraient les mieux remplir, ont été presque toujours données par la faveur. Celles d'adjoint ont le même sort. On a introduit des sujets de la plus grande jeunesse qui n'avaient jamais travaillé, et qui n'avaient aucune aptitude pour les affaires, quoiqu'ils ne dussent être admis que pour fortifier le service et suppléer aux titulaires. » Chaque place de fermier avait un bénéfice annuel évalué en moyenne à cent mille livres. Mais ces places étaient rarement la propriété complète et absolue d'une seule personne. Sur soixante, cinq seulement étaient entières ; les cinquante-cinq autres étaient grevées de *croupes* et de *pensions.*

Les *croupes* étaient des parts aux bénéfices des fermiers. Elles appartenaient à des personnes étrangères à la Ferme générale. Leur origine était très variée. Tantôt un fermier, trop pauvre pour payer tout son cautionnement empruntait, pour le compléter, une somme quelconque que son créancier voulait bien lui avancer, à condition qu'il prendrait, dans les bénéfices de la place, une part proportionnelle à son avance : rien de plus légitime. Il devenait *croupier intéressé aux bénéfices*. Tantôt le fermier consentait à emprunter, mais à un intérêt déterminé et invariable ; le créancier, qui acceptait ces conditions, devenait *croupier simple*. Quant aux *croupiers de faveur*, ils prenaient une part des bénéfices de la Ferme, sans avoir jamais rien versé. Ils étaient imposés par le roi. « Ces croupes, dit Turgot, ont été abandonnées à toutes sortes de personnes qui, par l'argent et l'intrigue avaient gagné de vils protecteurs ou en avaient trompé de respectables. Ces dernières excitent l'animadversion générale, et si le roi pouvait disposer de 10 millions, il serait bien simple de les rembourser. » Trente-huit places de fermiers généraux étaient grevées de croupes. La liste des croupiers n'est pas sans intérêt. On y rencontre l'abbé Voisenon, un protégé de Trudaine, un notaire de l'abbé Terray, un dentiste, la famille Pompadour, beaucoup de demoiselles, Laborde, valet de chambre du roi, le roi lui-même.

Enfin, les pensions étaient un tribut annuel et invariable, payé par certaines places de fermier à des personnes désignées par le roi. « Les pensions, dit encore Turgot, se présentent sous un aspect plus défavorable que les croupes. En examinant le détail de ces pensions, on leur trouve pour motif, ou des services récompensés, ou des secours accordés à des besoins urgents, ou enfin des dons qui tendent à diminuer les dépenses des maisons des princes... Quant *à celles qui sont inavouables*, il faudrait discuter les manœuvres qui les ont fait obtenir, les mœurs de ceux qui les possèdent, et cette discussion, aussi pénible à ceux qui en seraient chargés qu'humiliante pour ceux qui en seraient l'objet, exciterait beaucoup de murmures. » Cinquante-cinq places de fermiers généraux étaient grevées de pensions. La liste des pensionnaires n'est pas moins intéressante que celle des croupiers : On y rencontre :

De Bordeu, médecin de madame du Barry.	6,000 liv.
La Dauphine, Marie-Antoinette.	6,000
Madame Adélaïde, fille de Louis XV. . . .	6,000
Madame Sophie.	6,000
La nourrice de feu le duc de Bourgogne. .	10,000
Mademoiselle Canivet, chanteuse du concert de la Reine.	2,000
La famille Terray.	20,000
Sénac de Meilhan, intendant de Provence, et sa femme	48,000 liv.

Ainsi, pensionnaires croupiers et fermiers (1), tels étaient les copartageants des bénéfices de la Ferme générale : vaste association de financiers ou d'intrigants placée entre les membres du gouvernement et les contribuables, et se payant sur les seconds des services grands et petits qu'elle rendait aux premiers.

Le bail de la Ferme n'était pas souscrit par les fermiers. Il ne portait ni le nom des croupiers, ni celui des pensionnaires. Le roi traitait officiellement avec un prête-nom.

(1) Le bail de 1774 comprend :

Soixante places de fermiers généraux, évaluées avec les bénéfices du bail à 100,000 livres par an total .	6.000.000 liv.
Les croupes sont représ. par 1.580.000 liv. ⎱ total.	1.980.000 liv.
Les pensions sont représ. par 400.000 liv. ⎰	
Il reste donc à la compagnie des fermiers environ les deux tiers c'est-à-dire.	4.020.000 liv.

Celui-ci recevait de la Ferme une légère indemnité : 4,000 francs par an pour consentir à laisser figurer son nom au bas du bail de la Ferme et de tous les papiers officiels de cette administration. Les noms de Laurent David, Jean Alaterre, Nicolas Salzard étaient connus, et sans doute maudits, jusqu'au fond des plus humbles hameaux. Ces noms, qui représentaient la plus grande puissance financière et fiscale de France, appartenaient aux plus vulgaires individus. Salzard, par exemple, avait été portier, et était devenu valet de chambre. C'est le fameux homme aux 160 millions, dépeint dans le curieux passage suivant par l'auteur du *Tableau de Paris* :

« J'étais dans un café, assis à côté d'un Russe, qui m'interrogeait curieusement sur Paris. Entre un assez gros homme en perruque nouée. Son habit était un peu râpé, et le galon usé. Il s'assied dans un coin et hume une bavaroise avec la lenteur de l'ennui, et la longueur du désœuvrement et de l'inoccupation.

» Vous voyez bien, dis-je à mon voisin, cet homme-là qui bâille, et qui n'aura pas fait dans une heure ! — Oui, me dit-il. — Eh bien ! c'est le soutien de l'État et du trésor royal. — Comment ? — C'est lui qui donne au roi de France 160 millions et plus, par an, pour entretenir ses troupes, sa marine et sa maison. Il a affermé les cinq grosses fermes ; avant-hier il en a signé le contrat avec le monarque ; les fermiers généraux sont ses agents, ses commis ; ils travaillent tous sous lui et sous son nom, ce nom qui remplit la France entière. Il arrête aux barrières les carrosses des princes, si bon lui semble ; il visite tout ce qu'il veut visiter ; il oblige les bourgeois à prendre de son sel contre leur volonté, il oblige une villageoise, sur le bord de l'Océan, de saler son pot avec de l'eau de mer : il met son timbre sur tous les papiers de procédure ; il envoie, en son propre nom, des assignations au plus grand seigneur, comme au simple particulier ; il a un puissant crédit, car il gagne tous ses procès ; et ceux qui lui font quelque tort sont envoyés aux galères, et quelquefois pendus : il a une juridiction toute particulière pour cela, et des juges qui le servent à ravir. Sa personne est bien précieuse : car elle répond au roi de sa créance ; s'il ne payait pas, le roi de France saisirait sa personne, pour se faire payer ; mais il paie très bien et de plus, il est fort désintéressé. Qu'on dise que la Régie ruine le royaume, c'est un conte. Désabusez, je vous prie, les Russes quand vous serez à Saint-Pétersbourg. Cet homme perçoit 160 millions et plus pour quatre mille francs par an. Il ne dépense pas un sol au delà ; c'est le modèle de l'économie la plus stricte et la plus sévère. Il est vrai qu'il a des commis un peu infidèles : mais ces commis exercent toujours un peu de rapine : ils sont plus riches que lui, cela est encore vrai mais sa modération constante n'en est pas alarmée. C'est toujours à sa requête que toute perception se fait. Avez-vous dans votre pays un homme qui vous ramasse et vous apporte 160 millions pour 4,000 francs d'honoraires? Il faut avouer que le roi de France est servi à bon marché ; et qu'il a, dans ce personnage, un habile et fidèle serviteur.

» Le Russe ne savait ce que je voulais lui dire : il ouvrait de grands yeux avec étonnement. Il fallut que je lui expliquasse ce que c'était que *Nicolas Salzard*, successeur de *Laurent David*, et de *Jean Alaterre*. Quand il sut que c'était un valet de chambre, jadis portier, qui avait pris possession du bail des fermes générales, et qui en avait signé le contrat avec le souverain, à la face de l'Europe, quoique poli, il ne put s'empêcher de rire au nez de *Nicolas Salzard.*

» Celui-ci n'y fit pas seulement attention ; il se leva pesamment, paya longuement, et sortit machinalement, ne sachant de quel côté tourner son existence solidaire des revenus de l'État. »

La Ferme possédait à Paris et dans les provinces un grand nombre d'immeubles où étaient installés ses bureaux et ses principaux agents. Le bureau central à Paris était situé rue de Grenelle-Saint-Honoré, dans un vaste local qui s'appelle encore aujourd'hui la cour des Fermes. Le grenier à sel était rue des Vieux-Augustins ; les bureaux des aides et des douanes, dans l'hôtel de Bretonvillers, dans l'île Saint-Louis.

Les abus du système des Fermes furent vivement attaqués au dix-huitième siècle. Les réformateurs ne voulaient plus voir l'État abandonner le soin de ses propres intérêts à des associations de financiers et de fermiers ; Pourquoi l'État ne faisait-il pas lui-même ses propres affaires? A quoi bon des intermédiaires? L'État ne peut-il pas lui-même percevoir ses impôts? — Parmi les économistes qui attaquèrent la Ferme avec le plus de vigueur, il faut citer, en première ligne, le marquis de Mirabeau, *l'ami des hommes*, qui résumait tous ses vœux en matière fiscale dans cette phrase : « Renversons les Fermes d'abord, et nous aurons assez fait pour la Régénération. » Il développait ainsi les motifs de sa haine pour cette institution : « Quand l'État dégradé et abattu se soumet aux conditions que ses fermiers lui imposent, l'épuisement arrive à son comble ; les édits ne sont que des prétextes d'exaction et le peuple ne peut plus rien fournir de réel.

Les coffres du Prince, percés de toutes parts, ne sont plus même capables de servir d'entrepôt momentané. Telles sont les conséquences de l'erreur énorme d'interposer une agence quelconque entre la contribution des sujets et la recette du souverain. L'exemple de tous les âges et de tous les empires en est la preuve. Partout les fermiers publics ont acheté du prince la nation, et détruit enfin la nation, le prince, et eux-mêmes ! « Ces virulentes attaques étaient publiées dans la « Théorie de l'impôt. » Les fermiers généraux se trouvèrent calomniés et exigèrent l'emprisonnement de l'écrivain. Le gouvernement subit cette sommation. *L'ami des hommes* fut d'abord enfermé à Vincennes, puis exilé dans sa terre de Bignon. En étouffant une voix, les fermiers ne supprimaient ni les critiques ni les causes de plaintes ; pour un écrivain qui dut laisser dormir sa plume, une foule d'autres continuèrent la guerre par des épigrammes, des pamphlets, et même des articles de l'*Encyclopédie*. Montesquieu lui-même prit part à la lutte : Il donna à l'*Encyclopédie*, à l'article Ferme, un chapitre de l'*Esprit des lois* (1), qui n'est qu'un continuel éloge de la Régie, c'est-à-dire de l'administration directe par les agents de l'État. Dans un style d'une grande concision, il énumère ainsi les avantages de ce système opposé à celui des Fermes :

« La *Régie* est l'administration d'un bon père de famille, qui lève lui-même avec économie et avec ordre ses revenus.

» Par la Régie, le prince épargne à l'Etat les profits

---

(1) Montesquieu, *Esprit des lois*, livre XIII, ch. ix.

immenses des fermiers qui l'appauvrissent d'une infinité de manières.

» Par la Régie, le prince est le maître de presser ou de retarder la levée des tributs, ou suivant ses besoins, ou suivant ceux de son peuple.

» Par la Régie, le prince épargne au peuple une infinité de mauvaises lois qu'exige toujours de lui l'avarice importune des fermiers.

» Comme celui qui a de l'argent est toujours le maître de l'autre, le traitant se rend despotique sur le prince même : il n'est pas législateur, mais il le force à donner des lois.

» Dans les républiques, les revenus de l'État sont presque toujours en régie ; l'établissement contraire fut un grand vice du gouvernement de Rome. *L'histoire des monarchies est pleine des maux faits par les traitants... »*

Les plaintes furent si unanimes, et les abus étaient si évidents, que Necker essaya de restreindre l'importance et les privilèges de la Ferme, afin de donner satisfaction à l'opinion publique.

Par arrêt du 9 janvier 1780, il avait démembré la Ferme-générale en trois administrations particulières, plus étroitement unies à l'État, et placées sous un contrôle plus immédiat. C'étaient :

1° *L'administration générale des domaines et droits domaniaux,* comprenant l'enregistrement, le timbre, les droits de greffe, d'hypothèques, etc. ;

2° La *Régie générale,* chargée de la perception de tous les droits *d'aides ;*

3° La *Ferme générale* qui ne conservait que la perception des droits de traites, de gabelle, de tabac, etc.

Les membres de la Régie générale, et de l'administration générale des douanes, étaient nommés par l'État, recevaient une rétribution fixe, quelle que fût l'importance de leurs opérations. Toutefois, pour stimuler leur activité, ils recevaient, au-delà d'un produit déterminé, une indemnité proportionnelle à la plus-value qu'ils avaient produite. L'État prenait donc en main une partie de l'administration des impôts indirects. D'autre part, il imposait à la Ferme générale les conditions les plus onéreuses, et les plus capables de restreindre ses bénéfices. Les fermiers ne devaient plus recevoir que l'intérêt à 5 °/₀ de leur cautionnement, et des appointements fixes de trente mille francs. La somme, que la Ferme devait percevoir, était déterminée par le bail. Si la recette dépassait cette somme, les trois premiers millions de plus-value appartenaient au roi. Le surplus était partagé par moitié entre les fermiers et l'État. Ainsi modifiée, la Ferme générale n'était.plus, elle aussi, qu'une institution gouvernementale; les fermiers n'étaient plus que des fonctionnaires rétribués. Il n'y avait plus qu'une différence apparente entre la Ferme et la Régie. C'est ce que Necker explique ainsi :

« Les Régies et les Fermes ont, selon leur constitution actuelle, la plus grande ressemblance, et c'est en s'arrêtant uniquement au sens littéral de ces deux dénominations, qu'on dispute sur le degré de préférence qu'il faut accorder à l'une ou à l'autre de ces formes. L'on a dit aux régisseurs : « Vous aurez une telle part dans les produits qui surpasseront telle somme. » Et l'on a dit aux fermiers : « Le roi aura telle part dans les produits qui surpasseront tel prix du bail. » La différence est presque uniquememt grammaticale. »

Necker avait donc commencé la réforme avec décision.

Mais comme tous les esprits prudents et méthodiques, il avait voulu simplement modifier, et non bouleverser. Il ne redoutait rien tant que la confusion et le chaos, conséquence d'innovations trop absolues, et mal préparées. C'est à propos de ces réformes financières, qu'il définit avec beaucoup de justesse sa méthode de circonspection et d'opportunité : « Ce n'est pas, dit-il, je le crois, par un tour de main qu'on peut rendre simple ce qui est composé, économe ce qui est dispendieux, aisé ce qui est difficile. C'est plutôt en étudiant soigneusement chaque partie, en modifiant ce qui paraît défectueux, et en ne différant jamais la réforme d'un abus, dans l'attente incertaine d'une révolution plus complète ; c'est encore en faisant moins d'usage de son imagination que de ce jugement, qui sert à discerner les moyens assortis aux hommes et aux affaires, et qui ne donne son estime qu'aux projets susceptibles d'exécution : marche pénible et souvent sans éclats, mais la seule cependant qui approche au moins du but que tout homme d'État doit se proposer. »

On peut dire que, grâce à cette méthode, Necker avait fait disparaître quelques abus de la Ferme générale. Il avait conservé le nom et l'organisation apparente de cette association détestée, mais il en avait changé l'esprit ; il avait presque tari la source de ses bénéfices. Il avait même établi, auprès de la Ferme générale, un conseil de surveillance et de contrôle dont tous les membres étaient nommés par le Gouvernement. La Ferme n'était donc plus une fédération de banquiers, exploitant les impôts publics ; c'était une institution d'État, dont le contrôleur général réglait et payait les services. Et pourtant, même en 1789 et en 1793, aux yeux de la masse de la

Nation, les membres de la Ferme étaient toujours regardés comme les anciens traitants, les Turcarets de l'Ancien Régime. On continua à les juger d'après les excès passés, et non d'après les services présents : ils héritèrent de la haine qu'avaient soulevée leurs prédécesseurs : et les derniers fermiers généraux, quoique peu coupables, payèrent pour les premiers dont aucun n'était innocent. La justice révolutionnaire, qui fit ainsi mourir Lavoisier, se laissa quelquefois égarer par de violentes passions : l'opinion publique, qui n'est pas toujours clairvoyante, lui imposa des jugements que l'histoire explique sans les justifier.

Après les bénéfices des traitants, la générosité inconsidérée du roi soulevait les plus vives récriminations. L'intervention personnelle du roi pouvait chaque jour jeter le trouble et le désordre dans l'administration financière. Elle avait rarement pour but de contrôler et de régler ce service public; elle n'était point guidée par le souci d'alléger la lourde charge qui accablait le peuple. Le roi de l'Ancien Régime était obsédé par une foule sans cesse renaissante de courtisans et de parents affamés, qui exploitaient la générosité et la charité du Père du peuple. Il devenait la Providence de tous ces prétendus soutiens du trône, qui ne savaient pas gagner leur vie par le travail, et qui pourtant dépensaient sans compter : il pourvoyait ainsi à l'existence de sujets qui, ordinairement, le payaient plus en flatteries qu'en dévouement.

Et certes, Louis XVI, si facile à émouvoir, n'était pas capable de résister à ces prières !

Quand il eut des ministres énergiques, il subit un peu leur influence, et les cadeaux du roi diminuèrent; quand ces hommes de bien disparurent, les affamés se rejetaient sur leur proie. On sait le mot pittoresque de Marmontel, après la disgrâce de Turgot : « Je me représente, disait-il, l'image d'une troupe de brigands, rassemblés dans la forêt de Bondy, à qui l'on vient d'apprendre que le grand-prévôt est renvoyé. » Les voleurs n'avaient plus peur du gendarme.

Il est inutile de rappeler ici les *acquits du comptant*, qui permettaient à la fantaisie du roi libre carrière dans les finances de la France, les *croupes* et *pensions* sur la Ferme qui grevaient les places de fermier au profit de personnes quelquefois peu recommandables. Le roi, qui donnait sans compter, inventa un système qui pouvait devenir funeste, en altérant complètement toute l'administration financière : Il assignait des appointements permanents, des pensions passagères, quelquefois de simples cadeaux sur tel ou tel impôt. Cette source du revenu public se perdait ainsi en canaux dérivés pour les particuliers; elle se tarissait pour l'État. On conduisait donc la Royauté au déficit, pour satisfaire l'avidité de courtisans pour lesquels toute occasion était bonne de demander et de recevoir. C'était le symptôme de l'irrémédiable décadence, dans laquelle étaient tombés le gouvernement et les hommes qui devaient le diriger ou le soutenir. Montesquieu a dit (1) :

« C'est une règle générale que les grandes récompenses, dans une monarchie et dans une République, sont un signe de leur décadence, parce qu'elles prouvent que leurs principes sont corrompus, que d'un côté l'idée de l'honneur n'y a plus tant de force, de l'autre que la qualité de citoyen s'est affaiblie.

-----

(1) Montesquieu, *Esprit des lois*, livre V, ch. XVIII.

» Les plus mauvais empereurs romains ont été ceux qui ont le plus donné, par exemple Caligula, Claude, Néron, Othon, Vitellius, Commode, Héliogabale, Caracalla. Les meilleurs, comme Auguste, Vespasien, Antonin le Pieux, Marc-Aurèle et Pertinax ont été économes. Sous les bons empereurs, l'État reprenait ses principes : *Le trésor de l'honneur suppléait aux autres trésors.* »

Il n'en était pas de même sous le règne de Louis XVI. Turgot et Necker comprirent les dangers, que cette soif d'argent et cette générosité royale faisaient courir à l'État. Ce dernier, dans le Tableau de la Cour, dit : « Les mélanges d'état par les alliances, l'accroissement du luxe, le prix qu'il oblige à mettre à la fortune, enfin l'habitude, ce grand maître en toutes choses, avaient fait des grâces qui peuvent émaner du trône la ressource générale : acquisitions de charges, projets de mariage et d'éducation, pertes imprévues, espérances avortées, tous ces événements étaient devenus une occasion de recourir à la munificence du souverain. Comme la voie des pensions, quoique poussée à l'extrême, ne pouvait satisfaire les prétentions, l'on avait imaginé d'autres tournures, les intérêts dans les fermes, dans les régies, etc. » Cette habitude de la prodigalité royale eut les résultats suivants, relevés encore par Necker (1) : « Nos opérations, dit-il, ont servi à faire connaître l'étendue des grâces viagères connues sous le nom de pensions, gratifications annuelles, appointements conservés, subsistances, et plusieurs autres dénominations encore. Sa Majesté elle-même a été surprise d'apprendre que ces différentes grâces formaient actuellement une charge annuelle pour ses finances d'environ

(1) Necker, Compte rendu, 2ᵉ partie.

28 millions. Je doute si tous les souverains de l'Europe ensemble payent en pension plus de la moitié d'une pareille somme. C'est même un genre de dépenser presque inconnu dans plusieurs États. »

Un roi *surpris* d'apprendre que ses générosités ruinent l'État est un imprévoyant pasteur de peuples. Ce lieutenant de Dieu sur la terre ne remplissait point les devoirs de sa charge. Quant à la reine, elle exerçait, elle aussi, une influence dangereuse sur les finances publiques. Necker raconte qu'il fut obligé de faire auprès d'elle une démarche significative. « Je pris la liberté, dit-il, de lui représenter une partie de mes réflexions, et cette auguste princesse qui écoute la raison, et qui aime la justice, daigna m'encourager par son approbation, et proscrivit autour d'elle toutes les recommandations qui pouvaient contrarier l'ordre que je voulais établir. » La reine cédait devant des ministres économes.

Mais les Turgot et les Necker eurent des successeurs moins querelleurs. Avec Calonne, le gaspillage fit sa rentrée à la Cour : et l'habitude des pensions survécut jusqu'en 1789.

Dès les premiers jours de la Révolution, ces prodigalités furent dévoilées. Le *livre Rouge*, découvert par la Constituante, et imprimé par l'ordre de cette Assemblée, fit connaître à toute la France le détail des pensions payées directement par le roi à ses courtisans. On vit inscrit sur ce livre un prince allemand pour quatre pensions, un comte de Lusace pour 150,000 livres, un marquis d'Antichamp pour quatre pensions ainsi motivées : La première pour les services de feu son père, la seconde pour le même objet, la troisième pour la même raison, la quatrième pour la même cause !

Le vocabulaire était plus varié que les mérites !

On apprit que la comtesse d'Artois avait reçu 24,000 livres à la naissance du duc de Berry ; et qu'un certain Gonnet en recevait 60,000 pour l'aider à payer ses dettes. On trouva des noms qui rappelaient de vilains services ; et Marat traduisit l'indignation publique en disant :

« Eh quoi ! tandis qu'un brave soldat, criblé de blessures, obtient à peine trois louis annuellement, une coiffeuse empochera chaque année deux mille livres pour avoir donné un coup de peigne au Dauphin ! »

Même avant la publication du livre Rouge, l'opinion publique ne s'était pas trompée sur les véritables auteurs de la ruine de l'État. Elle rendit responsable le roi et sa famille. Ce fut surtout à la reine que les plus violents reproches furent adressés : quand Marie-Antoinette allait à l'Opéra, les Parisiens osaient bien dire : « Voilà madame Déficit qui passe (1). »

Et en effet le déficit annuel conduisait inévitablement la monarchie à la banqueroute.

En chiffres ronds, le budget de 1789 était ainsi établi :

560 millions de livres payés par la Nation.

475 millions de livres entrant au trésor.

532 millions de livres dépensées.

La perception des impôts coûtait dont 85 millions (presque 20 pour 100, chiffre énorme !) et le déficit an-

---

1. Aussi les cahiers du Tiers État de Reims recommandent-ils aux députés de cet ordre : 1° d'exiger qu'il soit fourni un état exact de la situation actuelle des finances ; 2° *de faire établir une comptabilité rigoureuse, qui réponde à la Nation du juste emploi des deniers provenant des impositions qu'elle aura accordées, et empêche qu'une partie en soit distraite à d'autres objets, quels qu'ils soient, et d'employer tous moyens possibles pour arrêter toutes dissipations dans les finances.*

nuel était de 57 millions. La dette de l'Etat était d'autre
part de 4 milliards et demi. Tous ces chiffres ont été
bien dépassés au dix-neuvième siècle, et c'est par milliards que nous comptons aujourd'hui nos recettes et nos
dépenses annuelles. Cependant jamais les finances de la
France ne furent dans une situation plus critique qu'en
1789. Tous les ministres avouaient le danger. Le roi dut
bien ouvrir les yeux ; et c'est pour se délivrer du cau-
chemar de la banqueroute qu'il se décida à rappeler
Necker et à convoquer les États Généraux.

CHAPITRE CINQUIÈME

LA CONVOCATION DES ÉTATS GÉNÉRAUX

Dans l'ancienne monarchie, les États Généraux ne sont convoqués que pendant les grandes crises. — Dès 1788, Louis XVI est décidé à les convoquer pour l'année suivante. La question de la *double représentation*. Le règlement du 24 janvier 1789.
Les élections. Les députés et les cahiers. Principaux vœux des cahiers de 1789, au point de vue philosophique, social, politique, religieux, économique, administratif, judiciaire, militaire, fiscal. Conclusion.

Pendant toute la période capétienne de notre histoire, les États Généraux avaient toujours été considérés comme l'unique espoir de salut, dans les grandes crises de danger public. Dès le règne de Louis XI on chantait dans les rues de Paris :

> Qui guérira les maux de France?
> — Qui? voire Qui ?
> Les trois États de France.

Jusqu'au dix-septième siècle, pendant les guerres de religion, comme pendant les guerres d'Italie et la guerre de Cent ans, les États Généraux, consultés par la Royauté, avaient plusieurs fois sauvé la France. Mais — et ceci est un des traits distinctifs de notre histoire — ils n'avaient pu obtenir leur périodicité : l'éclat même de leurs services les condamna à des sessions intermittentes et irrégulières ; ils ne furent jamais une des institutions permanentes du gouvernement. Tandis que, dès la fin du Moyen Age, l'Angleterre constituait sa représentation nationale à côté, ou plutôt au-dessus de la Royauté, et lui assurait une grande part d'influence dans le gouvernement régulier du pays, la France, incapable d'imiter cet exemple, était disposée à abdiquer ses droits entre les mains d'un monarque absolu. Dès que l'ordre semblait établi, la présence de ses représentants auprès du roi lui paraissait inutile. Chez les Anglais, les séances régulières du Parlement furent la garantie continuelle des droits de la Nation ; chez nous les convocations facultatives des États Généraux ne furent que des expédients passagers, nés de circonstances particulières, et destinés à disparaître avec les causes qui les avaient fait naître. Bons pour sauver le pays de l'invasion étrangère, ou du chaos des guerres civiles, ils ne furent pas jugés dignes d'être associés au roi, pour assurer le fonctionnement légal et régulier du gouvernement. Ils furent comme le remède qu'exige la maladie et que repousse la bonne santé.

Or, sous le règne de Louis XVI — les chapitres précédents l'ont surabondamment prouvé — la France était loin d'être bien portante. Le moment paraissait venu d'appliquer le remède des grandes circonstances. Aussi, dès le ministère de Turgot et l'évanouissement des espérances qu'il avait fait concevoir, on observe que les philosophes, les écrivains politiques, les assemblées diverses appellent de tous leurs vœux, la convocation des États Généraux. Pendant le règne précédent, on avait quelquefois discuté philosophiquement les avantages ou les inconvénients de cette représentation nationale. Sous Louis XVI on veut passer de la théorie à l'application ; on exige la convocation des États. Une violente discussion au sein du Parlement, en novembre 1787, peint exactement l'état des esprits. Dans une séance royale, le conseiller Robert de Saint-Vincent osa dire au roi : « Vos ministres veulent éviter les États Généraux dont ils redoutent la surveillance, mais leur espérance est vaine : les besoins de l'État vous forceront à les assembler d'ici à 1789. Oui ! ils vous y forceront ! » A quoi le roi répondit avec une timide réserve : « J'ai promis les États Généraux avant 1792. Ma parole doit vous suffire. » Les événements donnèrent raison au conseiller.

Dès l'année 1788, — avant même que Necker ne fût rappelé au ministère, — la convocation à bref délai des États Généraux était si bien décidée que, le 5 juillet, un arrêt du Conseil du roi invitait les municipalités, les tribunaux, les savants, et les personnes instruites à faire des recherches sur les usages anciens relatifs à la composition des États Généraux. Il y avait cent soixante-quinze ans qu'on ne les avait pas réunis ! et l'on ignorait les coutumes et les traditions ! Le gouvernement, se défiant de lui-même, faisait appel à la compétence des savants. Les recherches archéologiques commencèrent. Elles furent peu concluantes. Les anciennes assemblées d'États Généraux n'avaient point la même histoire. Les convocations, l'ordre et la durée des travaux, le système de vote, tout avait varié, suivant les époques et les circonstances : on ne trouva donc que des faits incohérents, contradictoires ; on ne trouva ni traditions, ni loi. On discuta alors des principes, en laissant de côté les documents historiques d'un autre âge ; et ces discussions, qui passionnèrent autant le commun peuple que les hommes d'État ou les savants, donnèrent naissance à la brochure célèbre de Sieyès sur le Tiers-État. La question la plus intéressante fut celle du *double vote*, ainsi posée : « La Nation, étant composée de trois ordres, chaque ordre aura-t-il une représentation égale en nombre? » — ou bien : « Le Tiers-État, étant l'ordre le plus nombreux et le plus chargé d'impôts, aura-t-il une représentation proportionnelle à son importance numérique et financière; une *représentation double* de celle de chacun des ordres privilégiés? — Or, on peut dire que, pour les esprits sincères et indépendants, cette question était résolue d'avance. Aux assemblées provinciales de 1778, qui avaient été de véritables États Provinciaux, le principe de la double représentation en faveur du Tiers, avait été accepté sans discussion : les députés du tiers avaient partout été égaux en nombre à ceux des deux ordres privilégiés réunis. Ce qui avait été jugé bon en 1787 pour des États Provinciaux ne pouvait être jugé mauvais par les États Généraux. Cette loi était d'une application trop récente pour qu'elle ne restât point, aux yeux de la Nation, comme la juste sauvegarde de la prépondérance du Tiers-État. L'opinion publique se prononça avec énergie et unanimité pour la double représentation. « Il n'y a, dit Necker dans son rapport au roi, qu'une seule opinion dans le royaume sur cette question. » Il y eut pourtant quelque opposition. Une assemblée de notables,

convoquée pour juger la question, le 6 novembre 1788,
vota contre la double représentation. Le Parlement, interrogé sur le même sujet, dit qu'on devait s'en tenir à la
forme observée en 1614, où le Clergé avait eu 140 représentants, la Noblesse 132, et le Tiers-État 192. Tous
ces conseils n'eurent d'autre effet que de faire perdre
aux notables et au Parlement toute popularité. Pour le
roi l'occasion était belle de se montrer libéral. Louis XVI
fut plus généreux et plus confiant que ces assemblées
dont il avait sollicité les avis; et, dans un Conseil tenu le
27 décembre 1788, il fut décidé « que les députés aux
États Généraux seraient au moins au nombre de mille,
et que le nombre des députés du Tiers-État serait égal
à celui des députés des deux autres ordres. » Marie-
Antoinette elle-même, consultée à ce sujet, avait approuvé cette décision.

Le 24 janvier 1789, les ministres de Louis XVI font enfin afficher, dans toute la France, les lettres de convocation des États Généraux. Il faut y noter le passage suivant :

« *Nous avons besoin du concours de nos fidèles sujets pour
nous aider à surmonter toutes les difficultés* où nous nous
trouvons, relativement à l'état de nos finances, et pour
établir, suivant nos vœux, un ordre constant et invariable
dans tous les parties du gouvernement, qui intéressent le
bonheur de nos sujets et la prospérité de notre royaume.

» Ces grands motifs nous ont déterminé à convoquer
l'assemblée des États de toutes les provinces de notre
obéissance, tant pour nous conseiller et nous assister
dans toutes les choses qui seront mises sous nos yeux,
que pour faire connaître les souhaits et doléances de nos
peuples, de manière que, par une mutuelle confiance et

par un amour réciproque entre le souverain et ses sujets,
il soit apporté le plus promptement possible un remède
efficace aux maux de l'État, et que les abus de tout genre
soient réformés et prévenus par de bons et solides
moyens, qui assurent la félicité publique et *qui nous rendent à nous, particulièrement, le calme et la tranquillité dont
nous sommes privés depuis longtemps.* »

Ces aveux, pleins de franchise et de mélancolie, ne doivent point passer inaperçus. Le roi a encore une confiance absolue, inébranlable, dans la Nation. C'est d'elle
qu'il espère le salut. Il n'est plus question d'ordres ou
de classes : il fait appel à la France tout entière. Il veut
entendre à Versailles les vœux de tous ses sujets. Dans le
Règlement relatif aux élections de 1789, il dit en effet :

« Le roi, en adressant aux diverses provinces soumises
à son obéissance, des lettres de convocation pour les
États Généraux *a voulu que les sujets fussent tous appelés à
concourir aux élections des députés, qui doivent former cette
grande et solennelle assemblée.* Sa Majesté a désiré que,
des extrémités de son royaume et des habitations les
moins connues, chacun fût assuré de faire parvenir jusqu'à Elle ses vœux et ses réclamations... Sa Majesté a
donc reconnu, avec une véritable satisfaction, qu'au
moyen des assemblées graduelles ordonnées dans toute
la France pour la représentation du Tiers-État, elle aurait
ainsi *une sorte de communication avec tous les habitants de
son royaume,* et qu'elle se rapprocherait de leurs besoins
et de leurs vœux, d'une manière plus sûre et plus immédiate. »

Ainsi le but à atteindre est clair : consulter le pays
tout entier, et, en interrogeant tous les sujets, organiser
une représentation fidèle de toute la Nation. La Royauté

de droit divin, que nous avons vue si orgueilleuse au commencement de ce livre, s'abaisse et s'humilie devant ceux qu'elle appelle à son secours. S'il est encore question de la couronne, que jadis on ne prétendait tenir que de Dieu, c'est pour la mettre en tutelle et la placer sous la sauvegarde de la Nation.

Les règlements à suivre pour procéder aux élections furent empruntés, en partie du moins, aux antécédents des États de 1614. En principe, tous les électeurs devaient être réunis aux chefs-lieux des bailliages et des sénéchaussées, et dans ces réunions, ils devaient : 1° rédiger leurs cahiers de doléances ; 2° nommer leurs députés. Ces réunions devaient être spéciales à chaque ordre : « Chaque ordre, dit le règlement, rédigera des cahiers et nommera ses députés séparément, à moins qu'ils ne préfèrent y procéder en commun, auquel cas le consentement des trois ordres pris séparément sera nécessaire. » Les électeurs n'usèrent point de la permission et délibérèrent séparément.

Pour la Noblesse, tous les nobles possédant fiefs, et tous les nobles sans fief étaient électeurs.

Ils devaient être convoqués par le bailli ou le sénéchal de leur district le 16 mars 1789, et voter individuellement la rédaction de leurs cahiers et l'élection de leurs députés.

Pour le Clergé, étaient électeurs :

1° Les évêques ;

2° Les abbés ;

3° Les curés ;

4° Les communautés religieuses *rentées* (à raison de un représentant par communauté ! — les ordres mendiants étaient exclus du collège électoral et n'avaient pas le droit de vote) ;

5° Les ecclésiastiques pourvus de bénéfices ;

6° Les chanoines (à raison de un représentant par dix chanoines) ;

7° Les prêtres attachés aux chapitres et les prêtres sans bénéfices (à raison de un représentant par vingt prêtres).

Les électeurs du Clergé devaient, comme les électeurs de la Noblesse, être convoqués par les baillis et les sénéchaux.

Mais tandis que, pour l'ordre de la Noblesse, tous les membres étaient indistinctement électeurs ; pour le Clergé, certains membres n'étaient représentés que par le suffrage à deux degrés ; les chanoines, par exemple, et les prêtres sans bénéfices.

Pour le Tiers-État, les formalités n'étaient pas aussi simples.

Dans les villes, les habitants devaient se réunir par corporation, et nommer les représentants de chaque groupe. Les arts et métiers avaient droit à un député par cent électeurs ; les arts libéraux et le commerce, à deux députés par cent électeurs ; les autres électeurs, bourgeois, rentiers, etc., à deux députés par cent électeurs.

Dans les paroisses rurales, tous les habitants, ayant droit de vote, formaient une première assemblée générale chargée de rédiger ses cahiers de doléances et de nommer ses représentants, à raison de deux députés par 200 feux et au-dessous, trois députés par 300 feux et au-dessous, etc.

Les représentants des villes et des paroisses, ainsi élus, devaient se réunir dans les bailliages inférieurs pour y fondre en un seul les divers cahiers, et choisir entre eux de nouveaux députés, à raison d'un député sur quatre électeurs.

Ces députés du second degré, chargés de présenter le cahier unique de tous les députés du premier, devaient former l'assemblée générale du Tiers-État du bailliage supérieur. Dans cette assemblée, ils rédigeaient le cahier définitif du Tiers-État pour cette circonscription, et nommaient les députés du troisième degré, qui étaient chargés de siéger aux États Généraux.

Une exception était faite en faveur de Paris. Tandis que les autres villes étaient astreintes à voter avec le reste des habitants du bailliage ou de la sénéchaussée, Paris avait le droit de députer directement aux États.

En résumé :

Suffrage direct pour la Noblesse.

Suffrage direct ou à deux degrés pour le Clergé.

Suffrage à trois degrés pour le Tiers-État.

Telle fut la méthode électorale suivie pour constituer les fameux États Généraux du 5 mai 1789. On peut dire que toute la France eut la parole, et put faire connaître ses sentiments et ses volontés.

Elle le fit avec calme. Les quelques scènes de désordre qui eurent lieu en Bretagne, en Provence, à Paris furent d'insignifiantes exceptions. La France délibéra avec sagesse. L'agitation électorale fut plus scrupuleuse et attentive que turbulente et inquiète. D'ailleurs la Nation aborda ces grands travaux avec la plus grande confiance. Devant un roi populaire et plein de bonne volonté, elle n'avait pas le droit de se montrer exigeante et emportée ; à celui qui était prêt à écouter ses prières, elle ne voulut point adresser des cris de colère et d'indignation. C'est pourquoi les cahiers de 1789 sont si sobres dans leurs plaintes, si modérés dans leur style, si adoucis dans leurs expressions. « Ils sont, comme le remarque justement Henri Martin, la dernière tentative de conciliation entre la Nation et le gouvernement, le dernier effort pour transformer pacifiquement la royauté traditionnelle et l'associer à un nouvel ordre de choses. »

Ils abordent néanmoins toutes les grandes questions qui devaient être traitées dans les assemblées révolutionnaires, toutes les réformes sociales, politiques, administratives, qui devaient substituer peu à peu la France démocratique moderne à l'Ancien Régime. Considérés à ce point de vue, ils sont comme l'arrêt suprême prononcé par la Nation même sur la France du dix-huitième siècle : C'est pourquoi nous ne pouvons pas terminer ce livre sans en donner une très courte analyse.

1° *Au point de vue philosophique.* — Les cahiers demandent « une déclaration des droits appartenant à tous les hommes », et ils citent : la liberté, l'égalité, la propriété individuelle et absolue. C'est pourquoi beaucoup d'entre eux, réclament la suppression des lettres de cachet, la démolition de la Bastille, la liberté de la presse, l'admissibilité de tous les citoyens à tous les emplois dans l'État, c'est-à-dire les réformes politiques dérivées nécessairement de la déclaration des droits.

2° *Au point de vue social.* — Les cahiers ne demandent point l'abolition formelle de l'ancienne constitution sociale : ils acceptent le maintien des trois ordres ; mais ils ne veulent plus appuyer cette division des classes sur des privilèges. « Tous les hommes étaient égaux avant leur association civile, cette égalité sera maintenue devant les lois constitutives du corps politique. » Les cahiers réclament donc la suppression des privilèges féodaux, de la propriété en censive qui sera partout remplacée par les francs-alleux, des distinctions humiliantes pour le Tiers-État. Mais presque tous les cahiers acceptent le maintien de la noblesse héréditaire, à condition qu'elle ne confère plus aucune exemption des charges publiques, qu'elle soit la récompense des services rendus à l'État, afin qu'elle ne puisse plus être acquise à prix d'argent.

3° *Au point de vue politique*. — Les cahiers sont trèsnombreux, qui proclament le nouveau principe du gouvernement en ces termes : « tout pouvoir émane de la Nation, » ou qui rappellent le vieil adage : « *Lex consensu populi fit et constitutione regis. La loi résulte du consentement de la nation et du décret du prince.* » Beaucoup d'entre eux indiquent comment ces principes doivent être appliqués : Ils demandent : — la réunion des États Généraux de droit, et sans convocation à des époques déterminées, soit chaque année, soit tous les trois ans ; — l'inviolabilité des députés ; — l'unité de la représentation nationale. Mais aucun cahier n'attaque la Royauté en face. On reproche au gouvernement son absolutisme et celui de ses agents ; on veut restreindre les droits de la couronne, on ne veut pas les supprimer. Le roi apparaît comme nécessaire à la nouvelle constitution politique du royaume. On lui accorde l'inviolabilité comme aux représentants du peuple ; et quelques cahiers, tirant la conséquence naturelle de cette dernière concession, demandent la responsabilité ministérielle. Les réformes demandées ne s'appliquaient donc pas à la forme, mais au principe du gouvernement. Que la Royauté continue à gouverner la France, disent les cahiers, mais qu'elle considère son pouvoir comme émanant de la Nation, et qu'elle l'exerce de concert avec les représentants du peuple.

Il faut surtout observer que les excès du pouvoir royal apparaissaient à la Nation comme la conséquence de l'absence de toute loi constitutionnelle, et de l'ignorance de chaque Français à l'égard de ses propres droits. C'est pourquoi plusieurs cahiers demandent « que les États Généraux ne se séparent pas sans avoir rédigé, de la manière la plus précise, la déclaration des droits de la Nation et les lois de sa constitution... que les lois constitutives soient rédigées en catéchisme qu'on enseignera dans les paroisses. » Les électeurs de 1789 voulaient réformer non seulement l'État, mais l'esprit public.

4° *Au point de vue religieux.* — Parmi les vœux les plus fréquents il faut citer : l'abolition du Concordat et le rétablissement des élections ecclésiastiques, — le maintien des libertés gallicanes conformément à la déclaration de 1682, — le rachat ou la suppression des dîmes, — l'emploi des revenus ecclésiastiques conforme à leur destination primitive, c'est-à-dire l'entretien des ministres de la religion, la subsistance des pauvres et l'entretien des établissements destinés au service du culte.

Certains cahiers, prévoyant l'éventualité de la suppression des couvents, demandaient qu'on assurât la sécurité et l'entretien des moines. Enfin il en est qui conseillent la vente d'une partie des biens du Clergé pour payer sa dette. La Révolution devait aller au-delà de leurs désirs.

5° *Au point de vue économique.* — Les entraves qui arrêtaient la prospérité de l'industrie, du commerce et de l'agriculture, étaient attaquées avec vigueur. Au premier rang des réformes, réclamées presque unanimement par les cahiers, il faut citer : la liberté du commerce et de l'industrie, — la liberté du commerce des grains, — l'abolition définitive des jurandes et des maîtrises qui seraient remplacées par un simple règlement de l'apprentissage, — l'unité de poids et de mesure, — l'autorisation pour la Noblesse de faire le commerce ou de prendre des terres à ferme sans déroger, — l'établissement d'un code de commerce unique. On peut encore ajouter : le droit de chasse pour les propriétaires agricoles, la création de caisses de secours et de prix d'encouragement pour l'agriculture ; la division des biens communaux entre les habitants des paroisses ; la proscription de la liberté du commerce des grains avec l'étranger, etc. Tous les vœux peuvent se résumer en deux mots : la liberté pour la production nationale, la protection contre la concurrence étrangère.

6° *Au point de vue administratif*. — Les cahiers s'élèvent souvent avec énergie, contre le pouvoir excessif des Intendants at des subdélégués. Ils demandent, — (souvenir évident de réformes tentées par Turgot, Necker et Loménie de Brienne), — l'établissement d'assemblées élues dans la commune, le district, la province, et la subordination des assemblées inférieures à l'égard des supérieures, — l'uniformité d'origine pour toutes ces assemblées et par conséquent la suppression de la division en pays d'États et pays d'élection. Quelques cahiers même demandent la suppression des Intendants. Pour l'administration, comme pour le gouvernement, les cahiers sollicitent donc la même réforme : associer les représentants du pays aux agents de l'État ; enlever à ceux-ci une part du pouvoir pour le donner à ceux-là ; créer une sorte de décentralisation, en assurant aux habitants de la communauté rurale, du district, de la province, la prépondérance dans la gestion de leurs propres affaires : réforme rationnelle sans doute, mais dont les essais devaient produire, après la Constituante, dans les districts de département, des résultats bien imprévus. De ces tentatives mêmes, la centralisation devait sortir plus forte ; les épreuves qu'elle traversa alors devaient assurer pour longtemps son avenir.

7° *Au point de vue judiciaire.* — Les cahiers demandent surtout la réforme complète de la législation, par la confection d'un code civil unique pour toute la France.« Un assemblage informe, dit un cahier, de lois romaines et de coutumes barbares, de règlements et d'ordonnances sans rapport avec nos mœurs, comme sans unité de principes, ne peut former une législation digne d'une grande nation. » — Pour le code pénal, les cahiers demandent l'adoucissement des peines ; quelques-uns même réclament l'abolition de la peine de mort ; ou, s'ils la maintiennent, ils ne veulent la voir appliquée qu'à des crimes graves, comme l'incendie, l'assassinat, etc. — Les justices seigneuriales sont partout condamnées ; il faut, disent les cahiers, les détruire ou les réformer. Déjà le mot de *justice de paix* apparaît, et la Constituante s'en emparera. Pour le recrutement et l'autorité des magistrats, certains cahiers proposent l'élection des juges par tous les gens de robe, beaucoup condamnent la vénalité des offices ; enfin un certain nombre, pour éviter les excès de certains magistrats, veulent que l'on rétablisse le principe traditionnel : *L'accusé n'est justiciable que de ses pairs.* Ils réclament pour tous les crimes, le jugement par le jury. Tous ces vœux étaient légitimés par la mauvaise administration judiciaire, qui a été étudiée plus haut.

8° *Au point de vue militaire.* — Les vœux des cahiers sont souvent contradictoires. Parmi les plus importants, il faut noter : l'exclusion des étrangers de l'armée française

qui ne devra plus comprendre que des troupes nationales ;
— la suppression ou la réorganisation de la milice dont
nous avons plus haut relevé tous les abus ; — la collation
des grades militaires à tous ceux qui les méritent par
leur talent et leurs services, quelle que soit leur origine ;
— le droit pour tout Français de contracter volontaire-
ment son engagement, et le privilège de n'être jamais
incorporé par force ; — en temps de paix, l'occupation des
soldats aux travaux agricoles, etc. En général, les vœux
relatifs à l'armée sont moins inspirés par le patriotisme
que par le souvenir des cruautés du service militaire
précédent. Les électeurs veulent surtout faire disparaître
les abus ; bien peu d'entre eux pensent à substituer à la
solde des mercenaires le devoir patriotique. Les élus
devaient plus tard être plus patriotes que les électeurs.

9° *Au point de vue fiscal.* — La Noblesse, le Clergé, les
villes franches, les provinces rédimées, tous les privilégiés
en un mot sont à peu près unanimes pour consentir à l'é-
galité de tous devant l'impôt. Mais, en vertu de ces concessions, les privilégiés sont d'accord avec le Tiers pour
enlever au gouvernement du roi la faculté de fixer l'impôt
à sa guise. Ils reviennent à l'ancien axiome que *Tout impôt
ne peut être levé qu'après avoir été consenti par la nation
représentée par ses députés.* Ils exigent même que ce consentement soit toujours réputé comme temporaire et n'engageant pas l'avenir, et par conséquent qu'il soit renou-
velé à chaque session par les États Généraux. Quant aux
réformes partielles, spécialement désignées dans les
cahiers, les plus importantes d'entre elles sont : l'établissement de la cote pour tous les contribuables sans distinction sur les mêmes rôles d'impôt ; — la création d'un
impôt sur le revenu mobilier et industriel ; — la suppres-

sion des aides, des gabelles, et tous autres impôts vexatoires qui devaient être remplacés par des taxes plus simples ; — la suppression de tous les impôts de consommation en général, et particulièrement de ceux qui atteignaient les denrées de première nécessité ; — la substitution à toute l'ancienne machine financière si compliquée de deux impôts seulement : l'un réel, sur le fonds ; l'autre personnel, sur le revenu.

Il n'est pas utile de continuer ici cette énumération ; en analysant les vœux des cahiers sur les matières qui font l'objet de ce livre, il nous suffit de constater que l'Ancien Régime était condamné par la France tout entière. Et cette conclusion générale confirme celle de tous les chapitres précédents.

Quant à ceux qui devaient formuler au sein des États, et exécuter à Versailles et à Paris cette condamnation, étaient-ils dignes et capables de cette mission ? Il ne rentre pas dans le cadre de ce livre de faire connaître ou de juger les députés aux États, les constituants. Les Mirabeau, les Talleyrand, les Sieyès, les Barnave, les Grégoire, les Robespierre, les Rabaut-Saint-Étienne, etc., etc., devaient, dans des rôles différents, commencer l'œuvre décisive. En venant siéger aux États, ils étaient absolument libres à l'égard du pouvoir, à l'égard de leurs électeurs. La candidature officielle n'était point connue, et le mandat impératif avait été presque partout condamné. « Le Tiers, dit le cahier de Nîmes, a exposé les vœux du peuple, il laisse à ses députés le soin de les modifier. » Les États Généraux de 1789 devaient donc composer une assemblée véritablement nationale et libre. Les temps nouveaux étaient venus pour la France.

La conclusion de ce livre ne s'impose-t-elle pas d'elle-même ? Après avoir fait connaître la société, le gouvernement, l'administration de la France en 1789, après avoir reproduit les jugements que les contemporains eux-mêmes portaient sur les institutions de leur pays, notre tâche est terminée. Quelques phrases plus ou moins déclamatoires sur les excès du pouvoir absolu, les privilèges des castes aristocratiques, la misère du peuple, l'anéantissement des libertés provinciales et municipales, les injustices du recrutement militaire, les abus de la magistrature, la rapacité des agents du fisc, n'ajouteraient rien à l'analyse que nous venons de faire. A quoi bon répéter que l'édifice social, politique et administratif de l'ancienne France croulait de toutes parts, quand nous avons, dans le dernier chapitre, montré la Nation tout entière à l'œuvre pour la reconstruction d'une France nouvelle. Le roi, la cour elle-même, les ministres, le peuple tout entier, émus de la même joie, et animés des mêmes espérances, préparaient sur les ruines du passé les matériaux de l'avenir. Spectacle unique dans notre histoire ! A tous les degrés de la hiérarchie sociale, partout, la même confiance, le même amour du bien public, la même foi dans la Révolution. Entraînés dans le même ravissement, les Français saluaient l'aurore d'une ère nouvelle, qui n'était pas encore assombrie par les désenchantements terribles et les sanglantes désillusions. Celles-ci vinrent bientôt faire irruption au milieu de ce ciel serein, et le marquer de taches lugubres. La joie avait été vive, la colère fut violente ; l'espérance avait été pleine de charme, la peur fut inhumaine, et les plus épouvantables orages allaient succéder à ces beaux jours. Mais les crises, que devait traverser la Révolution, ne purent ni la faire mentir à son origine, ni la faire dévier de son chemin. Née ni du besoin de réformes urgentes et profondes, sur l'Ancien Régime mort, elle éleva la France moderne.

TABLE DES CHAPITRES

CHAPITRE V

LE TIERS-ÉTAT (première partie : *Industrie et commerce*).

CHAPITRE VI

LE TIERS-ÉTAT (deuxième partie : *Les paysans*).

DEUXIÈME PARTIE

LE GOUVERNEMENT ET L'ADMINISTRATION GÉNÉRALE

CHAPITRE PREMIER

LE GOUVERNEMENT CENTRAL

CHAPITRE II

L'ADMINISTRATION PROVINCIALE

CHAPITRE III

IMPOTS

CHAPITRE IV

L'ADMINISTRATION FINANCIÈRE

CHAPITRE V

LA CONVOCATION DES ÉTATS GÉNÉRAUX

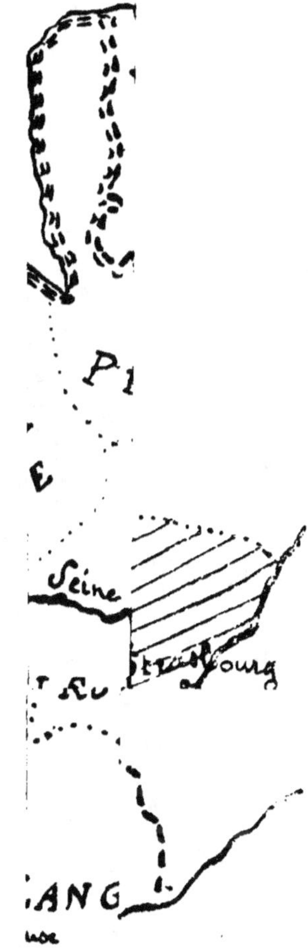
P
E
Seine
Strasbourg
RU
ANG
ÉE
ROUS

CARTE

DES

TRAITES

(d'après Necker)

LA MANCHE

P.^{ts} BAS AUTRICHIENS

LUXEMBOURG

Dunkerque

Lille

PROV.^{es} REP.^{ées} ET.^{res}

arr.^m.^{ves}

Cambray

Amiens

PICARDIE

Rouen

Seine R.

PARIS

ISLE DE FRANCE

Reims

PROVINCES

A L'INSTAR DE

L'ÉTRANGE

EFFECTIF

Verdun   Metz

Nancy

Strasbourg

Troyes

PERCHE

Brest

PROV.^{ces} RÉPUTÉES

Rennes

BRETAGNE

ÉTRANG.^{res}

CINQ GROSSES FERMES.

Caen

NORMANDIE

Alençon

MAINE   le Mans

ORLÉANOIS

Orléans

TOURAINE

Nantes

ANJOU   Angers

Loues R.

BERRY

Bourges

BOURBONNOIS

BOURGOGNE

Dijon

FRANCHE COMTÉ

Pr.^{ces} Rep.^{ées} Etr.^{res}

SUISSE

POITOU

Ré

AUNIS

Oléron   La Rochelle   Jodiers

Rochefort

OCÉAN

Légende

Les cinq grosses-fermes sont enveloppées par
le double trait ≠≠≠≠

Les Provinces réputées Étrangeres sont enveloppées
par le trait ━ ━ ━

Les Provinces à l'Instar de l'Étranger effectif
sont occupées par 13 hachures

La ligne pointillée ...... indique les frontières
de provinces.

SAINTONGE

LIMOSIN

Limoges

ANGOUMOIS

Clermont

AUVERGNE

LYONNOIS   Lyon

Lisbourg

SAVOIE

Grenoble

DAUPHINE

VELAY

le Puy

VIVARAIS

Viviers

Bordeaux

PROVINCES RÉPUTÉES ÉTRANGERES

QUERCY

B.^{se} GUIENNE

Montauban

GEVAUDAN

ROUERGUE m.^{de}

Rhodez

Orange

LANDES

ARMAGNAC

Bayonne

Castres

LANGUEDOC

Toulouse

Montpellier

PROVENCE

Aix

BEARN
Sup.

Marseille

Narbonne

BIGORRE

Foix

ESPAGNE

ROUSSILLON

MÉDITERRANÉE

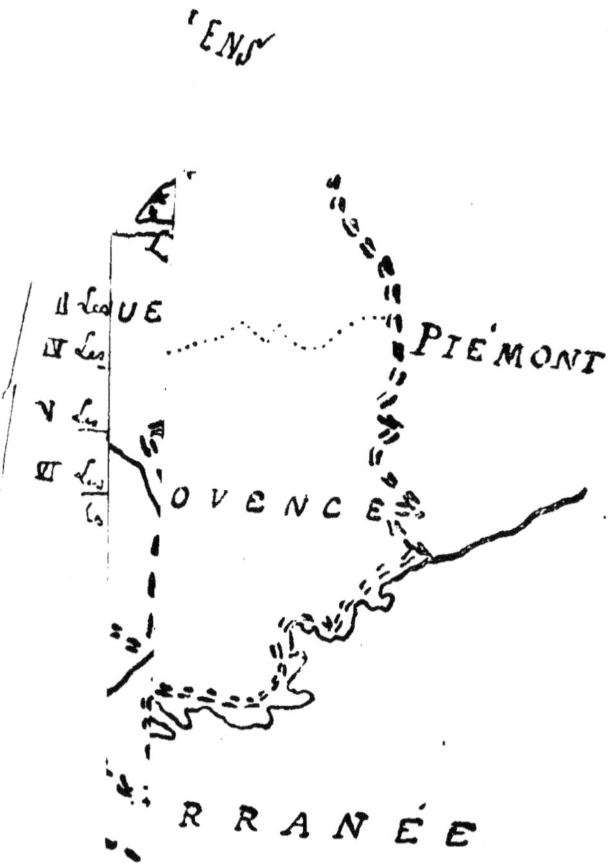

ENS
PIÉMONT
OVENCE
RRANÉE
UE
III Les
IV Les
V Le
VI Le

CARTE
des
GABELLES
(d'après Necker)

LA MANCHE
PAYS-BAS AUTRICHIENS
PAYS-BAS FRANÇAIS
PICARDIE
RETHELOIS
ALLEMAGNE
LORRAINE
CHAMPAGNE
NORMANDIE
ISLE DE FRANCE
PERCHE
ORLEANOIS
GABELLE
BRETAGNE
MAINE
GRANDES GABELLES
DE
ALSACE
SALINES
BESANÇON
BOURGOGNE
FRANCHE COMTÉ
SUISSE
ANJOU
TOURAINE
PARTIE DU POITOU
BERRY
BOURBONNOIS
PROVINCES
POITOU
RÉDIMÉES
Ré d'
Aix
DES
GEX
Oléron
BRESSE
Brouage
LIMOSIN
AUVERGNE
LYONNOIS
SAINTONGE
ANGOUMOIS
GABELLE
SAVOIE
OCEAN
BORDELOIS
PÉRIGORD
VELAY
DAUPHINÉ
LÉGENDE
VIVARAIS
GABELLE
QUERCY
I. Les grandes Gabelles sont enveloppées de la ligne ○○○○
II. Les Petites-Gabelles sont enveloppées de la ligne Arcachon
III. Les Gabelles des Salines sont enveloppées de ▪▪▪▪▪
IV. Les Provinces Rédimées sont au sud de la ligne ○○○○
     à l'ouest de la ligne ▫▫▫▫
V. Les provinces franches sont occupées par les hachures
     simples |||
VI. Les provinces de quart-Bouillon sont occupées par
     les hachures quadrillées : ▦
GUIENNE
ROUERGUE
GEVAUDAN
PIÉMONT
PROVENCE
LANGUEDOC
PETITES GABELLE
LABOUR
NAVARRE
BEARN
MER MÉDITERRANÉE
ESPAGNE
ROUSSILLON

www.ingramcontent.com/pod-product-compliance
Lightning Source LLC
LaVergne TN
LVHW021515170726
843501LV00004B/874